NEW YORK
INSOLITA E SEGRETA

T0169369

T.M. Rives

EDIZIONI JONGLEZ

guide di viaggio

T. M. Rives è nato e cresciuto in California. Durante i suoi studi a Los Angeles, ha sentito il bisogno di ampliare la propria esperienza attraverso i viaggi; dopo aver completato gli studi in Francia, ha trascorso i successivi dodici anni in diversi paesi d'Europa, pubblicando traduzioni e narrativa. Si è quindi stabilito a New York, dove ha vissuto negli ultimi dieci anni, T.M. Rives continua a scrivere e fotografare, oltre a realizzare documentari sui viaggi e sull'arte.

Questa guida è innanzitutto la testimonianza di un dilemma, la cui ironia farà sorridere: può davvero una guida essere «insolita e segreta» e venire pubblicata? Lungi dal pretendere di detenere l'esclusiva su tutti i misteri della città, *New York insolita e segreta* propone tuttavia di svelarne alcuni: scopriamo così una metropoli dove meraviglie, stravaganze ed abitanti - amanti delle situazioni più improbabili - costituiscono la prova tangibile – se ce ne fosse stato bisogno - della sua unicità. *New York insolita e segreta* è un libro per i curiosi, i girovaghi e gli esploratori. Ma è anche un vasto affresco di New York, tanto che il lettore che preferirà restarsene comodamente seduto in poltrona potrà comunque percorrere l'intera storia della città: dal suo passato più lontano fino alla recente riscoperta e all'attuale sviluppo, passando per tutte le tappe che ne hanno modellato lo skyline e la popolazione. L'idea di fondo di questo libro, dalle prime pagine fino alla conclusione, è che una città vibra e si perpetua grazie ai suoi abitanti. Si sentono così le voci degli artisti e degli impiegati, dei tassisti e dei bibliotecari, dei senzatetto e dei paleontologi.

Tutti questi personaggi, che ci hanno generosamente offerto la loro storia e la loro esperienza, contribuiscono non solo all'esistenza di quest'opera ma anche a quella della città stessa.

Sono graditi sia i commenti su questa guida e il suo contenuto, sia ogni informazione aggiuntiva sui luoghi che citiamo in queste pagine. Essi ci permetteranno di arricchire le future edizioni.
Contattateci ai seguenti indirizzi:
  Edizioni Jonglez,
  25 rue du Maréchal Foch,
  78000 Versailles, Francia.
  E-mail : info@edizionijonglez.com

MONTREAL ↑

↗ BOSTON

WESTCHESTER

BERGEN

95

80

George Washington
Bridge

87

p. 290

BRONX

95

Harlem

95

278

676

295

p. 228

Hudson River

Randall's
Island

La Guardia

Central
Park

278

676

Lincoln
Tunnel

p. 252

p. 158

NEW YORK

Queensboro Bridge

p. 190

MANHATTAN
Midtown

QUEENS

295

East River

Queens Midtown Tunnel

Flushing
Meadows

p. 110

495

278

495

Holland
Tunnel

Ellis
Island

Downtown

p. 70

p. 356

278

Governors
Island

Brooklyn
Heights

N E W   Y O R K

Liberty Island

p. 14

678

Upper
Bay

276

Prospect
Park

John F. Kennedy

BROOKLYN

errazano-
arrows Bridge

KINGS

Jamaica
Bay

Gravesend
Bay

Coney Island

ower
Bay

p. 41

ATLANTIC
OCEAN

0   5   10 km

SOMMARIO

DALLA 14TH STREET ALLA 42ND STREET

DALLA 42ND STREET ALLA 59TH STREET

SOMMARIO

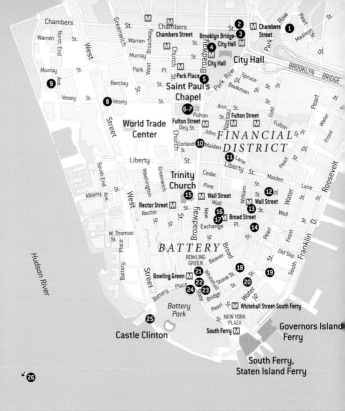

A SUD DI CHAMBERS STREET

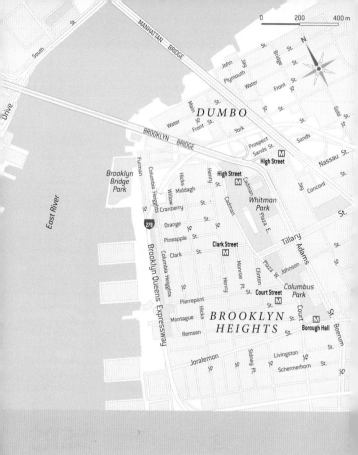

SUGAR HOUSE - PRISON WINDOW

This window was originally part of the five story Sugar House
built in 1763 at the corner of Duane and Rose Streets and used by
the British during the Revolutionary War as a prison for American Patriots.

The Sugar House was demolished in 1892 and replaced by the
Rhinelander Building incorporating this window into the facade as
an historical artifact.

The Rhinelander Building was demolished in 1968 and the
site is now occupied by Police Headquarters.

JOHN V. LINDSAY
MAYOR

LA FINESTRA DELLA PRIGIONE NELLO ZUCCHERIFICIO

❶

Police Plaza, dietro il Municipal Building
• Accesso: treni linee J e Z / Chambers Street; linee 4, 5 e 6 / Brooklyn Bridge – City Hall

Patrioti dimenticati

Malgrado la targa storica, nulla conferma che l'edificio a cui appartiene questa vecchia finestra del Police Plaza fosse originariamente una prigione. Anche il fatto che ancora esista è un mistero. Sorvolando sulla sua autenticità, la finestra evoca un aspetto della Rivoluzione americana troppo spesso dimenticato.

Altri zuccherifici, a sud di Manhattan, furono certamente utilizzati dagli inglesi come carceri per i prigionieri di guerra americani. Queste lugubri costruzioni erano il luogo ideale. Erette a partire dalla metà del XVIII secolo per raffinare e conservare lo zucchero, erano alte cinque piani, avevano muri spessi, soffitti bassi e finestre piccole. L'inferno per i soldati americani: uno dopo l'altro morivano di fame e le malattie contagiose si propagavano così rapidamente che i cadaveri venivano impilati come legna da ardere. L'archetipo del patriota americano è un uomo con una bandana sulla fronte che si precipita contro le baionette inglesi al suono di *Yankee Doodle*. Non va invece dimenticato che sulle barricate morirono un numero di soldati triplo rispetto a quelli che caddero in battaglia.

Per questo si sentì molto presto l'esigenza di erigere un monumento in loro memoria. *Forgotten Patriots* (Edwin Burrows), un libro su questo argomento, narra di un immigrato scozzese che verso la fine del XVIII secolo ricorda di aver visto dei soldati soffermarsi davanti allo zuccherificio per meditare sulle sevizie che erano state inflitte loro all'interno. Mentre la città dimenticava il proprio passato, lo scozzese prevedeva che un giorno «a New York non ci sarebbe più stato nessuno in grado di indicare il luogo in cui sorgeva la prigione la cui storia era così fortemente legata alla tradizione rivoluzionaria».

Questa finestra è tutto ciò che resta. Alcuni newyorchesi sostengono di avere intravisto vortici di vapore e fantasmi affamati che guardano attraverso le sbarre delle finestre dell'edificio – lo zuccherificio Rhinelander, all'angolo tra Duane Street e Rose Street – in cui si trovava originariamente e nel muro risparmiato nel 1892 durante la costruzione di un nuovo palazzo. Le leggende sono scontate, ma se c'è una testimonianza del passato che continua ad ossessionare è proprio questa. Negli anni '60, la finestra fu incassata in un muretto in mattoni del Police Plaza, dove è tuttora visibile.

I SIGILLI DELLA CITTÀ NEL SURROGATE'S COURT

31 Chambers St
• Accesso: treni linee J e Z /Chambers St; linee 4, 5 e 6 / Brooklyn Bridge
– City Hall

> *La storia di New York attraverso i suoi simboli*

L a città abbonda di esempi di sigilli ufficiali ma sono rari i newyorchesi che sarebbero in grado di descriverli. I sigilli sono come le monete: ricchi di simboli ma così comuni che nessuno fa attenzione ai dettagli. Sono anche finestre sul passato. Uno dei luoghi ideali per ripercorrere la storia della città attraverso i suoi sigilli è l'edificio della Surrogate's Court.

I sigilli sono raffigurati nei pennacchi dei tre archi sopra l'entrata, in ordine cronologico. All'estrema destra sono riprodotti un europeo e un algonchino accanto a un blasone araldico. L'europeo ha in mano una sonda – un filo a piombo per misurare la profondità dell'acqua – che lo identifica come marinaio, allusione alla colonizzazione del Nuovo Mondo attraverso il mare e all'importanza di New York come centro portuale. L'indiano ha un arco e una corona di piume in capo, alla moda algonchina. Al centro del blasone c'è una grande *X*: le pale di un mulino. Tra le pale si distinguono dei castori, la cui pelliccia era ricercata dai primi coloni – l'origine della ricchezza di New York e l'unico motivo per insediarvisi –, e dei barili di farina, una derrata che la città controllò in maniera esclusiva e grazie alla quale si arricchì fin dagli inizi della sua storia. Al di sopra c'è un mezzo globo sormontato da un'aquila americana.

Spostandosi a sinistra, sul sigillo successivo, l'aquila è sparita, sostituita da una corona imperiale della Gran Bretagna, prima dell'indipendenza. La data 1686 indica l'anno in cui a New York venne accordato lo statuto di città. Un altro passo a sinistra ed ecco la Nuova Amsterdam olandese: il castoro ora se ne sta beato in cima al sigillo della *vecchia* Amsterdam. Ecco l'origine delle pale del mulino: una serie di croci di sant'Andrea che figurano nel blasone di quella città. Un ultimo passo: il sigillo dei Nuovi Paesi Bassi, con l'eterno castoro e, intorno al blasone, una cintura di *wampum* (s.v. pag. 101), due diverse forme di moneta locale che risalgono all'alba della colonizzazione, quando New York era una colonia di poveri reietti su un'isola paludosa.

La costruzione del palazzo del Surrogate's fu portata a termine prima del 1915, anno in cui fu istituito il primo sigillo di New York. L'ultima versione è visibile all'interno, sulla pedana dell'agente di sicurezza. Altri sigilli ufficiali figurano sulla bandiera della città, sui distintivi dei poliziotti e sui certificati dell'ispettorato d'igiene nelle vetrine di quasi tutti i ristoranti.

CITY HALL

LE STAZIONI FANTASMA DELLA LINEA 6

• Linea 6 (anche le linee 4 e 5 passano per le stazioni di Worth St e della 18th St)

*Una
ex-stazione
di lusso*

Molte stazioni della metropolitana newyorchese sono abbandonate: binari dove nessuno più aspetta, graffiti che nessuno più legge, scale che conducono nelle buie viscere di vie il cui accesso è sbarrato. Se si incolla il viso al finestrino del treno si vedranno queste stazioni scorrere, come un lampo di luce nell'oscurità.

Lungo la linea 6 ci sono tre stazioni fantasma. Una di queste – Worth Street – si trova tra Brooklyn Bridge e Canal Street ed è ormai solo il marciapiede di un binario. Più a nord, sulla stessa linea, la stazione abbandonata della 18th St è inquietante con le sue colonne simili a stalattiti e le scale deserte che spariscono nelle tenebre. Umanoidi cannibali, alligatori albini e ratti giganti: se esistono, girano da quelle parti.

Ma il vero spettacolo è City Hall, il punto di partenza dell'Interborough Rapid Transit, la prima metropolitana di New York. L'inaugurazione, avvenuta il 27 ottobre 1904, fu spettacolare. Più di 100.000 newyorchesi scesero sottoterra per assistere alla cerimonia: i passeggeri cantavano nei vagoni ed alcuni non scendevano mai, continuavano ad andare e venire per ore. Il desiderio degli architetti Heins e LaFarge era di realizzare un servizio ed allo stesso tempo un monumento. City Hall fu un lavoro di grande maestria: rivestita di ceramiche colorate, con volte Guastavino a cui sono sospesi dei lampadari, City Hall rimane la più bella stazione che sia mai stata realizzata a New York. Il bel mondo vi scendeva volentieri in abito da sera dopo una cena in città.

La stazione è sempre là, su una stretta curva dove possono fermarsi solo cinque vagoni. Fu chiusa nel 1945 quando i convogli furono allungati. Oggi la si può intravedere lungo il percorso della linea 6 in direzione sud, a Brooklyn Bridge, prima che la metropolitana inverta la direzione di marcia per risalire verso nord. Il conducente avvisa che si è arrivati al capolinea e che bisogna scendere. È a questo punto che bisogna incollare il viso al finestrino a destra del convoglio.

> Due volte al mese il MTA Museum organizza visite alla stazione per i suoi soci.

> Cosa accade ai vagoni fuori servizio? Vengono svuotati e gettati su una scogliera artificiale a sud della costa atlantica. Le carcasse in metallo attirano i molluschi... che attirano i pesci... che attirano i pescatori!

THE LIBERTY POLE

City Hall, a Broadway, tra Murray e Warren St
• Accesso: treni linee N e R / City Hall; linee 2 e 3 /Park Place; linee J e Z /
Chambers St; linee 4, 5 e 6 / Brooklyn Bridge – City Hall

Il primo
sangue
della rivoluzione

Da molto tempo New York ha l'abitudine di cancellare il proprio passato: per questo motivo il ruolo fondamentale che svolse durante la guerra di indipendenza si è molto attenuato nell'immaginario americano. New York rappresentava la chiave di volta del vantaggio militare e gli inglesi lo sapevano: conquistare la città significava dividere le colonie in due. Anche George Washington lo sapeva: le prime battaglie si svolsero a Boston ma, quando gli inglesi furono sconfitti, il generale si affrettò a difendere Manhattan. Molti americani apprendono con stupore che, prima del massacro di Boston e delle battaglie campali del 1776, il primo sangue del conflitto fu versato a New York. A City Hall c'è un monumento a memoria di questo conflitto: the liberty pole, il Palo della libertà.

Prima e dopo la Rivoluzione, nelle città americane furono eretti molti pali della libertà. Si trattava di lunghe pertiche piantate nel terreno che si ispiravano all'Albero della libertà di Boston (un olmo intorno al quale si riunivano i dissidenti). Quello di New York divenne il simbolo della discordia tra i due campi: a turno i Figli della Libertà lo innalzavano e gli inglesi lo abbattevano.

Il 16 dicembre 1769 fu messo in circolazione un mordace articolo anti-inglese in onore dei newyorchesi traditi. L'articolo parlava di tirannia e dispotismo ed era firmato: «Un figlio della Libertà». Per gli inglesi fu la goccia che fece traboccare il vaso. Alcuni soldati del 16° reggimento fecero saltare in aria il palo con polvere da sparo, lo tagliarono a pezzi e stamparono il proprio articolo in cui attaccavano i «veri nemici della società» i quali «credevano che la libertà dipendesse da un pezzo di legno». Le giubbe rosse attaccarono questo bando su tutti i muri della città.

I collezionisti di curiosità storiche saranno soddisfatti nell'apprendere del ruolo svolto da alcune corna di ariete nella vicenda che seguì. Il 19 gennaio il commerciante e patriota newyorchese Isaac Sears e l'amico Walter Quackenbos acciuffarono due soldati che stavano attaccando l'avviso; ne nacque una colluttazione. Quando gli inglesi tirarono fuori le baionette, Sears ebbe l'idea di gettare addosso ai soldati le corna di ariete che aveva in mano. Giunsero rinforzi da entrambi gli schieramenti e nella battaglia di Golden Hill (oggi John Street) molti furono feriti e un patriota fu ucciso.

In seguito, in prossimità del terreno comunale, nel campo di un privato, venne piantato un palo di pino di 25 metri ricoperto di ferro. In cima, come sul palo del City Hall, una girandola dorata con una sola scritta: LIBERTY.

LA VISITA DELLA HALL DEL WOOLWORTH BUILDING   **❺**

233 Broadway
Per gli orari controllate il sito: www.woolworthtours.com
Trasporti: treni 2 e 3 /Park Pl; treno E /World Trade Center; treni N e R /City Hall;
treni A e C /Chambers St

> *La lobby più bella di New York, finalmente aperta al pubblico*

Per un secolo l'atrio del Woolworth Building è stato considerato il più bello della città; non essendo accessibile al pubblico il suo aspetto era divenuto quasi leggendario. Al suo ingresso c'è un cartello: AI TURISTI NON È CONSENTITO ANDARE OLTRE, ma non è che serva a molto, anche perché da quella posizione è possibile ammirare uno spettacolo scintillante. Gli impiegati, che possono ignorare il divieto e oltrepassare il limite indicato dal cartello (entrando negli uffici dell'edificio) sono privilegiati. Ogni tanto però è possibile unirsi a loro: nel 2013 il Woolworth ha celebrato il suo centenario, e per la prima volta dopo la Seconda guerra mondiale il pubblico è stato ammesso ad ammirarne le bellezze, con visite guidate condotte da personale preparato.

Il Woolworth un tempo è stato l'edificio abitato più alto del mondo, nel periodo d'oro dei primi grattacieli, all'inizio del Novecento; la città di New York poi si fermò per un po' di anni, prima di dare il via, negli anni Venti, alla costruzione dei famosi grattacieli che tutti conosciamo. Se l'Empire State e il Chrysler erano stilisticamente avveniristici, il Woolworth rappresentava un miscuglio di stili, che appare un po' folle. Il Medioevo europeo è riconoscibile fino al 57esimo piano. Gli amanti delle guglie gotiche, coperte in rame, rimarranno sorpresi dall'interno, di ispirazione orientale bizantina. È un miscuglio ininterrotto. "Un edificio di questo genere non potrebbe mai essere creato al giorno d'oggi," dice la guida Jason Crowley mentre conduce un gruppo sulla maestosa scala centrale. "Allora c'era un'abbondanza di forza lavoro degli immigrati, e potete ammirare la loro grandissima abilità," indicando una striscia nella pietra, dove sono stati scolpiti a mano dei volti, tutti diversi l'uno dall'altro. "In questo edificio tutto è stato disegnato appositamente, perfino le maniglie delle porte."

Sul soffitto, una cupola è rivestita da un mosaico in vetro ("il gioiello della corona della hall"), così splendente che la luce che emana si vede anche dal marciapiede. Le singole sculture rivolte verso il basso sono ancora più particolari. Come noterete, i personaggi che hanno avuto un ruolo importante nella costruzione dell'edificio sono rappresentati con un simbolo della propria professione. Il capo ingegnere ha una capriata; l'architetto Cass Gilbert regge un modellino in scala dello stesso edificio; lo stesso Frank W. Woolworth, che ha costruito il suo impero finanziario iniziando a lavorare in una semplice drogheria, conta attentamente una pila di monete. Uomo d'affari molto lungimirante, Woolworth ha pagato per la costruzione dell'edificio 13.5 milioni di dollari in contanti.

LA CORONA DEL PULPITO DI ST PAUL'S

Saint Paul's Chapel
209 Broadway
• www.trinitywallstreet.org/congregation/spc/
• Tel. 212-233-4164
• Aperto durante la settimana dalle 10.00 alle 18.00, il sabato dalle
10.00 alle 16.00 e la domenica dalle 7.00 alle 21.00
• Accesso: treni linee A, C, 2, 3, 4 e 5 / Broadway – Nassau St; linea E /
Chambers St; linea 6 / Brooklyn Bridge – City Hall

> *L'ultimo simbolo reale di New York*

Portata a termine nel 1766, la St Paul's Chapel è la più vecchia chiesa di Manhattan ancora in piedi. All'interno si può vedere il banco dove George Washington assisteva alla messa, sopra il quale pende il primissimo sigillo a colori degli Stati Uniti. Queste vestigia assieme al fatto che Washington venisse qui a pregare dopo essere stato eletto presidente (alcuni isolati più a sud in Wall Street) rendono in qualche modo la chiesa la più americana del paese. Un dettaglio rivela tuttavia il suo passato coloniale (e quello della città): il pulpito e la cassa armonica (entrambi originali) sono sormontati da una corona dorata. In tutta New York è probabile che sia l'unico simbolo del dominio britannico sopravvissuto alla rivoluzione americana.

Nel 1765, durante i tumulti che scoppiarono in seguito alla detestata legge sulla tassa di bollo, una folla di newyorchesi fornì un assaggio della sua collera ai governatori delle colonie. Era il preludio dell'insurrezione generale scoppiata alla proclamazione dell'indipendenza. Il congresso provinciale di New York approvò l'accordo il 9 luglio 1776 e, alle 18.00, il documento in cui si sanciva la rottura dell'America dal Regno di Gran Bretagna venne letto ad alta voce alle truppe riunite nel Common (oggi City Hall). La reazione fu vigorosa: « Mio Signore» scrisse William Tyron (il governatore della colonia) al segretario di Stato britannico «le colonie confederate si sono dichiarate indipendenti; troverete, in questo plico, una copia della loro dichiarazione di indipendenza, promulgata il mese scorso nelle strade di New York: la statua del re è stata abbattuta, insieme agli stemmi reali in Municipio, le chiese sbarrate e, per quanto è stato in potere agli insorti, strappati tutti gli emblemi della monarchia».

I «simboli della Monarchia» più celebri eliminati dagli «insorti» furono la statua di Giorgio III e gli elementi decorativi dell'inferriata che circondava Bowling Green (s.v. pag. 57). Per avere un contatto sensoriale con la storia, basta passare la mano sulle estremità irregolari dei montanti: su alcuni si avverte ancora il filo della sega che tagliò le corone. Quella che si trova in cima al pulpito di St Paul's fu probabilmente risparmiata perché la chiesa era stata barricata contro i vandali.

L'OBELISCO DI WILLIAM MACNEVEN ❼

Saint Paul's Chapel
209 Broadway
• www.trinitywallstreet.org/congregation/spc/
• Tel. 212-233-4164
• Cimitero aperto da lunedì a sabato, dalle 10.00 alle 16.00 e domenica dalle 7.00 alle 15.30
• Accesso: treni linee A, C, 2, 3, 4 e 5/Broadway-Nassau St; linea E/Chambers St; linea 6/Brooklyn Bridge – City Hall

Il Canada in ostaggio

N el cimitero della St Paul's Chapel, a nord della chiesa, si erge un imponente obelisco: è la pietra tombale del Dottor William J. MacNeven. Porta impressa la seguente iscrizione: «Eretto dagli Irlandesi degli Stati Uniti, in segno di riconoscenza per i servigi resi alla patria, quando era in vita, e per la devozione, dopo la vita, verso il suo paese d'adozione». La targa evoca la carriera del dottore negli Stati Uniti ma, curiosamente, con il termine *dopo la vita* intende ricordare il ruolo che questi ebbe nell'aiutare la causa irlandese dal regno dei morti. In che modo? L'obelisco ci fornisce una risposta.

Per prima cosa, è enorme. Praticamente *presidenziale*. William MacNeven, di cui forse non si sarà mai sentito parlare, era uno scrittore erudito. Prima di emigrare da Dublino, si era battuto per l'indipendenza irlandese. Fu professore all'Accademia di medicina e chirurgia e direttore del Consiglio per la lotta contro il colera a New York. La stele monumentale è solo parzialmente un tributo alla sua persona. Hope Cooke ebbe a scrivere in *Seeing New York*: «La raccolta di fondi per l'obelisco rientrava nel quadro di un'operazione di riciclaggio organizzata dalla Fenian Society per l'acquisto di armi».

La Fenian Society, più comunemente chiamata la Confraternita di Fenian, era un'organizzazione irlando-americana che lottava contro la presenza degli inglesi in Irlanda. Il nome deriva dal gaelico irlandese *fianna*, piccole unità da combattimento che vivevano, come Robin Hood, nelle foreste d'Irlanda. Grazie al riciclaggio dei fondi per l'obelisco di MacNeven, i Feniani poterono acquistare le armi necessarie per un'imminente invasione del Canada.

Nella categoria militare del «così-delirante-che-potrebbe-anche-funzionare», si dimentica spesso l'invasione del Canada da parte degli americani. La strategia aveva un certo fascino: sequestrare il Canada (territorio britannico) e tenerlo in ostaggio in cambio della libertà dell'Irlanda. I capi del movimento pensavano che sarebbe bastata una porzione del nord del paese o anche una vera e propria scissione. Tra il 1866 (un anno dopo la costruzione dell'obelisco) e il 1871, la Confraternita di Fenian lanciò cinque attacchi. A queste invasioni donchisciottesche, in gran parte respinte dall'esercito americano, presero parte migliaia di irlando-americani, soldati temprati, ancora segnati dalla guerra civile. Ci furono molte vittime. Per molti anni i rapporti tra Stati Uniti e Canada rimasero tesi e il simbolo inverosimile di questo assurdo capitolo della storia americana si erge nel cimitero della St Paul's Chapel.

THE HARBORS OF THE WORLD 8

3 World Financial Center
All'angolo tra Vesey St e West St
• Accesso: treni linee 1, 2 e 3 / Chambers St o Park Place; linee A e C /
Chambers St; linea E / World Trade Center

*Una
delle più grandi
pitture murali
del mondo*

I l Three World Financial Center, anche noto come l'American Express Tower, vanta il più imponente ciclo di pitture murali della storia del commercio portuale: *The Harbors of the World* di Craig McPherson. L'opera si sviluppa sulle quattro pareti dell'ingresso della torre: pannelli alti più di 10 metri e lunghi in tutto un centinaio. L'effetto è ancora più sorprendente se ci si mette di fronte. Una fotografia, come spiega McPherson, non è in grado di riprodurre le dimensioni e l'atmosfera di questa pittura né di catturare l'estensione di un paesaggio portuale fino al largo. «Le forme si dissipano troppo in fretta e, tra le altre distorsioni, la linea di fuga si sposta». Servendosi di materiale per il rilevamento topografico, l'artista adottò un particolare procedimento di prospettiva e dedicò molti mesi allo studio della posizione migliore per ogni scena. Selezionò i porti in funzione della loro importanza, diversità e configurazione. Oltre a New York, figurano splendidi panorami di Venezia, Istanbul, Hong Kong, Sydney e Rio de Janeiro.

Gli assistenti di McPherson applicarono i disegni sulla tela tesa e stesero il primo strato di grigio; l'artista realizzò da solo il resto dell'opera, tre metri di pittura al mese. Ogni città è caratterizzata da un colore e da un'atmosfera: Venezia è uggiosa, Hong Kong luccica nei toni verde-blu, Sydney è luminosa.

Come tutti gli immobili del quartiere, anche il Three World Financial Center è stato danneggiato dagli attentati dell'11 settembre. Pezzi di vetro e calcinacci sono caduti accanto alle pitture murali e il Winter Garden, sul lato della baia, è stato in parte sepolto sotto le putrelle fumanti. Un custode osserva che, malgrado le pitture siano rimaste intatte, in quelle che rappresentano New York – uno *skyline* incandescente nella notte –, le Twin Towers sembrano divorate da fiamme profetiche. Aggiunge che gli attentati erano un «segno di Dio per dissuaderci dall'andare troppo lontano, come nel caso del *Titanic*». È ovvio che questo tipo non è del tutto a posto.

New York ha la fama di essere il più bel porto naturale dell'Oceano Atlantico e forse del mondo. Sandy Hook e Rockaway Point riparano la città dall'oceano. Oltre questi punti, lo stretto di Verrazzano calma le acque fino all'Upper Bay, dove il fiume Hudson sfocia dallo Stato di New York. Questo sito unico è all'origine del successo della città. Fino alla fine del XX secolo, porto e finanza erano due facce della stessa medaglia.

THE IRISH HUNGER MEMORIAL

290 Vesey St
• Accesso: treni linee A e C / Chambers St; linee N e R /City Hall; linee 2 e 3 / Park Place

Un angolo d'Irlanda sui tetti

" **È** con immenso dispiacere che ci vediamo costretti a sospendere la pubblicazione per annunciarvi che la peronospera della patata si è manifestata in Irlanda», dichiarava il *Gardeners' Chronicle* nel settembre 1845. Questo microscopico fungo parassita sterminò in meno di dieci anni una grande fetta della popolazione irlandese. Più di un milione di persone morì di fame; quasi il doppio emigrò. Questa tragedia e i sentimenti di nostalgia e sfasamento ad essa connessi, sono celebrati nel monumento alla grande carestia di Battery Park City.

Ci sono molti luoghi a New York in cui si ha l'impressione di non trovarsi in città. Uno di questi è il più piccolo parco di Manhattan (s.v. pag. 223): il memoriale della grande carestia produce questa sensazione di spaesamento più di qualsiasi altro angolo di New York. L'illusione è quella di essere in Irlanda, non in un vago «altrove». Quando si ammira dal basso il monumento, sospeso a otto metri dal suolo, non ci si può immaginare che custodisca i resti di un vecchio casolare dell'epoca della carestia e che tra le erbacce ci sia un sentiero bordato da muretti in pietra. Tutte le piante sono state portate dall'Irlanda e ovunque ci sono rocce che provengono dalle 32 contee irlandesi. Rannicchiatevi tra i pruni e le digitali accanto ad un pezzo delle città di Limerick o di Kilkenny e non vedrete che l'Irlanda e il cielo. Alzatevi e vedrete la Statua della libertà.

Sulle pareti del tunnel di roccia calcarea che conduce al Memoriale, sono incisi i testi che evocano le sofferenze causate dalla grande carestia. Vi è un elenco delle piante di cui si nutrivano gli irlandesi durante il flagello della peronospera: ortiche, denti di leone, ecc. Durante l'emigrazione di questa massa di disperati, la popolazione di New York divenne per un quarto irlandese. «Gli stranieri», titolò all'epoca un giornale contro l'immigrazione, «sono dei morti di fame, gente di passaggio e buoni a nulla»: parole che qualcuno ha ripreso ai nostri giorni per descrivere le nuove ondate di immigrati. Ci sono voluti molti anni prima che gli americani di origine irlandese si sbarazzassero dei "marchi infamanti" del cattolicesimo, della povertà e del crimine. Verso il 1860, il flusso di immigrati iniziò a calare. Un secolo dopo, fu eletto presidente John F. Kennedy.

Oggi gli americani di origine irlandese sono più numerosi a New York che in qualsiasi altra città degli Stati Uniti.

IL SIDEWALK CLOCK DI MAIDEN LANE

Orologio: all'angolo tra Maiden Lane e Broadway
William Barthman Jewelers: 176 Broadway
• Tel. 212-732-0890
• www.williambarthman.com
• Accesso: treni linee 4 e 5 / Fulton St; linee N e R /Cortlandt St; linee A, C,
J e Z /Fulton St

*Un tic-tac
sotto i piedi*

William Barthman Jewelers, a Broadway, è l'ultimo bastione dell'intensa attività dei gioiellieri del sud di Manhattan che risale alla fine del XVIII secolo. La gioielleria è qui da 130 anni, un record di servizio confermato dalle foto storiche appese nel negozio e dalla naturale cortesia del personale dietro i banchi. L'iniziativa commerciale più brillante di questa gioielleria rimane comunque l'orologio sul marciapiede, all'angolo di Maiden Lane. «Ci conoscono grazie a questo orologio», ammette Connie, la direttrice.

William Barthman, il fondatore, raffinò il concetto dell'orologio urbano collocando il proprio sotto i piedi della gente. Su quest'angolo di strada il marciapiede sembra vivo: il vetro di cristallo e le lancette si sottomettono coraggiosamente all'incessante andirivieni dei pedoni (qualcuno ne ha contati 50.000 in tre ore). Regolarmente revisionato e sincronizzato, l'orologio è dotato di un meccanismo elettrico che, dopo l'11 settembre, è stato sostituito. Guilo, l'orefice di Barthman, indica una sottile fessura nel marciapiede che, all'altezza delle cifra 12, entra in contatto con il quadrante di bronzo. «L'11 settembre è stato un vero terremoto», afferma. «L'orologio non è stato danneggiato perché è coibentato, ma si sono prodotte delle microfessure». Connie non pare per nulla preoccupata: «Ci sotterrerà tutti».

Il quadrante dell'orologio è fissato al marciapiede mediante viti, tuttavia per regolare il meccanismo bisogna agire dal di sotto. Guilo apre una porta su Maiden Lane e mi fa scendere per mostrarmi le viscere della storia di Barthman: polvere, riscaldamento, apparecchi di ventilazione e raccoglitori d'archivio che risalgono a un secolo fa. Sotto l'orologio è stato allestito un piccolo laboratorio provvisto di strumenti per tagliare, limare e lucidare i gioielli. Dopo aver tolto dal soffitto un pezzo di plastica ondulata Guilo mostra orgogliosamente il lato inferiore dell'orologio. La luce filtra intorno al quadrante, tremolando al ritmo dei passi sul marciapiede. Quando poi, dall'altro lato del muro in cemento, passa un treno della linea 6, tutto inizia a rimbombare.

Di ritorno sulla strada, due cassieri di un negozio di integratori alimentari, a pochi metri da qui, confessano di non aver mai notato prima l'orologio. «Devo averlo calpestato centinaia di volte» confessa uno dei due». «Ma questa è New York. Dopo un po' tutto diventa routine. Scrivilo nella tua guida».

I CAVEAU DELLA FEDERAL RESERVE BANK ⓮

Federal Reserve Bank of New York
33 Liberty Street
• www.newyorkfed.org
• Tel. 212-720-6130
• Prenotare la visita su internet o telefonicamente
• Entrata libera
• Accesso: treni linee 2 e 3 / Wall Street

> ## Che effetto fa trovarsi davanti a 300 miliardi di dollari?

La più grande riserva aurea del mondo si trova presso la Federal Reserve di New York: è addirittura più consistente di quella di Fort Knox, e quindi, oltre alle guide sorridenti e premurose, il luogo è circondato da guardie generalmente invisibili («Si tratta di tiratori scelti, alcuni sono addirittura *esperti* in tiri di precisione») addestrate ad uccidere.

Anche la visita, che inizia con uno sguardo all'architettura, rivela dei contrasti: l'edificio della Federal Reserve, nel cuore del Financial District, non sfigurerebbe a Firenze. All'entrata bisogna presentare un documento d'identità a un poliziotto, superare un metal detector e deporre in un contenitore qualsiasi apparecchio elettronico. Le esposizioni organizzate all'interno sono alquanto fantasiose. «Servitevi!» segnala un cartello apposto sopra un lingotto che ruota lentamente e che alla fine non è altro che un ologramma. Come dire: il denaro è noioso, ma al contempo desiderabile. Ai piani superiori, 3.000 impiegati sgobbano in un labirinto di uffici, mentre nei sotterranei il tesoro luccica.

«L'oro affascina - nota la guida - anche se il deposito non è che una delle molteplici attività della banca.» Questa si occupa, tra l'altro, di ritirare le vecchie banconote ancora in circolazione: ogni giorno vanno al macero 100 milioni di dollari. Prima di giungere in ascensore nella sala delle casseforti, a 24 metri sotto il livello stradale – uno dei sotterranei più profondi di New York –, la guida presenta un cortometraggio informativo per preparare il visitatore alla visione di 300 miliardi di dollari. Il film mostra gli operai che indossano scarpe con le punte rinforzate in magnesio mentre maneggiano le barre d'oro come fossero semplici mattoni: riempiono carriole che poi svuotano in un'area di carico. In un'altra sequenza si vedono ispettori che pesano il prezioso metallo su una bilancia così precisa che al momento di effettuare l'operazione devono spegnere il sistema di aerazione per timore che l'aria modifichi il peso!

Arrivati nei sotterranei, si varca una porta girevole di 230 tonnellate (unica entrata) ed improvvisamente, dietro una spessa inferriata, ecco le celle chiuse con un catenaccio dove sono al sicuro le riserve monetarie di una trentina di Paesi. Mucchi di barre d'oro alti due metri. Ognuna pesa 12,4 kg e corrisponde a dieci anni di stipendio di un americano medio. «Grazie della visita», dice la guida porgendovi il regalo d'addio della casa: banconote vere, in un sacchetto di plastica, ma ridotte in briciole.

IL MODELLO IN SCALA DELL'AMERICAN INTERNATIONAL BUILDING ⓲

70 Pine Street
• Accesso: treni linee 2 e 3 / Wall St

Un titano emarginato

Una prova dello splendore di un grattacielo è che anche il suo modello in scala ridotta può essere utilizzato come elemento decorativo all'interno del grattacielo stesso. I tre grattacieli più famosi di New York lo confermano: le hall d'entrata del Woolworth Building, del Chrysler Building e dell'Empire State Building sono abbellite con i loro modellini. Alcune sculture in pietra raccontano la storia del Woolworth: una di queste raffigura l'architetto che tiene in mano il grattacielo; un'altra lo stesso Woolworth, il magnate della finanza (che iniziò la sua carriera come fattorino), nell'atto di contare scrupolosamente i suoi soldi.

L'American International Building (AIB), in Pine Street, ha portato questa pratica ad un altro livello, utilizzando un modello ridotto del grattacielo, alto 3,5 m e scolpito in scala sulla pietra, sulle facciate nord e sud. Alla base della scultura vi è una versione ancora più piccola: la copia della copia. Una tale cura potrebbe apparire fuori luogo per un edificio il cui nome non è conosciuto dalla maggior parte dei newyorchesi, tuttavia la costruzione è all'altezza dei leggendari grattacieli già citati. Quando fu inaugurato, rappresentava l'edificio più grande *downtown* (e lo ridivenne dopo l'11 settembre 2001). Uno stile gotico strabiliante: la punta in pietra bianca della torre evoca le cime innevate; una terrazza consente una vista ineguagliabile sull'estremità meridionale di Manhattan e l'Upper Bay. I celebri ascensori a due piani venivano un tempo azionati da splendide donne dalle chiome rosse che, secondo un dépliant erano ingaggiate «tra le showgirl disoccupate» che, dopo la Depressione del 1929, pare non mancassero visto che era addirittura possibile scegliere il colore dei loro capelli. Stranamente, però, il grattacielo non ha mai colpito l'immaginazione pubblica.

Forse New York era semplicemente stanca. La costruzione dell'AIB ebbe inizio nel 1930, nella frenesia della «corsa dei grattacieli» al titolo del più alto del mondo: il Chrysler Building era in gara con quello della Bank of Manhattan (che superò sul filo del traguardo, "svelando" all'ultimo minuto una guglia di 38 m), prima di essere entrambi battuti dall'Empire State Building nel 1931. Dopo essere stato portato a termine, lo stesso AIB era più alto del Bank of Manhattan Building. Ma ormai era troppo tardi, la gara era conclusa.

Oggi l'Empire State Building domina Manhattan. Per 75 anni l'AIB ha detenuto il titolo del più alto edificio di New York, ma mai del più alto del mondo. Perse il titolo nel 2007, detronizzato dal New York Times Building.

IL MUSEO DELLA FINANZA AMERICANA

48 Wall St www.moaf.org
- Tel. 212-908-4110
- Aperto da martedì a sabato dalle 10.00 alle 16.00
- Ingresso: adulti $8, studenti e più di 65 anni $5, gratuito per i bambini di meno di 5 anni
- Accesso: linee 2, 3, 4 e 5 / Wall St; linee J e M / Broad St

> *Tutto quello che avreste voluto sapere sulla finanza*

Il Museo della Finanza americana è l'unica istituzione newyorchese che non si scusa per avere fini di lucro. Il denaro, in tutte le sue forme, è qui trattato con gioiosa disinvoltura. Un po' come al museo dell'erotismo, l'attrazione sta in parte nel fatto di poter osservare un oggetto tabù alla luce del sole.

Il museo ripercorre la storia di New York e degli Stati Uniti. Sono esposte, tra l'altro, una pelle di castoro – la merce che i primi colonizzatori olandesi erano venuti a sfruttare – e delle conchiglie identiche a quelle che gli Amerindi trasformavano in *wampum* (s.v. pag. 101). Si potrà constatare il caos che regnava durante la Guerra di Secessione, quando le valute americane erano così tante da obbligare gli uomini d'affari a consultare un registro per verificare la validità di una banconota. Ci sono anche diversi esempi dei primi biglietti di banca stampati negli Stati Uniti: un bel biglietto da uno scellino dotato di un ingegnoso sistema di rilevamento della contraffazione ideato da Benjamin Franklin, una foglia (stampata con forma in piombo) con nervature minuziose. Un altro biglietto reca scritto sui bordi il sinistro avvertimento: MORTE AI FALSARI, una minaccia che veniva senz'altro attuata, partendo dal principio che i falsari non avrebbero avuto l'audacia di copiarla.

Questo è il volto oscuro della finanza e il museo non ha paura ad esporlo. Si acquisiscono informazioni sulle monete, la banca, il credito e la borsa ma anche i falsari, i ladri, i crolli in borsa e i debitori inadempienti. Grazie ad un glossario, una serie di pannelli illustrativi e di audiovisivi sui meccanismi finanziari, il museo svela alcuni misteri di Wall Street.

L'esposizione è perfettamente in sintonia con i locali: il museo occupa quel che un tempo era l'ammezzato della Bank of New York. «Bisogna riconoscere che questo edificio è una delle nostre più belle costruzioni», afferma la vice-direttrice Kristin Aguilera. Le superfici in marmo, i tradizionali lampadari verdi e i murales antichi hanno il bagliore del denaro.

La prima Bank of New York fu costruita su questo sito nel 1784 da Alexander Hamilton, primo Segretario al Tesoro degli Stati Uniti. Nell'angolo sud-occidentale dell'attuale edificio (1927) si può notare la pietra angolare che apparteneva al vecchio immobile.

20 EXCHANGE PLACE

Metropolitana linea 2, 3, 4 e 5/Wall St linea J e Z/Broad St

I simboli del potere

A New York, tutti finiscono per andare a Wall Street, se non altro per respirare l'aria di potere di cui è impregnata. È qui che troviamo il famoso mercato azionario, ma anche il fantasma delle prime banche di Manhattan e il Museo della Finanza Americana (s.v. pag. 41). Poche persone si avventurano lungo una strada più a sud, nella stretta Exchange Place, dove la storia della finanza è scolpita nella pietra. Al numero 20 si erge uno dei primi grattacieli della città. Chiamato all'epoca City Bank-Farmers Trust Building, fu eretto nel 1930, in piena febbre dei grattacieli (s.v. pag.39) quando fu costruito anche l'Empire State Building.Il numero 20 di Exchange Place puntava verso la cima del mondo, ma la Grande Depressione gli tagliò completamente il bilancio (e lo lasciò ai piedi del podio). Anche se rimane uno degli edifici principali del quartiere, è la facciata dei primi piani che merita una deviazione.

I fratelli architetti John ed Eliot Cross fanno parte della più pura tradizione Art Déco, quella del giusto mezzo tra figurativo e astratto. E questo è un edificio ricco sotto molti aspetti. Un indizio: tutto ruota intorno al denaro e al potere. I primi piani sono in granito di Mohegan, i successivi in calcare dell'Alabama: 13 milioni di tonnellate di pietra, maneggiate da non meno di 600 operai. I bassorilievi traboccano di simboli di opulenza. Enormi monete circondano l'entrata principale: una stanza per ogni paese dotato di una grande banca. Dall'alto dell'architrave sul lato sud, una testa di bufalo affiancata da serpenti a sonagli ci guarda. Levate lo sguardo fino al 19° piano, dove grandi sagome vi fissano dall'alto: incarnano i "14 giganti della finanza, a volte sorridenti, a volte ghignanti".

Il simbolismo raggiunge il suo apice sulle porte monumentali. Qui, la storia dei trasporti, una vera forza trainante per il libero scambio e le banche, è inscritta sulle ante in argento lucido: mongolfiere, battelli a vapore, locomotive, aerei a elica. Il giorno dell'inaugurazione, si radunarono qui quasi 4.000 visitatori , a ogni ora, a bocca aperta. Ormai questo grattacielo appare un po' trascurato e obsoleto, ma anche questo fa parte del suo fascino.

TRINITY CEMETERY

74 Trinity Place (Broadway all'altezza di Wall St)
• www.trinitywallstreet.org • Tel. 212-602-0800
• Aperto durante la settimana dalle 7.00 alle 18.00, sabato dalle 8.00 alle 16.00 e domenica dalle 7.00 alle 16.00
• Accesso: treni linee 1, N e R / Rector St; linee 4 e 5 / Wall St

Messaggi dall'oltretomba

L a pietra tombale più vecchia del cimitero della Trinity Church è quella di Richard Churcher, che morì nel 1681 all'età di cinque anni. Si tratta di una piccola e resistente lastra che, curiosamente, ha due lati: sul lato posteriore c'è l'altorilievo di una clessidra alata e sul lato inferiore un teschio. Un messaggio inequivocabile: il tempo «vola» e poi... *puf*. Poco più in là, nell'estremità nord del cimitero, vicino al Soldier's Monument (Monumento al milite ignoto), si trova la tomba di James Leeson che morì un secolo dopo. Anche qui è incisa una clessidra alata, accompagnata da simboli massonici. Sopra questi due motivi, seguendo la curva naturale della pietra, si può leggere un messaggio codificato la cui decifrazione ha richiesto degli anni.

Questo strano codice è composto da quadrati incompleti che a volte contengono dei puntini (uno o due) oppure sono vuoti. La soluzione dell'enigma sta nel capire il motivo per cui i quadrati sono privi di lati: come caselle nel gioco del tris. I puntini indicano varie tappe dell'alfabeto, saltando la lettera j perché, all'epoca, poteva essere sostituita dalla lettera i.

A prescindere dal suo significato, il codice conferisce al messaggio una certa importanza. Si rivolge a un(a) amante segreto(a)? Indica il luogo di un tesoro, una ricetta di torta alle mele senza calorie?

La soluzione è abbastanza deludente: REMEMBER DEATH («Ricordati che devi morire»). Rimane un mistero il motivo per cui James Leeson si sia dato tanto da fare a codificare un messaggio che avrebbe potuto essere chiaramente e silenziosamente trasmesso con un simbolo – l'unico messaggio che è inutile svelare a qualcuno che visita un cimitero. Ma non possiamo lamentarci, visto che il messaggio non era destinato a noi. Il codice è noto come «cifrario massone» e, per quanto banale, non è sfuggito agli amici di Leeson.

Ȧ	Ḃ	Ċ		Ǩ	Ḷ	Ṁ		T	U	V
Ḋ	Ė	Ḟ		Ṅ	Ö	Ṗ		W	X	Y
Ġ	Ḣ	İ		Q̇	Ṙ	Ṡ		Z	-	-

Soluzione dell'enigma della pietra tombale della Trinity Church

LE TRACCE DELL'ESPLOSIONE DAVANTI ALLA BANCA MORGAN

23 Wall Street
• Accesso: treni linee 2 e 3 / Wall St

La cicatrice di Wall Street

Il 16 settembre 1920, all'ora di pranzo, un carretto trainato da cavalli che, traballando, percorreva Wall Street, si fermò davanti alla sede della banca J. P. Morgan & Co. Si trattava di un carretto talmente normale che le descrizioni dei testimoni erano discordanti. Trasportava un carico che avrebbe fatto tremare la storia: un detonatore a tempo, dei pezzi di metallo seghettati ed una carica di esplosivo, probabilmente dinamite. Mentre le campane della vicina Trinity Church battevano mezzogiorno, il timer scattò.

«Sono stato letteralmente sollevato da terra, dichiarò più tardi il fattorino, e la violenza della deflagrazione mi ha strappato il cappello.» L'onda d'urto fece vibrare i vetri dei grattacieli di tre isolati. Un reporter del *Sun & New York Herald* descrisse la scena in un linguaggio che evoca un disastro più recente: «Improvvisamente un fragore inondò il cielo blu, in una frazione di secondo un tuono mortifero si abbatté sulla zona più frequentata del quartiere della finanza americana, trasformandola in un lampo in un mattatoio.» Il cavallo fu letteralmente polverizzato: gli zoccoli furono ritrovati nel cimitero di Trinity.

Ci furono trentotto morti e centinaia di feriti. L'esplosione a Wall Street fu il più grave attentato dinamitardo negli Stati Uniti prima di quello di Oklahoma City (1995), ed il peggiore che conobbe New York prima dell'11 settembre 2001. Una task force del governo esaminò tutti gli indizi ed effettuò numerosi interrogatori; l'inchiesta si protrasse per tre anni e si risalì fino alla Russia. Non si riuscì tuttavia a identificare chi aveva collocato la bomba, né il gruppo a cui apparteneva. In realtà, è poco probabile che si trattasse di un pazzo che agiva autonomamente. Infatti, gli inizi del XX secolo rappresentarono un periodo molto difficile di lotte sanguinose tra i padroni e i lavoratori. Nel 1920 qualsiasi cittadino adulto avrebbe potuto elencare almeno una dozzina di attentati contro i simboli delle autorità americane: tentativi di assassinio del Presidente, pacchi-bomba, attentati dinamitardi a treni e stabilimenti.

Oggi la maggior parte delle persone è sorpresa nell'apprendere dell'esplosione avvenuta a Wall Street, d'altro canto è quasi una "tradizione" dimenticarla. Infatti, già all'epoca della celebrazione del quinto anniversario dell'attentato, un giornalista del *Wall Street Journal* notò che gli impiegati ignoravano il motivo per cui il muro di marmo della Banca Morgan fosse crivellato di fori, peraltro ancora visibili. «Come fa presto il tempo – scrisse – a cancellare il ricordo di eventi così drammatici».

IL PLATANO DAVANTI ALLO STOCKEXCHANGE

17

A sinistra dell'entrata principale della Borsa
18 Broad St.
• Accesso: linee J, Z / Broad St.; linee 2, 3, 4 e 5 / Wall St.

> *Un simbolo della creazione del New York Stock Exchange*

L'imponenza dell'edificio della Borsa di New York, affacciato su Broad St., con la sua enorme bandiera americana e la facciata in stile romano che ricorda i cruenti combattimenti dei gladiatori sulla scena finanziaria, contrasta garbatamente con il piccolo platano presente sul marciapiedi, poco più sotto. Sono anni che quest'albero si adopera per farsi largo nel foro di cemento da cui è spuntato.

«Per quanto mi ricordi, è stato sempre qui» - afferma un agente di cambio mentre fuma una sigaretta, appoggiato contro l'inferriata che separa il pubblico dall'entrata principale della Borsa. «Sono almeno quindici anni. Penso semplicemente che non cresca».

Pur nella sua modestia, quest'albero simboleggia la nascita della Borsa newyorchese. La targa dietro reca la scritta: «Questo mercato centrale, destinato allo scambio dei titoli finanziari, fu fondato nel 1792 da commercianti che tutti i giorni s'incontravano sotto il platano». Si spiega così l'origine storica delle chiassose arene della finanza: ventiquattro agenti di cambio radunati ai piedi di un albero. Formalizzata dall'Accordo di Buttonwood (uno dei nomi americani con cui si indica la pianta del platano), quest'organizzazione entrò in attività solo dopo la guerra tra gli Stati Uniti e l'Inghilterra, nel 1812, ma ci volle del tempo prima che le fosse assegnata una sua sede. Agli inizi, la Borsa si riunì in un caffè di Pearl St. ma poi passò al n° 40 di Wall St., in un edificio che andò distrutto durante il Grande Incendio (s.v. pag. 269). L'attuale edificio, dall'aspetto più impressionante che incombente rispetto alle vie limitrofe, fu eretto nel 1903 dall'architetto George B. Post. Una delle sue innovazioni fu la cortina di vetro eretta dietro il colonnato, per inondare di luce naturale la sala delle grida. Più avanti, le finestre vennero oscurate per consentire agli impiegati di lavorare al computer nelle giuste condizioni di luce. La Borsa è passata quindi dall'ombra di un albero ad un caffè, e poi da un tempio a una caverna virtuale. Il platano originale si ergeva al n° 68 di Wall St., a un blocco e mezzo di distanza dall'ostinato alberello che oggi cresce davanti alla Borsa.

Dopo venticinque anni di carriera, gli agenti di cambio entrano a far parte di un gruppo chiamato Buttonwood Club. L'appartenenza a quest'associazione non conferisce loro alcun privilegio se non quello di vantare dei diritti e di indossare una spilletta numerata sulla giacca.

LE FONDAMENTA DI LOVELACE TAVERN

85 Broad St
• Accesso: treni linea J e Z / Broad St; linee N e R / Whitehall St

New Amsterdam: New York

A sud di Manhattan ci sono alcuni tra i palazzi più alti di New York ed anche alcuni tra i più vecchi. La città è nata qui. I nomi delle strade rivelano gli indizi sugli esordi dell'era coloniale. Stone Street fu la prima strada lastricata, Pearl Street, un tempo lungomare, deve il suo nome ai gusci di ostriche di cui era disseminata mentre a Wall Street c'era un muro eretto dagli olandesi per tenere gli inglesi a distanza. Al n. 85 di Broad Street si "percepisce" la storia della città e, attraverso il marciapiede, si riesce ad intravederne lo scheletro. Circoscritte da una ringhiera ovale in rame, sotto una lastra di vetro, si trovano le fondamenta della Lovelace Tavern, un edificio che risale ai tempi in cui fu inventato il nome di New York mentre molti colonizzatori credevano ancora che la città si chiamasse Nuova Amsterdam.

La taverna era adiacente al municipio olandese (Stadthuis) la cui impronta oggi è ancora visibile sul marciapiede. Queste fondamenta rappresentano il legame più forte – e praticamente l'unico – con il periodo olandese di Manhattan. Scoperte nel 1979, hanno subito scatenato le prime grandi campagne di scavi in città. Gli archeologi hanno scoperto quello che ci si aspetta di trovare in una taverna: bottiglie, bicchieri e pipe in terracotta. Persino le tracce della sua inaugurazione: un documento comprovante la richiesta del governatore di New York, Francis Lovelace, «ad erigere un edificio in questo sito, attiguo alla sede in cui si riunisce il potere legislativo, per realizzarne una locanda». Era l'anno 1670. Storicamente era anche l'anno

Il municipio e la Lovelace Tavern

della prima descrizione della colonia pubblicata in inglese: *A brief relation of New York*, di Daniel Denton, in cui si scopre un elenco impressionante di animali autoctoni (daini, orsi, lupi, volpi, lontre) unitamente ad un triste resoconto sugli Indiani che si accoppavano tra loro dopo essersi ubriacati con il rhum inglese.

Lupi ed Indiani: ecco cosa vedevano i newyorchesi che risalivano le strade fangose della penisola, al suono lugubre delle barche sul porto, per raggiungere le finestre illuminate con le lampade ad olio della taverna Lovelace, dove trascorrevano la serata a bere e fumare. L'edificio andò in fiamme nel 1706.

L'ACRO SOPRAELEVATO

Entrata al 55 Water St
• Aperto tutti i giorni da maggio a settembre dalle 7.00 alle 22.00 e da
ottobre ad aprile dalle 8.00 alle 20.00
• Accesso: treni linee N e R / Whitehall St; linee J e Z / Broad St; linee 2 e 3 /
Wall St

*Una certa
calma*

Bisogna che la città abbia un rapporto
complesso con la natura per celebrare
un piccolo rettangolo d'erba! È
questo il destino dell'Elevated Acre («l'acro
sopraelevato»), a sud di Manhattan. Deve
il suo nome al culto di cui è oggetto: questa
porzione di verde è forse l'unico elemento che separa gli impiegati più
sensibili del Financial District dal baratro della malinconia. Quando il sole
scalda, pare che l'erba cambi colore un ultimo istante prima di confondersi
con lo squallido tetto su cui è stata confinata. Poco importa la «quantità» di
natura relegata su questo tetto, quante persone ne approfittano (al mattino
nessuno) o che l'erba sia un prato artificiale color smeraldo. Quel che piace è
la combinazione del paesaggio urbano (altezza, geometria e modernità) con il
concetto dell'umile prato. Favoloso oppure orribile, in base all'umore.

Vi si accede attraverso il settore più largo e più trafficato di Water Street,
dove gli immobili paiono una confraternita di giganti. Si arriva "in cielo" con
un ascensore lungo e bellissimo. La parte sud dell'acro è composta da isolotti
di piante che lo suddividono in spazi più o meno privati dove ciascuno,
a seconda dello stato d'animo, trova la sua oasi di pace. A nord, alcuni
gradini di cemento portano al "sacro" prato, più in basso. Questo è il luogo
dove, dall'alto delle loro finestre, gli impiegati che sgobbano nei grattacieli
circostanti guardano con invidia o compassione quelli che prendono il sole
d'estate o che giocano vertiginosamente al frisbee. Per vederlo, basta sporgersi
dalla ringhiera che impedisce di cadere due piani più in basso in Old Slip: la
vista di un prato a strapiombo su una strada trafficata è davvero surreale.

Uno dei motivi più validi per andare a visitare l'Elevated Acre è il panorama
circostante. Sull'altra sponda dell'East River si vede Brooklyn Heights, fino
alle gru di Red Hook. A monte, il fiume scorre sotto i ponti di Brooklyn e di
Manhattan; a valle si distingue la Governor's Island. Se si è alla ricerca di un
angolo di pace, il chiasso delle macchine che filano sull'East River Drive e gli
elicotteri che decollano dall'eliporto possono infastidire, tuttavia, appoggiati
al parapetto, davanti al fiume esposto al vento, si apprezzerà la qualità di
questo spazio: un'isola di tranquillità nel caos generale.

Tooth fragment
Dr. John Greenwood
United States, 1789–1798

Contrary to American legend, Washington's
dentures were composed of animal and human
teeth, not wood. Dr. John Greenwood made

IL DENTE DI GEORGE WASHINGTON

Fraunces Tavern
54 Pearl St
- www.frauncestavern.com/museum.php • Tel. 212-968-1776
- Aperto tutti i giorni dalle 12.00 alle 17.00
- Tariffe: adulti $7, studenti e più di 65 anni $4, gratuito per i bambini di meno di 6 anni
- Accesso: treni linee N e R / Whitehall St; linee 4 e 5 / Bowling Green; linea 1/South Ferry

> **Le curiose reliquie della Fraunces Tavern**

L a Fraunces Tavern, fondata nel 1762, ha conservato il ristorante al piano terra. Il primo piano è stato trasformato in un museo che appassionerà i cultori della guerra di indipendenza americana: dipinti, armi, articoli di giornale, diari intimi e due curiose reliquie: un ciuffo di capelli ed un pezzo di dente di George Washington.

La taverna rivendica il primato della «più vecchia costruzione ancora in piedi di Manhattan», ma di quel che rimane molto poco è ancora originale. Quel che si vede oggi è il risultato del fedele restauro completato nel 1907, dopo che l'immobile scampò alla demolizione (i proprietari volevano raderlo al suolo per costruirvi un parcheggio). La taverna consente di farsi un'idea precisa di com'era New York poco dopo la rivoluzione. Fu l'ultima residenza di Washington, generale delle forze rivoluzionarie americane, e il luogo in cui fece il suo discorso di addio agli ufficiali al termine del conflitto. L'importanza dell'edificio si accrebbe quando, nella città improvvisamente diventata capitale della nuova nazione, la taverna venne utilizzata come uffici dei primi ministeri della Guerra, delle Finanze e degli Affari Esteri.

La grande sala in cui Washington pronunciò il discorso di commiato è rimasta così com'era il 4 dicembre 1783. Benjamin Tallmadge, un ufficiale dei servizi segreti, presente alla cerimonia, racconta che il generale, prima di prendere formalmente congedo, abbia alzato il calice dichiarando che «il suo cuore traboccava di amore e gratitudine». Il diario di Tallmadge, in esposizione, è aperto alla pagina in cui è descritta questa scena.

Ma Washington avrebbe voluto che alcuni frammenti della sua persona fossero in futuro esposti in un museo? «La prima cosa che i visitatori vogliono sapere, riferisce il giovane alla ricezione, è se un giorno sarà possibile clonarlo». Le reliquie sono custodite in una teca. Il dente, difficile da vedere, è montato su un pendente; i capelli, stranamente castani (ma si perdonerà agli americani di credere che Washington avesse dei riccioli bianchi già dalla nascita), sono in una cornice rotonda. Il dente è un po' inquietante perché non è intero, come se, alla morte, il corpo del presidente fosse stato ridotto in piccoli pezzi, come il caso della reliquia della Croce. Ma i mal di denti del primo presidente erano leggendari. Quando prestò giuramento (a pochi isolati da qui, in Wall Street), gli restava un solo dente a cui era attaccato un ripugnante marchingegno fatto di avorio di ippopotamo, oro, denti umani e molle a spirale.

LA RECINZIONE DI BOWLING GREEN

Bowling Green Park
• Aperto dall'alba alle 13.00
• Accesso: Treni linee 4 e 5 / Bowling Green

> *Una delle più antiche costruzioni di Manhattan*

Bowling Green, all'estremità di Broadway, è il parco più antico di New York. Questo giardino circolare è anche il teatro dell'episodio più ironico delle Guerra d'indipendenza degli Stati Uniti.

Nel 1765, entrò in vigore lo *Stamp Act* (legge sul francobollo), il cui obiettivo era finanziare l'esercito britannico obbligando tutte le società coloniali a utilizzare carta affrancata. Un provvedimento semplice, facile da applicare ma, ripensandoci, poco efficiente: la collera che suscitò fu il primo passo dei coloni verso la ribellione, e a New York la reazione fu particolarmente brutale: fu incendiata la macchina del governatore di Sua Maestà e il suo ritratto fu bruciato proprio a Bowling Green. Solo l'abrogazione della legge riportò la calma. Nel 1770 gli inglesi dettero ulteriormente prova di scarsa lungimiranza spedendo a New York una statua equestre di re Giorgio III. Finanziata dai newyorchesi e collocata al centro del giardino, la statua era un blocco di due tonnellate di piombo dorato. La doratura le conferiva un tocco gradevole ma l'uso del piombo, come si vedrà poi, fu un'idea infausta.

I newyorchesi saranno felici nell'apprendere che New York ha una lunga tradizione di graffiti e vandalismo. Mentre la tensione saliva, la statua fu talmente oltraggiata che intorno ad essa fu necessario costruire una recinzione in ferro battuto. Il 9 luglio 1776, nel Common di New York (l'odierno City Hall Park) fu letta per la prima volta la Dichiarazione d'Indipendenza e una folla di civili e soldati ebbri di libertà abbatté la recinzione e demolì la statua. Mentre re Giorgio veniva fatto a pezzi, un ribelle particolarmente ispirato considerò che con le due tonnellate di piombo si sarebbero potute ottenere parecchie munizioni. Ne furono realizzate esattamente 44.088, ma non si sa quanti soldati inglesi uccisero. Alcune parti della statua ed anche il blocco in marmo su cui poggiava sono conservati presso la New York Historical Society. La recinzione invece è sempre là: domina la metropoli da due secoli e mezzo ed è una delle più antiche costruzioni di Manhattan.

LA STATUA DEL BELGIO ALLA CUSTOMS HOUSE

1, Bowling Green
• Accesso: treni linee 4 e 5/Bowling Green; linea 1/South Ferry; linea R/
Whitehall St; linee M, J e Z/Broad St

> *Quando il Belgio sostituì la Germania*

Le tensioni politiche si riflettono raramente sull'architettura di una città; la Customs House (Ufficio doganale) in Bowling Green è una strana eccezione. Sulla cornice superiore dell'edificio si ergono dodici statue di marmo che rappresentano le grandi nazioni marinare del mondo. La terza, partendo da destra, è il Belgio. Il Belgio, un Paese che ha solo 64 chilometri di coste?

La Customs House (che oggi ospita l'ala newyorchese del *National Museum of the American Indian*), progettata nel 1900, avrebbe dovuto essere l'edificio più imponente della città. Gli affari commerciali del mondo intero transitavano per questo indirizzo e la statuaria evoca il tema del commercio internazionale. Al livello inferiore dell'edificio troviamo le allegorie femminili dei quattro continenti di Daniel Chester French; al piano superiore, le teste scolpite di Mercurio, dio romano del commercio, e alcuni ritratti delle «otto razze dell'umanità». Sulla cornice, le dodici grandi potenze marinare storiche e moderne sono state scolpite in pose regali. Il Belgio affiancato, da un lato, dal Portogallo e dalla Danimarca, e dall'altro, dalla Francia e dall'Inghilterra, è stato surclassato. Il motivo? Un tempo, al posto dell'allegoria del Belgio si trovava l'allegoria della Germania. Dopo la dichiarazione della prima Guerra mondiale, fu deciso che una nazione nemica non poteva figurare su un edificio governativo e William McAdoo, l'allora ministro delle Finanze, chiese allo scultore tedesco di trasformare la Germania nel Belgio. Al ministro non importava che il Belgio, a quell'epoca, non avesse una marina militare: era un alleato dell'America, diamine!

La storia non finisce qui. La realizzazione di queste allegorie era stata affidata a un manipolo di scultori di diverse provenienze, solo la Germania era stata scolpita da uno scultore di origine tedesca. Cittadino americano, Albert Jaegers aveva lasciato l'Europa quand'era bambino e si era affermato poi come artista specializzato nella realizzazione di temi germanici. Quando il ministro gli chiese di rovinare la sua stessa opera, questi rifiutò. Il rifiuto venne scambiato per una forma di tacita lealtà nei confronti del Kaiser, che in passato aveva decorato l'artista. Chiamato a comparire dinanzi alla National Sculpture Society, Jaegers fece notare che l'identità di una statua non poteva essere modificata con una semplice operazione di camuffamento e la sostituzione di una targhetta. Ma nonostante ciò fu diffamato: i simboli nazionali dell'allegoria vennero grattati via e, sullo scudo, venne incisa la parola *BELGIUM*.

MY LOVE MISS LIBERTY

Museo degli Indiani d'America / Alexander Hamilton U.S. Custom House
1 Bowling Green
• nmai.si.edu/visit/newyork/
• 202-633-6644
• Aperto tutti i giorni dalle 10.00 alle 17.00, giovedì fino alle 20.00
Metropolitana linea 4 e 5 / Bowling Green; linea 1 / South Ferry; linea R e
W / Whitehall St; linea J e Z / Broad St; linea 2 e 3 / Wall Street

> *Una Statua della Libertà tanto originale quanto tenera*

La U.S. Custom House si trova nel cuore di Battery Park, vale a dire dell'intera città: è stata costruita sul primo forte olandese. Entrate dalla rotonda principale, dove i vecchi banchi di marmo e gli affreschi della vita portuale degli anni 1930 ricordano l'età d'oro del porto di New York. Le allegorie dei continenti, scolpite da Daniel Chester French (s.v. pag. 307), sono a guardia dell'ingresso; un Indiano delle Pianure guarda oltre la spalla dell'America (seconda a sinistra). French non lo poteva sapere (voleva incarnare "l'abbondanza americana") ma la sua scultura trova un'eco nell'attuale funzione dell'edificio, trasformato in un museo di nativi americani. Questa è ovviamente l'altra buona ragione per entrare. Un oggetto della collezione sembra rivolgersi a tutta la città. Si tratta di una bambola Cup'ik dell'Alaska, fatta di "pelliccia e budello di leoni marini, cotone, pelle di foca e legno". A prima vista, è difficile riconoscere questa Statua della Libertà tanto originale quanto tenera.

Nessun tributo agli Amerindi sarà mai abbastanza, ma la mostra permanente svolge un ottimo lavoro di sintesi, dagli arpioni Yámana dalla Terra del Fuoco alle ceramiche mesoamericane, agli oggetti provenienti dalle Ande e dall'Amazzonia. La miglior lezione che un newyorkese può trarre è vedere quanto le culture violate dal proprio paese si adattino perfettamente a questo affascinante mosaico. È sorprendente, ad esempio, vedere una pentola in gres di Santa Barbara (California) o un toponimo senza apparente connessione con gli "indiani", anche se questo nome (come Oklahoma o Iowa) è di origine amerinda.

My Love Miss Liberty è l'opera di Rosalie Penayik, che ha vissuto a Chevak, nel delta dello Yukon. Lì, la produzione di bambole fatte di erbe intrecciate risale alla notte dei tempi. Penayik si è appoggiata alla tradizione Cup'ik per incorporare temi moderni e umorismo, trasmettendo il proprio stile alle figlie (e alle nipoti) e dando a Chevak (Alaska) un posto di rilievo sulla mappa dell'arte tradizionale.

IL MONUMENTO AI PAESI BASSI

Estremità nord di Battery Park, alla confluenza tra Battery Place e State St
• www.nycgovparks.org/parks/batterypark/highlights/8094
• Accesso: treni linee 4 e 5 / Bowling Green

> **Una manciata di perle del valore di 24 dollari**

Il 7 dicembre 1926, la Netherland-America Foundation presiedette ad una cerimonia a Battery Park. Faceva così freddo che non si presentò praticamente nessuno e i componenti della fanfara rimasero rannicchiati nei taxi. Si celebrava il 300° anniversario dell'insediamento della prima colonia olandese a Manhattan. In quell'occasione fu inaugurato un grosso piedistallo di pietra rosa destinato a sorreggere un'asta di bandiera: scolpito da un olandese e finanziato da olandesi, esiste tuttora. Se si conosce anche solo un aneddoto della storia di New York, in genere è la celebre «Sale of Manhattan» (vendita di Manhattan), in base alla quale i colonizzatori olandesi acquistarono l'intera isola dagli indiani per una manciata di perle del valore di 24 dollari. I newyorchesi adorano questa leggenda in cui l'utopista trionfa e lo zotico perde la camicia. Ma la leggenda è falsa, come testimonia un dettaglio sul piedistallo rosa: il copricapo di guerra degli indiani. Un errore spesso visibile a New York: erano gli indiani delle pianure che indossavano questi copricapi, non gli Algonchini. Alcuni diranno che si tratta di una minuzia, ciò tuttavia obbliga a riconsiderare l'evento. Per prima cosa, non esiste un atto di vendita di Manhattan. All'origine della famosa manciata di perle, c'è semmai l'atto di vendita di Staten Island. È probabile che Manhattan, come Staten Island, sia stata acquistata in cambio di strumenti, tessuti e *wampum* (s.v. pag. 101), ma la leggenda sottolinea le perle, come se gli indiani fossero stati abbagliati da questi gingilli al punto da rinunciare alla propria primogenitura. Si legge in una lettera olandese, unica traccia della transazione: «I nostri uomini sono felici e vivono in pace. Per 60 fiorini hanno acquistato dai selvaggi l'isola di Manhattan». È tutto quello che sappiamo. Ed è stato definitivamente stabilito che 60 fiorini equivalgono a 24 dollari.

Ma cos'è un dollaro? Gli europei non avevano alcuna idea del valore che gli Amerindi attribuivano al denaro, per non parlare della proprietà terriera. Lo testimonia il fatto che, per «acquistare» Staten Island, gli olandesi dovettero provarci cinque volte. Probabilmente per gli indiani, la «vendita di Manhattan» corrispondeva più o meno all'«affitto di Manhattan», oppure stavano prendendo merci per un territorio con il quale non avevano alcuna connessione. Ci sono validi motivi per credere che gli indiani Lenapi, che vendettero Manhattan, rientrarono a casa ridacchiando all'idea che questi piccoli marinai pallidi e flaccidi, che puzzavano di liquame e formaggio, avessero potuto compiere un viaggio simile per venire a farsi imbrogliare.

IL MONUMENTO AI MARINAI DELLA MARINA MERCANTILE ㉕

Battery Park, a nord-ovest di Castle Clinton
• www.nycgovparks.org
• Accesso: treni linee 4 e 5 / Bowling Green; linea 1 / South Ferry; linee N e R / Whitehall St

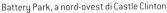

Nessun superstite!

Su un frangiflutti di pietra, due marinai in bronzo si stringono la mano sul ponte di un'imbarcazione che sta affondando. Uno dei due cerca di salvare un compagno che sta per essere inghiottito da un'onda; l'altro giunge le mani a megafono per chiedere aiuto. Il monumento ai marinai della Marina mercantile ha un subitaneo potere drammatico perché si ispira ad una foto che ha una storia ricca di eventi. La foto è giunta fino a noi grazie a un uomo il cui nome non appare sul monumento.

George W. Duffy aveva appena vent'anni quando, nel settembre del 1942, la nave mercantile su cui era imbarcato venne affondata da un incrociatore tedesco al largo delle coste del Sudafrica. I superstiti furono trasferiti su una nave nemica dove rimasero a languire per un mese. Sfogliando il *Berliner Illustrierte Zeitung*, Duffy si imbatté nel resoconto di una petroliera americana silurata. L'articolo era corredato di una foto in cui, su una zattera, erano raffigurati sette marinai che, come Duffy, appartenevano alla marina mercantile. Considerando che questo documento un giorno li avrebbe divertiti e «pensando ingenuamente – come egli scrisse - che la guerra non sarebbe durata a lungo», strappò la pagina per conservarla.

Duffy e gli altri prigionieri furono consegnati ai giapponesi. Trascorse i tre anni successivi nei campi di prigionia a Giava, Singapore e Sumatra prima di essere liberato dagli inglesi nel 1945, insieme agli altri «scheletri ambulanti». La foto della rivista era rimasta nascosta nel suo equipaggiamento militare. «Dopo la guerra – scrisse - l'ho fatta vedere a tutte le compagnie petrolifere di New York. Nessuno riusciva ad identificare i sette uomini». Per quarant'anni la faccenda non ebbe ulteriori risvolti fino a quando, agli inizi degli anni '80, uno storico fece analizzare la foto dall'FBI. L'ingrandimento di un giubbotto salvagente permise per la prima volta di identificare il nome della petroliera: *Muskogee*. La foto era stata scattata da un giornalista tedesco del sottomarino che l'aveva affondata. I marinai ritratti erano le ultime immagini di uomini che sarebbero morti: negli archivi si scoprì che a bordo della *Muskogee* nessuno era sopravvissuto. «Nessun superstite! – scrisse Duffy – E dire che avevo cercato questi marinai per anni».

Per il monumento, inaugurato nel 1991, lo scultore francese Marisol si ispirò alla foto di Duffy.

LE COLONNE CON I GRAFFITI DI ELLIS ISLAND ㉖

- www.nps.gov/elis/index.htm • Tel. 212-363-3200
- Aperto tutti i giorni, escluso il 25 dicembre
- La visita di Ellis Island comprende la visita alla Liberty Island (Statua della Libertà); i biglietti per il ferry-boat si acquistano a Castle Clinton in Battery Park (da Manhattan: prima partenza alle 9.30, ultima alle 15.30)

Gli altri immigrati

L a storia tradizionale di Ellis Island è a senso unico: la Statua della Libertà sorregge fieramente in mano una fiaccola per accogliere le navi che entrano in rada. Raramente si sente parlare di navi che partono nell'*altra* direzione: tutta quella gente che, dopo essere sbarcata a New York – con quale coraggio e quanti sacrifici! – si vede respinta e rimandata via. Al terzo piano dell'edificio principale, esattamente sopra la grande sala di registrazione, ci sono due colonne, interamente ricoperte di graffiti a matita, che raccontano la vita di questi poveretti.

Barry Moreno, bibliotecario e storico di Ellis Island, ha scritto *The Encyclopedia of Ellis Island* e *The Statue of Liberty Encyclopedia*. Dal suo ufficio vede le due colonne. «I turisti possono rendersi conto delle migliaia di immigrati che sbarcavano ogni giorno a Ellis Island: un'immigrazione massiccia. Questa è la storia dell'isola. Tutto questo avvenne tra il 1892 e il 1924». Nel 1925 il governo americano stabilì delle quote: a partire da quell'anno, fino alla Seconda guerra mondiale, Ellis Island si trasformò in un centro di detenzione per stranieri non graditi. «C'erano prostitute - precisa Barry Moreno - ex-detenuti, barboni, nomadi. Straccioni appena usciti dall'ospedale o da un orfanotrofio. Pazzi ed epilettici. Ubriaconi …»

Alcuni vivevano già da anni negli Stati Uniti; altri erano arrivati dal Messico o dal Canada, prima che venissero effettuati i controlli alle frontiere. In genere, si facevano arrestare al primo reato – a Seattle, Kansas City o Chicago –, e se non riuscivano a provare di essere entrati legalmente nel territorio nazionale, venivano messi sui treni per New York. «Centinaia di detenuti - aggiunge Barry Moreno - che venivano poi inviati a Ellis Island».

Oltre le colonne, c'era la Special Inquiries Division (Commissione speciale d'inchiesta), dove venivano esaminati i casi d'espulsione. Gli immigrati, appena arrivati, erano controllati e spediti in città nel giro di poche ore, mentre i detenuti rimanevano in attesa per giorni. Per ammazzare il tempo, ribellarsi o per lasciare la traccia del loro passaggio nel paese che li aveva rifiutati, scarabocchiavano i muri: caricature di funzionari, animali, volti e teneri ritratti femminili. Un italiano, in particolare, lasciò un messaggio che attesta la sua entrata legittima negli Stati Uniti: «Cecchini, Giuseppe. Arrivato a Battery sabato 18 maggio 1901».

LE ACQUE SCOMPARSE DI MANHATTAN

Nella realizzazione della griglia urbana di Manhattan, i suoi inventori non tennero conto della quantità di corsi d'acqua, ruscelli, stagni e sorgenti presenti sull'isola. New York è in effetti circondata dall'acqua: ampie baie, fiumi e stretti di mare attraversati da ponti - veri capolavori architettonici - ma un tempo a Manhattan c'erano anche moltissimi piccoli corsi d'acqua. Agli inizi del XIX secolo, quando fu inaugurata la « griglia», per quanto strano possa sembrare, il limite nord della città era rappresentato da un ponte nel punto in cui Broadway incrociava un canale. Il canale scorreva da Centre St. fino al fiume Hudson, dove oggi si trova Canal Street. Alcuni ruscelli e insenature furono interrati e ricoperti di laterizi; nascosti sotto il lastricato, avrebbero limitato in parte l'alta marea. La soluzione più semplice per ricoprirli era quella di riempirli di rifiuti; una soluzione che i newyorchesi avrebbero pagato cara. I corsi d'acqua e le sorgenti nascoste di Manhattan divennero ben presto motivo di continue lamentele: crolli di fondamenta, formazioni di paludi, diffusione di malattie e inondazioni. Sotto Times Square c'era una sorgente che alimentava un ruscello, il quale compiva un arco di cerchio fino alla 5th Av. e alla 31st St., prima di trasformarsi in uno specchio d'acqua dal nome grazioso di Sunfish Pond (rinomato per la pesca), e di sfociare infine nell'East River. Anni dopo averlo interrato e ricoperto di edifici, vi fecero passare sopra il tracciato del tunnel ferroviario della Pennsylvania, la cui costruzione fu ritardata per colpa di «sabbie mobili e corsi d'acqua parzialmente prosciugati». Un altro ruscello nasceva a nord, all'estremità ovest della 72nd St., e attraversava la penisola, zigzagando attraverso quello che sarebbe poi diventato Central Park (i campi sportivi, a sud del parco, sono l'alveo di vecchi corsi d'acqua). Quando nel 1865 furono costruiti delle bordure per delimitare il parco, la 5th Av. fu inondata per mesi. Se vi interessa avere altre informazioni sulle acque scomparse di Manhattan, il riferimento indispensabile è la Mappa Sanitaria e Topografica di Egbert Viele (1865). Vedere per credere: Manhattan era solo un'immensa palude attraversata da infiniti corsi d'acqua. Molti di questi hanno lasciato tracce in qualche modo esplorabili. Altri forse scorrono ancora tristemente nei canali sotterranei. Qui di seguito segnaliamo i tre più interessanti.

Carte - Viele, 1865

BROAD STREET

Gli storici ne discutono ancora, ma è possibile che gli Olandesi abbiano deciso di insediarsi a Manhattan perché le insenature e i corsi d'acqua erano il luogo ideale per scavare dei canali: la Nuova Amsterdam s'ispira a quella vecchia. Broad Street era inizialmente un canale e il primo mercato della Nuova Amsterdam si trovava lungo i suoi argini.

IL COLLECT POND

Il Collect Pond era il re degli specchi d'acqua scomparsi. Principale punto d'acqua dolce di New York, alimentato da sorgenti, questo bacino era così profondo da ospitare leggendari mostri marini. Trasformato in una fogna dalle concerie e dai mattatoi, il suo drenaggio impose lo scavo di un canale, il futuro Canal Street. Quando in un secondo momento il bacino fu riempito, l'area circostante divenne il primo quartiere malfamato di New York, Five Points. Un quartiere povero e sovraffollato dove le case sprofondavano in un terreno melmoso. Gli edifici successivi poggiarono su pali. Il Collect Pond si estendeva per circa venticinque ettari e il centro corrispondeva all'attuale punto d'intersezione tra Leonard St. e Centre St.

MINETTA BROOK

Questo è uno dei misteri di Manhattan. L'idea di un corso d'acqua sotterraneo che scorre ancora è inquietante: evoca l'immagine di pesci ciechi che annusano i fondali o di marciapiedi che vibrano per lo scorrere dell'acqua sottostante. Gli indiani Lenape chiamavano il Minetta Brook semplicemente Manette: «l'acqua del diavolo.» Il ruscello, un tempo popolato da trote, fu interrato nel 1820. Si dice che la tortuosa Minetta Street, nel Greenwich Village, segua il proprio percorso nascosto, ma il quartiere abbonda di riferimenti espliciti al Minetta: dalla pompa di Grove Court, che attinge acqua dolce direttamente dal bacino, a un tubo in plastica trasparente nella hall della torre residenziale del n° 2 della 5th Av., nel quale ogni volta che piove borbotta un'acqua torbida (un getto d'acqua sotterranea sotto pressione che fuoriesce ad esplorare la carreggiata). «Sotto questo punto scorre sinuosamente un ruscello», si legge su una targa che non precisa se si tratta del Minetta Brook. La sua presenza si fa ancora più manifesta alla Minetta Tavern, che

dal 1937 si trova in MacDougal Street: stanchi delle innumerevoli inondazioni, i proprietari hanno dovuto sigillare e rifare le tubature del sottosuolo. «Il fiumiciattolo è vivo e vegeto» - assicura il proprietario - «Quando abbiamo scavato il pavimento per installare le nuove tubature, lo abbiamo visto scorrere sotto le fondamenta».

DA CHAMBERS STREET
A HOUSTON STREET

I COPERCHI DELLE BOTOLE
DEL CROTON AQUEDUCT

❶

Foto in alto: 5th Avenue, all'altezza della 110th Street
• Accesso: treni linea 4 e 6 /103rd St
Foto in basso: Jersey Street
• Accesso: Treni linee B, D, F e M / Broadway – Lafayette

> ### *Vestigia di un progetto idraulico*

Sul perimetro dei coperchi di due botole, ben visibili in Fifth Avenue e in Jersey Street a SoHo, si legge ancora *Croton Aqueduct*. Sono tra le ultime vestigia del gigantesco progetto di ingegneria civile che nel XIX secolo permise la fornitura di acqua dolce a Manhattan. Uno dei coperchi (s.v. foto in basso) pare sia il più vecchio della città.

Manhattan è circondata dall'acqua, quindi è logico pensare che l'acqua potabile non dovrebbe essere un problema. In realtà l'acqua dei fiumi che la bagnano è salata: due di questi, l'Harlem River e l'East River, non sono fiumi, ma braccia di mare. Le sorgenti e i ruscelli, che un tempo fornivano acqua dolce ai coloni, furono progressivamente inquinati e interrati (s.v. pag. 68), e gran parte della popolazione, sempre in aumento, dovette ricorrere a cisterne, pozzi e barili di acqua piovana. Si possono immaginare le principali conseguenze: malattie, infezioni e crescente rischio di incendi. Altre sono meno evidenti: l'alcolismo (l'alcool era più salubre dell'acqua) e la creazione della Chase Manhattan Bank, che fu dapprima un servizio essenzialmente fittizio di distribuzione d'acqua per ricchi.

Con la costruzione dell'acquedotto di Croton tutto cambiò: semplicemente sfruttando la gravità, si fece scorrere l'acqua dolce dalle sorgenti naturali più adatte, in questo caso il fiume Croton, localizzato 65 km a nord. I lavori iniziarono nel 1837 e, cinque anni dopo, a Manhattan venivano utilizzati ogni giorno 227 milioni di litri d'acqua, ad un ritmo di caduta di 30 cm al chilometro. All'epoca la città aveva due serbatoi: quello più a sud (il Croton Distributing Reservoir) era una magnifica fortezza i cui muri in granito erano alti 15 metri e spessi 7,5. I newyorchesi amavano passeggiare lungo i bordi per ammirare la città dall'alto e contemplare il luccichio della luna riflessa sui due ettari del bacino.

Il bacino, realizzato in uno stile architettonico vagamente egiziano, avrebbe dovuto soddisfare le necessità idriche della città per secoli. Però dopo appena 50 anni già non era più sufficiente. Fu affiancato da un sistema parallelo (che oggi fornisce ancora il 10% dell'acqua a Manhattan) e l'enorme serbatoio di Croton fu demolito per consentire la costruzione della sezione principale della New York Public Library.

> Nel Bronx e a Manhattan ci sono ancora molti resti dell'acquedotto: percorsi, logge, ponti, et cetera (s.v. pag. 339 per un esempio notevole).

LA NEW YORK EARTH ROOM

141 Wooster Street
- www.diacenter.org • Tel. 212-989-5566
- Aperto dal mercoledì a domenica, dalle 12.00 alle 18.00; chiuso i mesi di luglio e agosto
- Entrata libera
- Accesso: treni linee B, D, F e M / Broadway – Lafayette St;
Treni linee N e R / Spring St

Trent'anni di "semplicemente sporco"

S e la storia di New York è la storia dell'immobiliare, quella dell'*Earth Room*, in Wooster Street, è una storia dell'orrore. Al secondo piano di un edificio di imitazione rinascimentale, in uno dei quartieri più caldi della città, vi è un loft con una stanza piena di fango: 1.100 metri quadrati di fango ed uno spessore di 56 cm per un totale di 140 tonnellate. Per i committenti della fondazione Dia Art, *The Earth Room* è «una scultura d'interno in terra» — in realtà è solo una stanza molto sporca.

Lungo Cobbled Wooster Street si allineano i negozi di scarpe e le boutique. Il solo elemento che indica che il n° 141 ospita l'opera di uno dei più importanti artisti americani è una targhetta che suggerisce al visitatore di premere il pulsante 2B. Non appena si accede alla stretta scala si può già annusarne il contenuto. «Perfetto, -dirà William Dilworth dietro il banco della ricezione,- temevo che, con gli anni, la puzza se ne sarebbe andata». Dilworth è il curatore a tempo pieno della scultura. Ha il sorriso dolce e l'aria contemplativa di qualcuno che trascorre le sue giornate a sorvegliare 140 tonnellate di terra inerte. «La annaffio, la rivolto e la rastrello.» Di tanto in tanto strappa delle erbacce che crescono perché si tratta comunque di terra, viva, scura e umida. In questo immenso spazio non c'è nient'altro; solo una barriera in vetro che arriva alle ginocchia e che separa dalla terra.

L'autore di quest'opera, Walter De Maria (nato nel 1935), è un artista paesaggista minimalista, noto soprattutto per il suo *Lightning Field*: 400 piloni in acciaio inossidabile allineati in mezzo al deserto del Nuovo Messico. Dilworth è in grado di rispondere a qualsiasi domanda e fornire tutti i dettagli riguardanti il suo progetto, ma lascia valutare al visitatore le proprietà magnetiche dello sporco. Sono stati effettuati dei fori nel pavimento per verificarne le buone condizioni. L'origine di questa terra è incerta, ma Dilworth suppone che provenga da «qualche parte in Pensylvania». De Maria l'ha scelta per il colore.

La Dia Art Foundation ha avuto una funzione pionieristica nella riorganizzazione di spazi industriali urbani in una prospettiva artistica. La fondazione si pone come obiettivo il finanziamento di installazioni in situ come la Earth Room, visitabile fin dal 1980. Un' altra opera di De Maria commissionata dalla Dia Art Foundation si trova a due isolati di distanza, al 393 di West Broadway: The Broken Kilometer – 50 steli in rame lunghi due metri sul pavimento.

LA FLOATING MAP DI GREENE STREET

110th Greene Street
• Accesso: treni linee N e R / Prince St

Brulicanti, come formiche o elettroni

C'è uno strano disegno sul marciapiede di Greene Street, indecifrabile di primo acchito. Sembrerebbe quasi un circuito o l'ingrandimento di un organigramma e l'ipotesi non è del tutto sbagliata. Si tratta di un disegno in acciaio inossidabile, opera d'arte urbana dell'artista e architetto belga Françoise Schein, e a lungo è stata la più grande pianta della metropolitana di New York.

«La mia vita d'artista è iniziata – scrive nel commento al suo progetto - sui marciapiedi di SoHo.» Françoise Schein sbarca a New York nel 1978 per studiare urbanistica alla Columbia University. Impegnata negli studi matematici agli inizi dell'era informatica, rimane estasiata dalla potenza dei trasporti newyorchesi. «La metropolitana mi affascina: la sporcizia, la vita, i graffiti. E i milioni di passeggeri che ogni giorno l'affollano, brulicanti come formiche o come gli elettroni di un computer …». Mentre sorvolava New York, prima dell'atterraggio, ebbe un lampo di genio osservando dall'oblò le luci della città che si avvicinavano: era come se si fosse tuffata in un gigantesco microchip.

Françoise Schein avrebbe ben presto avuto l'occasione di tradurre queste impressioni in un'opera. Infatti nel 1984 un promotore immobiliare, Tony Goldman, le chiese di trasformare il marciapiede davanti al suo palazzo in Greene Street. Schein propose un progetto intitolato *Subway Map Floating on a New York Sidewalk*. Goldman non esitò un secondo: «Lo compro».

Fedele al principio newyorchese secondo il quale la timidezza è un limite, l'anno seguente l'artista presentò il progetto ad una commissione del Consiglio municipale di SoHo. Un direttore del Servizio trasporti le fece fare più volte la spola. Sotto il suo sguardo caustico, la giovane architetto in T-shirt e scarpe da ginnastica gli spiegò in che modo un gigantesco rebus di filosofia urbana poteva essere utile su un marciapiede. Dopo l'approvazione del progetto, l'artista si mise a tagliare e saldare pezzi in acciaio inossidabile, a realizzare un mosaico sul pavimento e a soffiare vetro per i rosoni delle stazioni. Nel 1985 l'opera ricevette l'*Award for Excellence in Design* dall'allora sindaco Ed Koch. Questo fu l'esordio di Françoise Schein nell'arte urbana. Le sue opere sono ora visibili anche a Lisbona, Bruxelles, Berlino, Parigi e Stoccolma.

L'ASCENSORE DEL *HAUGHWOUT BUILDING* ❹

490 Broadway
• Accesso: linee 4 e 6/Spring St. e Canal St.; linee N e R/Prince St. e Canal St.

Il primo ascensore

Aall'angolo tra Broome St. e Broadway, si trova uno dei grandi immobili sconosciuti di New York: l'*Haughwout Building.* Costruito nel 1857, poco dopo l'avvento della ghisa (s.v. pag. 301), ciò che lo rendeva singolare non era la struttura, per nulla innovativa, ma la sua posizione all'angolo tra due strade e la presenza di due imponenti facciate al posto di una. L'architetto John P. Gaynor e il fabbro Daniel Badger convinsero il proprietario ad alleggerire la costruzione lasciando che fosse l'acciaio a sostenere il carico, anziché sospenderlo alla muratura in mattoni. Una soluzione che fece compiere all'architettura newyorchese un passo avanti verso la struttura portante in metallo. La vera novità, tuttavia, non fu tanto la distribuzione delle forze quanto la realizzazione all'interno di quest'edificio del primo ascensore. La storia della sua invenzione illustra una caratteristica comune a quasi tutti gli imprenditori del XIX secolo: la passione per la scenografia. Il mondo di allora già conosceva gli ascensori, ma nessuno aveva fiducia in essi. Nel 1853, nel corso della Crystal Palace Exhibition, Elisha Otis approfittò di questo sentimento di diffusa perplessità per presentare, alla stregua di un mago, un prodotto che cambiò le regole del gioco: il freno di sicurezza. Otis si era fatto sollevare e depositare sulla piattaforma di un ascensore davanti a una folla attonita, quindi aveva chiesto a un assistente di tagliare il cavo. La piattaforma cadde sotto gli occhi degli spettatori rimasti senza fiato, ma il freno funzionò e l'inventore ne uscì sano e salvo, dopo un brusco sobbalzo. Allo spettacolo aveva assistito anche E. V. Haughwout, un grande importatore di porcellane e vetri di lusso. Dotato anch'egli di un particolare senso scenografico, Haughwout fece di quell'ascensore, di comprovata sicurezza, una delle caratteristiche del suo futuro sontuoso negozio di Broadway. Sollevato (su cinque piani) da un motore a vapore collocato nel seminterrato, esso attirò frotte di newyorchesi accorsi per ammirare un'innovazione che da allora avrebbe cambiato il mondo. Una struttura metallica e un ascensore: ecco come E. V. Haughwout, intenzionato a vendere stoviglie di fantasia, scrisse senza saperlo la ricetta dei futuri grattacieli.

L'ascensore è visibile ancor oggi a Broadway, ma è bloccato da alcune assi di legno.

La Crystal Palace Exhibition del 1853 si tenne nel luogo in cui si trova ora Bryant Park, sotto una grande cupola di ferro e vetro: una combinazione inizialmente salutata con entusiasmo perché resistente agli incendi, fino al giorno in cui un deposito di legna andò in fiamme e in un attimo ridusse in cenere l'intera costruzione.

LA SINAGOGA KEHILA KEDOSHA JANINA ❺

280 Broome Street
• www.kkjsm.org
• Tel. 212-431-1619
• Aperto per le funzioni da sabato alle 9.00 e domenica dalle 11.00 alle 16.00
• Accesso: linee B e D/ Grand St; linea J/Bowery; linea F/Delancey

L'unica sinagoga romaniota dell'emisfero occidentale

Tra le centinaia di sinagoghe che costellavano il Lower East Side alla fine del XIX e gli inizi del XX secolo, solo cinque sono ancora luoghi di culto autonomi e una di queste è eccezionale: la Kehila Kedosha Janina in Broome St, l'unica sinagoga romaniota dell'emisfero occidentale.

La storia dei Romanioti è sconosciuta. Questa minoranza israelita, che si distingue dagli Ashkenaziti (originari dell'Europa centrale) e dai Sefarditi (della Spagna e Portogallo), si stabilì in Grecia e le sue tradizioni risalgono all'antica Roma. Come gruppo etnico, i Romanioti furono talvolta, per ignoranza, tenuti ai margini anche dalle altre comunità ebraiche e a New York, dove gli ebrei sono soprattutto Ashkenaziti, rifiutati sdegnosamente. «Tendevano a guardarci dall'alto» osserva la direttrice del Janina Museum. «Come si può essere ebrei se non si parla yiddish? Ma noi eravamo ebrei. E siamo ancora qui».

La Kehila Kedosha Janina può essere contrapposta alla maestosa sinagoga di Eldridge Street, nello stesso quartiere, la cui antica storia riguarda milioni di persone. Rispetto ad essa, la sinagoga romaniota affascina per il carattere intimistico. Un edificio modesto e minuscolo, anche un po' dimesso. Nella sala principale le donne siedono in alto e gli uomini in basso, come esige la tradizione; lo spazio è angusto e inondato dalla luce che proviene dal lucernaio centrale. «Se un uomo si sedeva qui - spiega la direttrice - sua moglie era lassù, di fronte a lui, e si sorvegliavano. Lui poteva dirle di smettere di parlare con le sue amiche e lei poteva dirgli di smettere di leggere il giornale. Penso che la nostra comunità sia meno ossessionatamente ortodossa».

Per la signora Ikonomopoulos, che discende direttamente dai primi Romanioti stabilitisi a New York nel 1927, questo eufemismo la dice lunga. La stessa Torah della sinagoga è caratterizzata da una semplicità funzionale: la corona che decora l'astuccio in olivo è un semplice pezzo di rame dove la stella di David pare sia stata incisa con un chiodo. «Non avevano intenzione di impressionare. – conclude - Cercavano semplicemente un luogo dove sentirsi a casa».

I Romanioti greci sono la comunità israelita presente da più tempo in Europa dopo la diaspora: oltre 2.300 anni.

GLI HUA-MEI DEL SARA D. ROOSEVELT PARK ❻

Chrystie St. all'altezza di Broome St
• www.nycgovparks.org/parks/sararoosevelt
• Gli appassionati si ritrovano al mattino, quando c'è bel tempo, fino all'autunno
• Accesso: treni linea F/2nd Av; linee 4 e 6/Spring St; linea J/Bowery

Un angolo di parco e mille anni di tradizione

Nei bui e appassionanti anni '80, il Sara Delano Roosevelt Park, a Chinatown, era un luogo squallido dove si incontravano soprattutto spacciatori e drogati. Con il passare degli anni, alcuni immigrati cinesi iniziarono a rivendicare una parte del prato per dedicarsi ad un passatempo bello quanto assurdo: l'allevamento e l'esposizione di uccelli canori. Da allora, ogni mattina, quando c'è bel tempo, gli appassionati di questa tradizione ultramillenaria si ritrovano per fumare e chiacchierare, appoggiati al parapetto, e ammirare la massa di uccelli esotici multicolori nelle gabbie di bambù intagliato. La zona riservata agli uccelli è delimitata da una corda a cui sono sospese delle gabbiette contenenti gli uccelli più piccoli. Dietro, sull'acciottolato, in gabbie di maggiori dimensioni, si intravedono uccelli più grandi dal piumaggio giallo scuro, con il becco lucente e occhi straordinari. «Sono gli Hua Mei, -spiega Tommy Chan.- Sono la principale attrazione». Lo Hua Mei è un tordo cinese il cui canto evoca l'amore, come l'usignolo in occidente. Chan è un allevatore e collezionista. Ha lunghi capelli neri raccolti in una coda di cavallo, un berretto di pelliccia e porta anelli d'argento alle dita; i ciuffi della sua barba brizzolata sono legati con degli elastici. Ha tutta l'aria di un esperto: «Al tempo della dinastia Ming i grandi poeti paragonavano le belle donne a questo uccello. Dicevano: " I tuoi occhi sono belli come quelli dell' Hua Mei (in mandarino hua mei significa "sopracciglia dipinte"). E se le dame cantavano bene dicevano: "Canti come l' Hua Mei"».

Il canto di un Hua Mei è certamente poetico. Si potrebbe pensare che se fossero in venti a cantare tutti insieme l'effetto sarebbe assordante ma non è così. Questi uccelli sono molto vivaci; saltellano, si torcono, i più energici si lasciano andare all'indietro tenendosi con gli artigli. Alcuni ruotano la testa di lato, incollano contro la gabbia i loro sorprendenti occhi rotondi e osservano le persone trillando. Ognuno di loro ha un canto particolare. «È ciò che li distingue dalla maggior parte degli uccelli» precisa Chan. «Se siete abituati al canto del vostro Hua Mei, lo riconoscerete». Gli chiediamo se quello che ha in mano è uno dei suoi. Sbattendo le palpebre, Chan spiega la regola numero 1: «Proibito toccare gli uccelli degli altri».

LA SLAVE GALLERY A SAINT AUGUSTINE'S

333 Madison St
- www.staugnyc.org
- Visita su prenotazione telefonica al 212-673-5300
- Accesso: treni linea F/East Broadway o Delancey St/linee J, M e Z/ Essex St

> *Una panca per gli indesiderabili*

Sulle panche della Saint Augustine's Church, in Henry Street, si affaccia una galleria. Dietro questa galleria, sopra i primi posti, si distingue un altro livello, un po' arretrato, dietro una specie di sopraffinestra aperta. Questa rientranza, che risale al 1828, epoca di costruzione della chiesa, si chiamava la «galleria degli schiavi». Era stata ideata per i praticanti di colore, con l'obiettivo di tenerli il più possibile nascosti.

Dopo aver preso posto sulle panche, la visita inizia con una presentazione generale della storia del quartiere e dell'edificio. In un secondo momento, avviene una svolta sensoriale. I visitatori sono invitati a salire l'angusta scaletta, posta nella parte posteriore, che conduce alla galleria separata, a sedersi su delle semplici panche in legno e a cercare di calarsi nei panni di quelli che erano costretti ad accettare che questo occultamento fosse quello che si meritavano. «Chiudete gli occhi un istante - suggerisce il reverendo Hopper, diacono della chiesa - e immaginate». Quel giorno, la temperatura nella galleria è superiore ai 40°: i visitatori sono in un bagno di sudore. La vista, dall'alto, sui livelli inferiori della chiesa è incorniciata dalla sopraffinestra: si vede solo metà pulpito ma l'effetto è più che visivo. Lo spazio aperto, sottostante, sembra appartenere ad un'altra, lontana dimensione.

Il diacono ha lavorato con il Lower East Side Tenement Museum per il restauro della galleria. Non è stato gettato nulla, neppure un chiodo: su consiglio degli esperti, il lato occidentale della chiesa è stato ridipinto e riportato all'aspetto che aveva 180 anni prima.

Il termine «galleria degli schiavi» (*slave gallery*) è culturalmente corretto, ciononostante solleva degli interrogativi. La schiavitù fu abolita a New York il 4 luglio 1799, in base ad un procedimento di «graduale affrancamento»: gli uomini nati prima di questa data sarebbero rimasti schiavi fino a 28 anni e le donne fino a 25 anni. La chiesa di Saint-Augustine fu edificata un anno dopo l'affrancamento dell'ultimo schiavo di sesso maschile, ma l'esistenza della galleria dimostra che la libertà può arrivare dopo la liberazione.

39 - 41 HENRY STREET

• Accesso: treni linee 4, 6, N, Q, J e Z / Canal St; linee B e D / Grand St;
linea F / East Broadway

*Polene
e Uomini verdi*

Uno dei maggiori mutamenti avvenuti a New York è stata la perdita dei rapporti con il commercio portuale. La città si è arricchita grazie alla navigazione sull'Atlantico e sull'Hudson. Quando si osservano le foto di Manhattan nel XIX secolo, si rimane colpiti dalla selva di alberi maestri che adornavano le banchine del porto. All'epoca della costruzione degli immobili di Henry Street, nel Lower East Side, nella prima metà del diciannovesimo secolo, molti inquilini vivevano del mare. Ai n. 39 e 41 si possono notare molti dettagli architettonici pensati per attirare clienti di questo tipo, come le mensole decorative accanto al portone d'ingresso, scolpite come prospere polene sulle prue delle navi. I marinai e i costruttori navali che un tempo popolavano il quartiere e si muovevano con fare spavaldo (addetti alla calafatura, falegnami, taglialegna, fabbri) avevano portato con sé una cultura chiassosa che ha lasciato un segno profondo nella lingua. Il termine *hooker* ne è un esempio. Il *Bartlett's Dictionary of Americanisms* (1859) lo definisce in questo modo: «Residente di Hook, meretrice, attizzatrice di marinai. Il nome deriva dalle molte abitazioni malfamate frequentate dai marinai sull'Hook (vale a dire Corlear's Hook) nella città di New York». Corlear's Hook è la riva vicina, dove l'East River si dirige verso nord. Meretrici, marinai, imbarcazioni, cantieri navali: nel XIX secolo Lower East Side era un ambiente chiassoso, affollato, sordido ed elettrizzante. Le decorazioni con temi marittimi sono molto frequenti negli edifici di Henry Street, come se la vitalità dell'epoca si fosse insinuata persino nell'architettura. Le polene dei n. 39 e 41 non sono che un esempio: risalite da Montgomery Street fino a Catherine Street e non vedrete che draghi, mostri o uomini urlanti, cariatidi, ghirlande di frutta, piante di acanto, motivi floreali e inquietanti volti ricoperti di foglie.

L'«UOMO VERDE»
Le facce ricoperte di foglie sono una caratteristica del periodo neogotico ma la loro storia risale a migliaia di anni prima, alle decorazioni pagane con temi ispirati alla foresta. Ci sono molte versioni dell'Uomo verde, cercatele sulle chiavi di volta delle finestre e degli archi.

IL TUNNEL DI DOYERS STREET ⓸

Entrata del tunnel al n. 5 di Doyers St; uscita in Chatham Square
• Accesso: treni linee N, Q, R, J, Z, 4 e 6 / Canal St; linee B e D / Grand St;
linee J e Z / Chambers St

> **Una strada
> a zigzag unica
> a Manhattan**

Gli abitanti di Chinatown hanno siglato un tacito accordo con i newyorchesi non cinesi e i turisti: potete venire a dare un'occhiata al nostro quartiere a patto che noi possiamo agire come se voi non ci foste. A parte i commercianti e i camerieri sempre gentili, i residenti hanno sempre mantenuto il loro riserbo. Uno dei vantaggi culturali di New York sta nel fatto che basta uscire dalla metropolitana a Chinatown per sentirsi subito uno straniero. Una strada, in modo particolare, la cui storia è romantica (e cruenta), merita di essere esplorata: la tortuosa e piccola Doyers Street.

Doyers Street, dove un tempo si trovava il primo teatro lirico cinese degli Stati Uniti, è nota soprattutto per i suoi delitti. Unica a Manhattan, questa strada serpeggiante respingerebbe, si dice, gli spiriti alati e il suo soprannome – *Bloody Angle* («angolo sanguinoso») – si riferisce alla guerra tra bande cinesi. Ci sono stati più assassini qui – con pistola o all'arma bianca – che in qualsiasi altro angolo d'America. La guerra fu dichiarata agli inizi del XX secolo ma, appena vent'anni fa, la strada adiacente – Pell Street – era ancora la sede dell'associazione Hip Sing Tong e la zona ha ancora qualcosa di sinistro, rispetto alla confusione e ai dim sum di Mott Street.

I gangster scappavano attraverso la rete di tunnel sotterranei. Uno di questi è stato trasformato in centro commerciale illuminato al neon, ed anche se l'accesso è autorizzato non ci si sente a proprio agio. Le attività che vengono svolte sono le più svariate: clinica di riflessologia, agenzia per l'impiego, un'officina che pubblicizza granchi ma è piena di raccoglitori per documenti. Quando si suona il campanello di un ufficio (chiuso) che espone una targhetta «Metaphysics», si affaccia una donna che scuote la testa dalla porta socchiusa e la richiude senza dire una parola.

L'unica persona che parla in questo tunnel è un commerciante di lapidi. Quando gli viene chiesto se gli capita di vedere gente di altri quartieri, risponde giustamente: «No, non facciamo affidamento sui turisti per vendere le lapidi». È a conoscenza della storia del tunnel e propone di tradurre la parola *tong* con «organizzazione» (non necessariamente criminale). «Circa cento anni fa – dice – è là che i gangster scappavano dopo aver commesso i crimini. C'è un altro tunnel a Pell Street, ma non vi lasceranno entrare.». Aveva ragione!

NB : il tunnel ospita negozi e può essere chiuso dopo il normale orario di lavoro.

IL CIMITERO DELLA CONGREGAZIONE SHEARIT ISRAEL

55 St. James Place
• www.shearithisrael.org; www.1654society.org
• Accesso: treni linee J e Z / Chambers St; linee 4, 5 e 6 / Brooklyn Bridge – City Hall

> ## Gli altri «pellegrini» americani

Il cimitero della congregazione Shearit Israel non è solo il più antico monumento coloniale di Manhattan, ma anche il più vecchio cimitero israelita degli Stati Uniti.

Il primo ebreo newyorchese di cui esiste traccia si chiama Jacob Barsimson. Giunto dall'Olanda a bordo del *Pereboom* (Pereto), era incaricato di una missione che influenzò la storia di New York e degli Stati Uniti: verificare se la Nuova-Amsterdam avrebbe potuto accogliere la comunità israelita. In breve, la risposta fu un «sì» (se ci dilungassimo, ci troveremmo a descrivere lo schema di angherie a cui erano abituati gli Ebrei). Pieter Stuyvesant, il governatore della colonia olandese (s.v. pag. 117), non voleva avere nulla a che fare con gli «intrighi» dei colonizzatori ebrei ed il pastore Johannes Megapolensis rilasciò a quell'epoca una dichiarazione che ai nostri giorni farebbe storcere il naso a tutti coloro che ammirano lo straordinario eclettismo culturale di New York. «Tra noi ci sono papisti, mennoniti e luterani – scrisse - numerosi puritani ed atei e, tra gli inglesi, anche dei seguaci di Baal. La confusione aumenterebbe ulteriormente se anche questo popolo ostinato ed inflessibile si insediasse qui.»

Ciò non impedì agli ebrei di abitarvi. Due mesi dopo l'arrivo di Barsimson, sbarcò un primo gruppo da Recife (Brasile), giunto in città a seguito di vicissitudini degne di un thriller storico. Sfuggiti all'inquisizione portoghese, scapparono verso l'Europa; furono catturati dai pirati spagnoli e quindi liberati da un corsaro francese.

Un gruppo di ricchi mercanti ebrei giunse in Olanda nel 1655; nello stesso anno la Compagnia olandese delle Indie occidentali accordò alla nuova comunità il diritto di «residenza e pratica del commercio» in città. Gli archivi testimoniano la necessità di questi pionieri ebrei di avere il "loro" cimitero: la prima richiesta fu respinta con la motivazione che nessun ebreo era ancora morto.

Il primo cimitero della congregazione Shearit Israel risale al 1656. Si trovava forse nelle vicinanze di Chatham Square, a due passi dal secondo cimitero, un luogo decisamente poco romantico, malgrado la storia, in cui ci sono alcune pietre tombali con iscrizioni per la maggior parte illeggibili. Sull'altro lato della strada si trova il Chinatown Martial Arts and Fitness Center e a sud, la lugubre abitazione di Chatham Green. A nord, all'angolo di Saint James Place e di Oliver Street, un vigile dirige il traffico a suon di fischietto: «Circolare, non c'è niente da vedere».

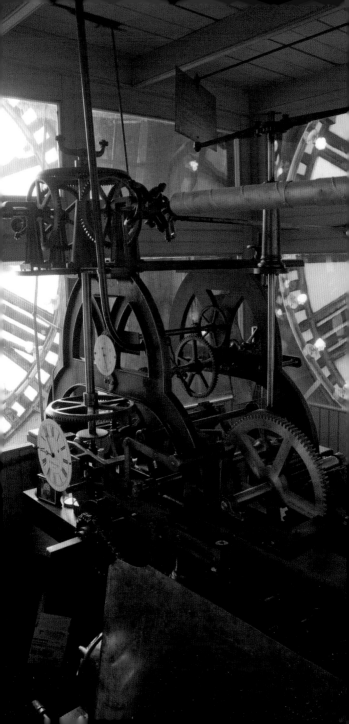

LA TORRE DELL'OROLOGIO DI BROADWAY

New York Life Insurance Company Building/New York City Offices
346 Broadway
• La regolazione dell'orologio avviene il mercoledì alle 9.30.
Chiamare il 212-533-8162 e prendere appuntamento con Forest
Markowitz
• Accesso: treni linee 1 e 2/Franklin St; linee 4, 5, 6, A, C, E, N, Q, J e Z/
Canal Street

*L'ultima
torre dell'orologio*

Quando si nomina la torre dell'orologio di Broadway, la maggior parte delle persone non sa di cosa si stia parlando. Non era così agli inizi del XX secolo.

Malgrado non abbia mai preteso di ottenere il titolo di grattacielo più alto, il Clock Tower Office Building ha sempre avuto un certo peso a Broadway. L'orologio posto in cima – un grosso cubo di pietra sorvegliato da due aquile – era coronato da quattro Atlanti in bronzo che sostenevano una sfera sulle spalle. L'immobile, un tempo sede della New York Life Insurance Company, ospita oggi un tribunale e, per accedervi, bisogna dapprima passare attraverso un metal detector. Ma, se il mercoledì si arriva di buon'ora, si può salire in ascensore fino in cima e osservare l'orologio dall'*interno*.

Pare di essere nella testa dell'edificio: ognuno dei quattro muri ha un enorme quadrante, incassato nel granito e nel mattone, che domina Downtown. Il vetro smorza la luce del giorno. Al centro svetta l'orologio, collegato ai quattro quadranti mediante aste sospese. Realizzato a Boston dalla E. Howard Clock Company alla fine del XIX secolo, è fragile e allo stesso tempo imponente. Il meccanismo di precisione, composto da ingranaggi in rame, poggia su una pesante struttura in ghisa che, conformemente allo spirito dell'epoca, è più sofisticata del necessario: verde scuro con dettagli dipinti a mano e piedi in stile regina Anna. «Il gioiello della Corona, secondo Forest Markowitz. L'ultima torre dell'orologio di E. Howard». Markowitz è uno dei due orologiai che, una volta alla settimana, viene ad oliare e regolare i bilancieri. «È un monumento storico. Tutti hanno diritto di vederlo».

Ma ecco l'altro tecnico che sale la scala metallica con passo pesante: Marvin Schneider, maestro orologiaio ufficiale di New York. Con il berretto, i baffi e gli occhiali, quest'uomo di piccola statura ha la corporatura ideale per indossare con naturalezza un grembiule pieno di strumenti di precisione. Come è diventato orologiaio? «Una lunga storia» racconta. Quando era meccanico di automobili, un giorno notò che la torre dell'orologio di Broadway stava cadendo a pezzi. «Mi sono detto: perchè questo orologio non funziona? Andiamo a vedere. Ed è quello che abbiamo fatto». Questa è la versione modesta del racconto perché in realtà Schneider ha iniziato una nuova e strana carriera negli spazi elevati e salvato così un simbolo di New York.

Verso il 1947, gli Atlanti di bronzo e il mappamondo sparirono misteriosamente dalla cima della torre dell'orologio.

IL «MUSEUM»

Cortlandt Alley tra Franklin e White Streets
www.mmuseumm.com
Aperto sabato e domenica 11-19
Ingresso libero

Un minuscolo museo nel vano di un ascensore abbandonato

Museum è uno spazio espositivo che occupa la superficie di mezzo metro quadrato: si trova nel vano di un ascensore in un vicolo del centro di Manhattan. Si può visitare solo nel fine settimana, ma è sempre visibile attraverso una cancellata scorrevole in acciaio e c'è un numero telefonico per avere informazioni sugli oggetti esposti, che possono quindi essere visti tutti dal di fuori: in questo senso lo si può considerare l'unico museo della città aperto 24 ore su 24. Ma questo è solo uno degli aspetti che lo rende interessante.

"Benvenuti," ci dice Alex Kalman, aprendo il lucchetto e le serrande con gesti solenni, misti a un po' di ironia. La prima cosa da dire su questo spazio minuscolo è che è stato creato con tutti i criteri di un vero museo: disposizione degli spazi, muri bianchi, velluti preziosi, targhette in ottone; c'è addirittura un "bar" (una piccola macchina per espresso) e un "negozio" (una mensola bassa con le matite sulle quali è impresso il logo del museo). E proprio perché ci sono tutti gli elementi di un vero museo, è difficile capire se si tratti o meno di una parodia. Kalman ci spiega: "Noi ci siamo ispirati assolutamente all'idea di un vero museo". Si tratta quasi di un gioco, ma serio. Kalman ha creato questo spazio con i soci di affari e amici dei tempi della scuola, con i quali lavora alla Red Bucket Films (gli uffici sono dietro l'angolo, sulla Broadway). "Noi ci siamo detti: 'perché non possiamo chiamarlo museo?' Per questo abbiamo rispettato tutti i criteri per poterlo definire tale."

L'effetto funziona se gli oggetti esposti riescono a suscitare il vostro interesse, ma questo sarete voi a deciderlo. La presenza di alcuni oggetti nasconde una sorta di enigma. Perché ad esempio quella scarpa marrone si trova qui? Perché è quella scagliata da un giornalista a George W.Bush in Iraq nel 2008. Potete vedere anche oggetti intagliati nel sapone da fanatici neonazisti, nel tempo libero, in prigione. O quella che probabilmente è l'unica collezione di giubbotti antiproiettile per bambini a tema Disney.

"Non è arte per l'arte," dice Kalman, rivelando il principio fondamentale. "Questi sono oggetti che hanno avuto una storia nella nostra società. Attraverso di essi possiamo riflettere sulla nostra cultura".

CORTLANDT ALLEY

La stradina inizia sul lato sud di Canal St, tra Broadway e Lafayette St
• Accesso: treni linee 4, 6, N, R, Q, J e Z/Canal St

> *La stradina*
> *hollywoodiana*
> *di New York*

Gli sceneggiatori di Hollywood sono sempre alla ricerca di aree urbane sgombere: stradine, possibilmente brumose, dove sia possibile sbarazzarsi di un cadavere, ingaggiare una lotta con coltelli oppure fornire ad una donna vulnerabile con i tacchi alti, una perfetta casa di risonanza perché senta, senza capire da dove provengono, un rumore di passi dietro di lei. È un problema se il film si svolge a New York, l'unica stradina adeguata allo scopo è Cortlandt Alley, vicino a Canal Street. Gli assistenti dei registi, che hanno l'incarico di individuare i luoghi, conoscono bene la situazione. Uno di questi è Nick Carr, portavoce della categoria, titolare del blog scoutingny.com «Cerco di spiegare educatamente ai registi che non ci sono stradine a New York» dichiara nella rivista *The Atlantic*. «A Boston o a Filadelfia, sì. Ma a New York, nessuno conosce le scorciatoie per tornare a casa più velocemente. Non esistono». Se non si vive a New York, non è importante; ma se invece si abita nella Grande Mela, non ci si rende conto. Chi può veramente affermare di non essere mai stato ingannato da un film in cui viene fatto credere che qualsiasi appartamento di Manhattan è dotato di una scala di emergenza che finisce sui bidoni delle immondizie, una griglia da cui escono dei vapori, un gatto e un barbone? È un'invenzione di Hollywood. «È questa costante versione immaginaria di New York che mi avvilisce » conclude Nick Carr. Se volete mettervi nei panni della vittima potenziale di un'aggressione (difficile, perché a New York i crimini sono diminuiti), o se volete semplicemente promuovere un

film hollywoodiano o un serial televisivo stereotipato, recatevi a Cortlandt Alley. Questa stradina collega Canal Street a Franklin Street, con una curva a gomito al centro: tre blocchi incombenti, coperti di sudiciume e graffiti, con i muri invasi da un dedalo di scale di emergenza. Una stradina dove i passanti abbassano gli occhi se i gangster sono alle vostre calcagna.

Dove è possibile nascondere un fucile, utilizzare il *New York Times* come coperta o anche far sparire il cadavere, dagli occhi sgranati, del co-protagonista nel film.

A Cortlandt Alley, spesso ci sono avvisi di divieto di parcheggio affissi dal comune, quando la stradina è occupata da compagnie di produzione cinematografica.

I MARCIAPIEDI TRAFORATI

14

Greene St, all'altezza di Canal St
• Accesso: treni linee N e R / Canal St

*Un
marciapiede
trasparente*

All'inizio di Greene Street, sul lato di Canal Street, si notano dei pannelli scritti a mano che raccomandano ai pedoni e agli automobilisti di fare attenzione ai «marciapiedi traforati» (*hollow sidewalks*). Sono un po' inquietanti: paiono mettere i residenti in stato di allerta come se una minaccia potesse ghermirli emergendo dalla crosta terrestre. In realtà si tratta solo di una caratteristica dell'architettura del quartiere.

Un tempo, a SoHo c'erano molte dimore eleganti costruite in mattoni. Verso la metà del XIX secolo, con l'arrivo del commercio all'ingrosso e al dettaglio, i benestanti snobbarono il quartiere. Pian piano, il sud di Houston Street divenne una sorta di centro di rifornimento universale: mercerie, vetrerie, pellicce e tabacco. Venne quindi studiato un particolare tipo di edificio che fosse in grado di soddisfare il mercato, uno spazio che avrebbe ospitato uffici, laboratori e negozi per la vendita al dettaglio. Nell'esigenza di conciliare l'elegante e l'economico, i costruttori ricorsero ad un materiale nuovo: la ghisa. Un uomo d'affari occupava gli uffici all'ultimo piano mentre, nei piani inferiori, si muoveva una massa brulicante di immigrati e, al piano terra, una variopinta pensilina riparava le grandi vetrine dove l'azienda mostrava al pubblico il meglio della sua produzione.

Volgete ora lo sguardo verso il pavimento, in questo punto, e non tarderete a notare un motivo caratteristico: un reticolo metallico di esagoni, dei cerchietti e un vetro rigato, senza asfalto né vernice. Il termine tecnico è *pavement light*: grosso modo, una specie di marciapiede trasparente. Questi immobili polifunzionali sono dotati di magazzini sotterranei che si estendono su tutta la strada: i cerchi in vetro lasciano passare la luce. In alcuni punti addirittura, la canna di vetro è tagliata in modo tale da deviare la luce verso gli angoli più bui dello scantinato.

L'unico inconveniente è che i marciapiedi sono più fragili: alcuni pannelli intimano ai passanti di non transitare con macchinari troppo pesanti. Una precauzione utile perché alcuni sono crollati. Uno dei dettagli più macabri dell'incendio del 1911 alla Triangle Shirtwaist Factory – il terzo disastro più grave nella storia degli Stati Uniti – è l'immagine dei corpi che precipitano dall'edificio in fiamme e si inabissano nello scantinato attraverso il marciapiede. Un'altra caratteristica: Greene Street non ha nulla di verde. I marciapiedi traforati non sono fatti per gli alberi.

WAMPUM

American Numismatic Society
75 Varick St, undicesimo piano
• Tel. 212-571-4470
• www.numismatics.org
• Ingresso libero all'esposizione permanente. Necessaria una richiesta speciale per la visita del caveau.
• Accesso: treni linea 1 e 2 / Canal St

> *La strana quasi-moneta dei nativi americani*

Abbarbicata all'undicesimo piano di un edificio di Varick Street, l'American Numismatic Society ospita la più importante collezione di monete degli Stati Uniti. «La più completa - precisa il collezionista Robert W. Hoge - ma non la più ampia di ogni territorio preso singolarmente». Mr. Hoge è un uomo fine, porta gli occhiali, ha capelli brizzolati e parla sommessamente, alla maniera di quelli che sanno molto del loro mestiere e non devono convincere. Hoge è l'esperto della Società in materia di monete - o "quasi monete" - dei nativi americani. Oggi è disposto a mostrarci un raro esemplare di *wampum* viola.

Le perle di *wampum* provengono da una varietà di mollusco (*Venus mercenaria*) diffuso nello stretto di Long Island. Venivano utilizzate, dal New England alla Carolina, come mezzo di scambio, sotto forma di collane o come motivo decorativo di cinture. Con le perle di *wampum* si poteva acquistare qualsiasi cosa ma il wampum non rappresentava veramente una moneta. «Gli indiani non avevano il concetto del denaro, -osserva Hoge,- bensì quello dell'onore e del simbolismo. Gli europei ne approfittarono».

I coloni olandesi furono i primi ad intuire il valore potenziale del *wampum* nei loro commerci con gli autoctoni. Peter Minut pare abbia pagato in *wampum* (oltre a stoffe, contenitori e strumenti vari) la fattura per il famoso «acquisto» dell'isola di Manhattan (s.v. pag. 63). Le perle erano del resto così diffuse che gli olandesi, esperti nella tecnica della lavorazione della porcellana, le falsificarono senza farsi alcuno scrupolo, riuscendo ad imitare perfettamente l'aspetto ed il tatto delle conchiglie levigate.

Mr. Hoge passeggia davanti alle migliaia di cassetti in metallo del caveau. La singolarità della quasi-moneta è illustrata dal suo esemplare preferito, una pietra a forma di frittella, originaria dell'isola di Yap, in Micronesia (Pacifico settentrionale). Le pietre potevano raggiungere i 4 metri di diametro. Se, durante il trasporto, una di queste cadeva nella baia, gli isolani continuavano ad utilizzarla come moneta di scambio nel loro commercio, giacché tutti sapevano benissimo dov'era.

«Questo è puro *wampum*» dice Mr. Hoge estraendo una collana da un sacchettino di plastica. Le perle sono viola, di 2 o 3 centimetri di diametro. «Probabilmente non ne vedrete mai più di così belle» – dichiara – cullando nel palmo della mano questo sistema monetario scomparso.

IL CAPANNONE DEL SALE DI SPRING STREET 🟠

336 Spring Street
• Metropolitana linea 1, 2, A, C e E/Canal St

*Il sale
della terra*

Alla fine del molo 34, dove l'Holland Tunnel si tuffa sotto la costa occidentale di Manhattan, i passanti a lungo sono rimasti sorpresi dalle alte torri di mattoni. Di aspetto imponente, evidentemente non hanno mai ospitato nessuno: niente balconi o luci, rare finestre. Queste torri (qui sullo sfondo) sono infatti prese d'aria camuffate del tunnel. Nel 2015, sono state detronizzate dal loro status di più grande enigma del distretto dall'arrivo di un enorme blocco di cemento grezzo, a forma di diamante, sbucato sul terreno nelle vicinanze. Questi due edifici non sono appariscenti, ma guardate l'evoluzione. Le torri sono in mattoni marroni decorati con dettagli eleganti, com'era di rigore nei ruggenti anni Venti. Il nuovo edificio sembra essere caduto da Marte. Cos'è questo mistero?

Un capannone del sale. Quasi 5.000 tonnellate: una vera montagna. Quando Manhattan rabbrividisce sotto la neve, i veicoli stradali (gli "spargisale") vengono a farne scorta durante i loro giri. Volumi e angoli sono direttamente ispirati ai cristalli di sale. Nel design, la forma segue la funzione. Questo capannone non è altro che un enorme cristallo. La struttura segue una logica, ma la sua bellezza poco si preoccupa delle nostre sensazioni. È un deposito di sale che vuole il sale, obbedisce al sale. Il lato a valle disdegna il resto, e le pareti si sporgono in avanti, per ridurre lo spazio del pavimento e naturalmente lasciare più spazio per i pedoni. Ma la loro pendenza corrisponde esattamente a quella di un mucchio di sale i cui cristalli si accumulano naturalmente. Ancora una volta, la chiave è solo un piccolo granello di sale.

Questo capannone è l'opera degli studi Dattner Architects e WXY Architecture & Urban Planning. Delizia gli appassionati di architettura e ha vinto numerosi premi. Richard Dattner sottolinea la forza silenziosa degli umili (la prossima volta che guidate sotto la neve, ringraziate gli spargisale) e sembra quasi non essere più commosso dall'ammirazione che la sua creazione suscita: "È una forma così astratta che chiunque può vederci ciò che vuole. Adoro ascoltare le diverse interpretazioni."

DREAM HOUSE

275 Church Street, n° 3
• www.melafoundation.org
• Tel. 212-925-8270
• Visite da giovedì a sabato dalle 14.00 alle 24.00
• Entrata gratuita
• Accesso: treni linee 1 e 2/Franklin St; linee 4, 6, A, C, E, N, R, Q, J e Z/
Canal St

> **Brusio continuo**

La *Dream House*, in Church St, propone la versione più intensa di un certo tipo di esperienza newyorchese: si varca la soglia di un edificio assolutamente normale, perfino un poco fatiscente, e ci si ritrova in un universo straordinario. Sono già vent'anni che il n° 275 è occupato da La Monte Young, uno dei primi compositori minimalisti, e dalla moglie e collaboratrice Marian Zazeela. La sua opera più importante si trova al terzo piano, ma la si avverte già salendo le scale: un potente brusio, a bassa frequenza, che fa vibrare i muri.

«La Monte Young è considerato il padrino della musica minimalista occidentale» afferma Rob Ward, che controlla l'ambiente sonoro della *Dream House*. Ci racconta la storia del progetto: «Inizialmente avevamo pensato ad uno spazio abitato da musicisti dove si sarebbe potuto ascoltare musica 24 ore su 24.» L'esperimento venne lanciato a sud di Manhattan e la sopportazione umana fu messa a dura prova. Allora Young scoprì i sintetizzatori e iniziò a comporre brani che potevano durare in eterno. Dal 1989, l'edificio di Church Street risuona notte e giorno di un unico suono, un brusio composto da 31 segnali sinusoidali. Mentre Rob Ward ci spiega di cosa si tratta, sembra che la porta che conduce a questo ambiente sonoro - una semplice porta bianca con due chiavistelli e uno spioncino -, stia per uscire dai cardini. «Nella maggior parte dei casi, osserva il nostro ospite, nella musica occidentale i movimenti sono orizzontali e compongono la melodia, mentre in questo caso si può *entrare nel* suono, cosa generalmente impossibile con la musica tradizionale.»

Basta solo togliersi le scarpe e varcare la soglia. I muri della stanza principale, una grande camera da letto piena di cuscini disposti in cerchio su un tappeto bianco, sono inondati dalla luce violetta dei proiettori. I vetri delle finestre sono completamente ricoperti di gel rosso magenta e gli immobili, visibili sull'altro lato della strada, paiono appartenere a una cupa cittadina inondata di zucchero a velo. Questo è solo lo scenario che fa da sfondo allo shock sonoro diffuso dagli altoparlanti, alti due metri, collocati ai quattro angoli della stanza. Un suono così potente da perforare il cranio: un fragore ripetitivo che invade il cervello e l'aria circostante. Scuotendo la testa, si captano diverse frequenze – terremoti, asciugacapelli, grilli – ma il brusio continua profondo e incessante.

LA CORTE DI GIUSTIZIA

100 Centre Street
• www.nycourts.gov/courts/nyc/criminal • Tel. 646-386-4511
• Tribunali aperti alle 9.30; udienze pubbliche durante la settimana; nel weekend, lettura pubblica degli atti d'accusa.
• Accesso: treni linee 4, 6, N, Q, J e Z/Canal St; linee 4, 5 e 6/Brooklyn Bridge – City Hall

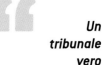

Un tribunale vero

L'edificio del Criminal Court Building è alto, imponente e spettrale. La strada su cui si affaccia vibra a ogni passaggio della metropolitana sottostante, mentre i piccioni volteggiano come avvoltoi fino sul tetto che culmina in una semplice piramide di pietra. Ha tutta l'aria del monumento in cui si decide la sorte dei newyorchesi. All'interno, nelle sale di giustizia di un tribunale di venti piani si affrontano ordinatamente i drammi umani del sistema giudiziario. Non solo si è autorizzati ad entrare e assistere liberamente ai processi, ma per giunta è il 1° emendamento alla Legge a sancire questo diritto.

Nei film e nelle serie televisive si vedono così tanti tribunali newyorchesi che vale davvero la pena vedere cosa vi accade *realmente*. E non si corre sicuramente il rischio di scambiarlo per un divertimento. Al 10° piano, nell'ufficio del cancelliere, c'è un pannello con l'elenco dei processi in corso. Per ogni tribunale è specificato il piano, il reato commesso e la lista dei misfatti: 59, aggressione, 6; 22, spaccio di droga, 9; 32, corruzione, 13. Volendo seguire questa lista, si passerebbero ore in questi corridoi. I funzionari sono gentili e rassicuranti. «Tentato omicidio» - annuncia uno di loro - «Entrate e spegnete il cellulare».

I muri dei tribunali sono rivestiti di pannelli di legno; ai lati del corridoio centrale, è disposta una mezza dozzina di banchi. Alla sinistra del giudice, tra la bandiera degli Stati Uniti e quella dello Stato di New York, siedono quattordici giurati. Gli avvocati, in piedi, fanno domande in tono neutro, prive di qualsiasi sfumatura tendenziosa. Quello che esce dalla bocca degli imputati alla sbarra, invece, è molto più forte: «Ero fatto come una pigna». – *Cosa aveva preso?* – «Marijuana, birra e polvere». – *Polvere di cosa?* – «Polvere d'angelo».

«Mi sono addormentato nel treno e quando ho aperto gli occhi, ero a casa di qualcuno e c'era una donna nuda che urlava: "Non mi faccia male!" Ancora non mi rendo conto che cosa sia successo». – *E' stato accusato di stupro quella volta?* «Sì».

«Gli ho tirato un cazzotto e gli ho detto: "Cosa fai?" Lui mi ha lanciato in faccia una bottiglia. Allora gli ho mollato un altro cazzotto». – *L'ha colpito al viso?* – «Sì! così …». L'uomo alla sbarra si alza, si aggiusta la camicia nei pantaloni e simula di tenere qualcuno per il collo e di colpirlo. Lo fa con serietà, come se la precisione della ricostruzione potesse suscitare nei giudici una certa indulgenza.

Manhattan Bridge

Plaza Hotel

Municipal Building

Firemen's Memorial

AUDREY MUNSON

Audrey Munson: il suo nome forse non vi dice nulla, ma l'avete già vista di sicuro. Era di una bellezza così seducente che divenne la modella preferita dagli scultori newyorchesi: a New York ci sono oltre venti statue che si ispirano a lei. Divenne ancora più celebre quando nel 1915 fu scelta come modella per la Panama-Pacific International Exposition di San Francisco. Non c'era statua o pittura murale che non la raffigurasse. Fu soprannominata la Venere americana.

È curioso come una persona, la cui specialità è rimanere ferma in piedi, e senza fare teoricamente nulla, possa raggiungere una tale fama. Ma la prova che Audrey Munson svolse con serietà il suo mestiere ci viene dai consigli ascetici che lei stessa dispensava alle giovani desiderose di intraprendere questa professione: «non andate a letto tardi, non truccatevi, non fate alcuno sforzo fisico (una nuotatrice o una danzatrice sarebbero bruttissime nei panni di una dea greca), e infine non abbiate falsi pudori. Studiate l'arte fino a comprenderla pienamente, altrimenti non sarete mai in grado di ispirarla. Siate aperte ». A proposito dell'atelier diceva: «In quest'ambiente si entra a contatto con persone colte, capaci e desiderose di trasmettere l'essenza della musica, dell'arte e della letteratura». Ebbe successo in tutto quello che intraprese. « Non conosco nessun'altra modella - dichiarò Daniel Chester French (s.v. pag. 59 e 307) - che possieda lo stile particolare di Miss Munson. È una grande soddisfazione vedere tanta grazia e delicatezza concentrate in una sola persona».

French parla anche di «una certa atmosfera eterea». In quanto al fascino ineguagliabile che esercitava, Audrey Munson non aveva consigli da dare: «è una qualità che uno possiede oppure no». L'effetto che questa giovane donna produceva negli uomini era inquietante. Originaria di Rochester, si era stabilita a New York con la madre. Un giorno, mentre era in giro a fare compere: «un uomo iniziò a seguirmi e a infastidirmi, non con le parole, ma con il suo modo di guardarmi». Quest'uomo era Ralph Draper, un fotografo. Costui si scusò e disse alla madre di Audrey che le aveva seguite perché moriva dalla voglia di fotografare la giovane donna. Da quest'incontro sbocciò la carriera di Audrey, che allora aveva solo quindici anni.

Nel 1915 fu la prima donna ad apparire nuda in un film (Inspiration);

nel 1919, il proprietario della pensione dove viveva s'innamorò di lei al punto da perdere la testa, e per sedurla, assassinò la moglie. Agli inizi degli anni 1920, Audrey lasciò New York, fece un tentativo di suicidio e infine precipitò nella paranoia. Fu rinchiusa in un manicomio nel 1931, dove trascorse il resto della vita, ossia sessantacinque anni, prima di morire all'età di 104 anni.

Straus Park

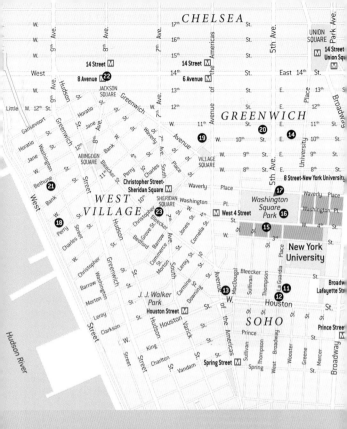

DA HOUSTON STREET
ALLA 14TH STREET

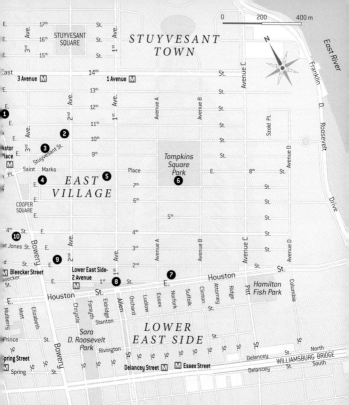

LA FACCIATA DI ST. ANN'S

12nd Street, tra 3rd e 4th Av
• Accesso: treni linee N, Q, R, L, 4, 5 e 6 /Union Square; linee N e R / 8th St
– NYU; linee 4, 5 e 6 / Astor Place

Sul lato meridionale della 12nd Street si può notare la facciata di un'elegante e vecchia chiesa. La facciata è in realtà quel che rimane della chiesa cattolica romana di St. Ann.

La «mezza chiesa»

In seguito all'esodo massiccio di irlandesi scappati dalla grande carestia (s.v. pag. 33), fu necessario costruire urgentemente nuove chiese cattoliche, in modo particolare a sud di Union Square. La costruzione di St. Ann, sulla 8th Street, ebbe inizio nel 1852: un enorme edificio trasportato, pietra dopo pietra, dal suo sito originale a sud di Manhattan. Ma l'edificio era una chiesa presbiteriana! La costruzione ormai ultimata venne inizialmente recuperata dalla chiesa episcopale, reclamata dai presbiteriani e successivamente ripresa ancora dagli episcopali, prima di essere offerta agli swendenborgiani che, a loro volta, l'offrirono ai cattolici i quali la dedicarono nuovamente alla santa.

I protestanti si lamentarono perché la chiesa era caduta in mano ai papisti ma neppure i cattolici erano soddisfatti di questa soluzione. Poco dopo, St. Ann venne collocata laddove si trova oggi. Ma sarebbe più corretto dire quel che resta di St. Ann.

I costruttori posero la prima pietra sulla 12nd Street nel 1870. Anziché costruire un edificio ex novo adottarono la struttura del precedente: in questo punto già sorgeva la chiesa battista della 12nd Street che, tanto per semplificare la vicenda, era appena stata riconvertita in sinagoga. La facciata del vecchio immobile sopravvive nella struttura di quello attuale. «Ecco un edificio che ha senso solo se si ha fede – si legge in una guida stampata nel 1952 in occasione del centenario di St. Ann – una chiesa a cui la fede continuerà a dare un senso in futuro». Almeno fino al 1983, anno in cui St. Ann divenne cattedrale cattolica armena per poi essere successivamente sconsacrata nel 2004.

L'Università di New York che acquistò l'edificio decise, forse per pietà, di lasciare una parte della chiesa dove si trovava originariamente. Nella sua nuova destinazione, St.Ann rappresenta la facciata gotica di una monumentale residenza universitaria. Gli studenti, che raramente si fermano ad osservarla, la chiamano la «mezza chiesa».

LA LASTRA ROTTA DI A. T. STEWART ❷

St. Mark's Church-in-the-Bowery
131 East 10th St www.stmarksbowery.org
• Tel. 212-674-6377
• Accesso: treni linea 4 e 6 / Astor Place; linea L / 3rd Av

«Furono trafugate le sue spoglie»

Sul pavimento della chiesa di St Mark's in-the-Bowery ci sono molte lastre rotte: sono lastre tombali. Uno di questi sepolcri occupa uno spazio privilegiato, verso il centro della navata orientale, ma non c'è alcuna iscrizione e la lastra è in pezzi. Sulla piantina che viene consegnata all'entrata della chiesa questo spazio si chiama 9D, Alexander T. Stewart, con la singolare scritta: *His body was stolen* (furono trafugate le sue spoglie).

Soprannominato «l'inventore dei grandi magazzini», A. T. Stewart fu uno di quei newyorchesi dinamici e carismatici che riuscirono a trarre dalla città tutti i vantaggi che questa poteva offrire. Originario di Belfast, fece fortuna nel tessile. Passato agli articoli di lusso, fece costruire un sontuoso palazzo in marmo nei pressi di City Hall a proposito del quale il *New York Herald* scrisse: «Speriamo che Mr. Stewart non voglia sfigurare con un'insegna il suo magnifico edificio dedicato ai misteri della merceria.» Stewart non aveva bisogno di insegne. Più a nord fece costruire un centro commerciale ancora più spettacolare. Quando nel 1876 venne sepolto a St. Mark's, la sua fortuna era stimata sui 40 milioni di dollari, pari a 800 milioni di dollari del giorno d'oggi.

Una notte di novembre del 1878, la cripta di Stewart fu profanata e le spoglie rubate. Un'operazione difficile: i ladri si introdussero sotto la lastra, svitarono la cassa in cedro, tagliarono la copertura di piombo, aprirono la bara in rame e infilarono in un sacco le spoglie del vecchio milionario, senza svegliare i vicini. Non fu trovata alcuna persona sospetta.

I rapitori di cadaveri si fecero vivi (per il tramite di un avvocato) chiedendo un riscatto di 250.000 $. L'esecutore testamentario cercò per due anni di negoziare, mentre la vedova di Stewart era in preda ad incubi mostruosi. Alla fine un parente si incontrò con tre uomini mascherati su una strada deserta del Westchester e barattò un sacco di juta con 20.000 $. Il sacco conteneva delle ossa ed un pezzo di tessuto della bara di Stewart. Ancora oggi non si sa se le ossa siano le sue ma riposano a Long Island.

Il palazzo di marmo di Stewart occupa ancora lo spazio di un isolato di Broadway tra Reade e Chambers Street. Cinque piani in stile italiano: fu il primo edificio commerciale americano con una facciata lussuosa. Si noti in un angolo l'orologio in bronzo, vestigia del Sun che acquistò l'immobile nel 1917. Oggi il palazzo è noto come Sun Building.

STUYVESANT STREET ❸

• Accesso: treni linee N e R /8th St – NYU; linee 4 e 6 /Astor Place

> **L'unica strada east-west di Manhattan**

Stuyvesant Street è l'unica strada perfettamente east-west di Manhattan; è verificabile con la bussola. Ne sarebbe stato molto contento Peter Stuyvesant, governatore della Nuova Olanda, che detestava il disordine. New York non ha un fondatore mitico, ha Peter Stuyvesant, inviato nel 1647 dalla Compagnia olandese delle Indie occidentali per riportare ordine nella colonia d'oltremare. In pochi anni trasformò il sud di Manhattan, un paesaggio di fango e maiali, in una florida città portuale con case allineate, canali, una palizzata e un fortino. Stuyvesant aveva una gamba sola (l'altra era stata spappolata da una palla di cannone) e claudicava appoggiandosi alla sua gamba da pirata con la spada che gli pendeva al fianco. Dalla lettura dei suoi primi decreti emerge la sua natura puritana e i costumi dell'epoca: proibizione di bere alcolici la domenica, di battersi all'arma bianca in pubblico; proibiti i rapporti sessuali con gli Indiani, pena una sanzione pecuniaria. La sua fattoria occupava gran parte dell'attuale quartiere del Bowery (*bowerij* = «fattoria» in antico olandese) ed era proprietario, insieme al resto della famiglia, di tutto quel territorio che oggi corrisponde all'East Village. La strada che porta il suo nome ha una proprietà quasi cosmica: sfida il piano ortogonale per cui St. Mark è una delle rare chiese di Manhattan, oltre a Trinity, che si affaccia su una strada. La chiesa occupa quello che un tempo era il sito della cappella della fattoria di Stuyvesant, dove questi visse dopo aver ceduto agli inglesi, nel 1664, la Nuova Amsterdam, che prese da allora il nome di New York. Indispettito per la rapidità con cui i coloni avevano accettato il nuovo governatore, si ritirò per trascorrere malinconicamente il resto della sua vita nella quiete rurale della tenuta ai margini della città. Qui morì nel 1672. Nel corso dei secoli, intorno al vecchio maniero di Stuyvesant, si formò una piccola comunità: Bowery Village. Agli inizi del XIX secolo, Petrus Stuyvesant III, discendente del governatore, anticipò il «reticolo» urbano creando nella zona una griglia di strade che rispettassero le indicazioni della bussola. Quando, nel 1811, fu attuato il Commissioners' Plan, il nord magnetico fu abbandonato per fare in modo che i viali seguissero la naturale inclinazione dell'isola: 29°. La Stuyvesant Street era una strada con un traffico intenso e fu deciso di non modificarne l'orientamento.

NEI DINTORNI

La tomba di Stuyvesant si trova in St. Mark's Church-in-the-Bowery, inserita nelle fondamenta sul lato est. È scritto che morì a 80 anni ma si sono sbagliati di 20 anni (era nato nel 1612). Iniziò a terrorizzare la Nuova Amsterdam a 35 anni.

IL MANIFESTO CON LA TAGLIA
SU JOHN WILKES BOOTH

❹

McSorley's Old Ale House
15 East 7th S
• www.mcsorleysnewyork.com • Tel. 212-474-9148
• Aperto da lunedì a sabato dalle 11.00 all'una del mattino e la domenica a partire dalle 13.00
• Accesso: treni linea 6 /Astor Place; treni linee N e R /8th St – NYU

> **100.000 $
> di ricompensa**

Narra la leggenda che nulla è stato tolto dai muri di questa vecchia birreria dal 1910, anno della morte del suo fondatore John McSorley. Una leggenda a cui ci piace credere! Il bar – il più vecchio di New York – è stracolmo di uno straordinario insieme di oggetti disparati. Anche la polvere non viene toccata. «L'anno scorso, il servizio d'igiene ci ha chiesto di provvedere alla pulizia», racconta la giovane dietro il bancone indicando un vecchio lampadario a gas adorno di portafortuna – lo stesso che appare sui ritratti che John Sloan realizzava agli inizi del XX secolo. Dietro di lei, appeso al muro, un poster ingiallito, come da un secolo non se ne fanno più: «100.000 $ REWARD, THE MURDERER of our late beloved President, Abraham Lincoln, IS STILL AT LARGE», (100.000$ di ricompensa, l'assassino del nostro amato presidente Abraham Lincoln è ancora a piede libero). In basso, la data: 20 aprile 1865, cinque giorni dopo l'assassinio del presidente.

Il manifesto e la birreria mettono in evidenza lo stretto rapporto che Lincoln aveva con New York: amava la semplicità rurale e si candidò alle presidenziali solo quando questa qualità emerse nella più grande metropoli degli Stati Uniti. A fine febbraio 1860, Lincoln (senza barba) tenne un ambizioso discorso al Cooper Union che avrebbe segnato il suo destino. «Fino a questo momento nessuno aveva impressionato a tal punto il pubblico newyorchese», scrisse il *New-York Tribune*. Dopo il discorso, Peter Cooper, fondatore della Cooper Union, accompagnò Lincoln al bar, nuovissimo, sull'altro lato della strada. La sedia su cui sedette il presidente, ora fusa con un ammasso di cianfrusaglie ricoperte da ragnatele, è parte dell'arredo intoccabile.

Cinque anni dopo aver brindato in questo bar, Lincoln fu ucciso da John Wilkes Booth. Edwin Stanton, l'allora ministro della guerra, diffuse una descrizione dell'assassino e dei suoi complici e propose una ricompensa senza precedenti; ciò innescò una caccia all'uomo che si protrasse per dieci giorni. Il poster del bar è autentico? Ha poca importanza: il luogo non manca di fascino. Sono state realizzate varie versioni del manifesto ma il testo, con i suoi errori di ortografia, riproduce esattamente il contenuto del telegramma del ministro. Il fatto che l'Ohio Historical Society possieda un poster identico, con le stesse pieghe e sbavature dell'inchiostro, fa sorgere dei dubbi. Quale dei due è la copia? Ottima domanda, per un bar che è stato direttamente testimone della vicenda.

IL MUSEO DEL GANGSTER AMERICANO

80 St. Marks Place
• Tel. 212-228-5736
• www.museumoftheamericangangster.org
• Aperto da giovedì a lunedì dalle 13.00 alle 18.00
• Tariffe: adulti $15; con speakeasy tour: $20
• Accesso: treni linee 4 e 6 / Astor Place; linea L / 1st Av

*Una
piacevole
anarchia*

A dieci anni Lorcan Otway, l'attuale proprietario del museo del gangster, scavò nella cantina del civico 80 St. Mark's insieme al padre che aveva appena acquistato l'immobile dal gangster Walter Sheib. In un vano, accanto alla ghiacciaia, trovarono una cassaforte in cui marcivano due milioni di dollari in banconote. Non si tennero il denaro (Sheib lo infilò in un sacco per riciclarlo nell'Europa dell'Est) ma questo contatto indiretto con la malavita provocò in Otway una sana ossessione per l'illegalità.

Il Gangster Museum racconta la storia di farabutti violenti e dei poliziotti che li inseguivano o li proteggevano. Si può vedere la maschera mortuaria di John Dillinger, i proiettili del massacro della notte di San Valentino, le mitragliette, i modelli delle barche dei contrabbandieri e delle macchine da corsa. Appese ai muri, le foto in bianco e nero dei criminali dagli sguardi spenti. Otway era un Quacchero e questo rende ancora più interessante la sua attrazione per la malavita. Ha l'aspetto di una persona rispettabile, camicia blu senza collo, occhiali e barba bianca, ma quando la conversazione affronta la storia della malavita, il suo sguardo si illumina.

L'obiettivo della Rivoluzione americana non era l'indipendenza ma il mantenimento della schiavitù, finanziato dal contrabbando dell'alcool in Europa. «Partendo da questo assunto – afferma – il lavoro e il vizio erano diventati i temi fondamentali del crimine organizzato». Al muro è appeso un grafico che illustra il potere del totalitarismo e dell'anarchia. «Durante il Proibizionismo, il governo federale avvelenò 10.000 americani mettendo la stricnina nell'alcool a 90° – continua – mentre sul fronte anarchico veniva introdotta la mitraglietta Thompson per pareggiare l'equazione». Otway rimette gli occhiali e sorride, non perché stia pensando a questi ubriaconi con le spalle al muro e ai poliziotti sanguinanti, ma perché è soddisfatto nel vedere come si innescano i meccanismi storici.

Se avrete fortuna riuscirete a visitare il resto dell'immobile. Al piano terra si trova il teatro realizzato da suo padre e il bancone cubano in mogano che fece la fortuna di Walter Sheib negli anni '20. In cantina si intravedono le fondamenta di una fattoria olandese. «Un attimo» esclama Otway rispondendo al cellulare. «È il figlio dell'assassino di Al Capone» precisa sorridendo. Dopo la visita al museo, cambieranno parere quelli che pensano che l'East Village non è più quello di una volta.

L'ALBERO DI HARE KRISHNA ❻

Tompkins Square Park
- Aperto dall'alba all'una di notte
- Accesso: treni linea L / 1st Av

Dove ebbe inizio la setta

Il movimento di Hare Krishna si basa su scritture indù risalenti a 5.000 anni fa, ma fu creato nell'East Village. Il fondatore Srila Prabhupada (il vero nome era Abhay Charan De, nato a Calcutta), erudito e traduttore di testi del Vedanta, sbarcò a New York nel 1965 come molti altri ambiziosi: con pochi soldi e idee grandiose. Affittò un negozio al 26 di Second Avenue e, facendo affidamento sul suo carisma, si mise subito a raccogliere intorno a sé dei discepoli per la sua rivoluzione spirituale. A partire dall'estate del 1966, il movimento si costituì in associazione con il nome di *International Society for Krishna Consciousness,* e fu così che ebbe inizio una tradizione mistica la cui presentazione al pubblico è ben nota: «Vorreste acquistare uno dei nostri opuscoli?»

L'olmo americano di Tompkins Square Park, già di per sé venerabile (gli olmi di questo parco risalgono alla sua creazione ufficiale nel 1873), rappresentò lo sfondo dell'evento fondatore del movimento Hare Krishna. Il 9 ottobre 1966, Swami Prabhupada, circondato da simpatizzanti, fece recitare il mantra collettivo di Krishna per la prima volta fuori dell'India. Questo antichissimo mantra ripete: *Hare Krishna, Hare Krishna, Krishna Krishna, Hare Hare, Hare Rama, Hare Rama, Rama Rama, Hare Hare.* Prabhupada vi vedeva «la rappresentazione sonora del Signore Supremo». Lo Swami morì nel 1977 ma la facciata del suo negozio che si affaccia sulla Second Avenue è sempre là: oggi è il tempio di Hare Krishna.

ALTRI ALBERI CELEBRI A NEW YORK

A New York ci sono innumerevoli alberi famosi. Nel Washington Square Park si trova il più vecchio essere vivente di Manhattan, un olmo inglese piantato nel 1770 e soprannominato l'«albero dell'impiccato», perché si riteneva erroneamente che fosse stato piantato in un luogo in cui avvenivano le esecuzioni. Nel 1936, in occasione del centenario dell'inaugurazione di Madison Avenue, un albero proveniente dalla proprietà dell'ex-presidente James Madison, in Virginia, fu piantato sul lato orientale di Madison Square Park, dove è ancora visibile. Per molto tempo si è creduto che un gelso del giardino di Shakespeare, in Central Park, fosse l'innesto di un albero piantato dallo stesso drammaturgo a Stratford-on-Avon. In realtà alcune analisi effettuate nel 2006 dimostrarono si trattasse di una frottola. Il pero che Peter Stuyvesant portò dall'Olanda nel 1647 rimase sull'angolo tra la 13th e la Third Avenue per duecento anni, prima di essere rovesciato da un carretto durante un incidente. Al suo posto è stato piantato un altro pero, su cui è stata collocata una targa.

LA STATUA DI LENIN IN HOUSTON STREET

Red Square
250 East Houston Street
• Accesso: treni linea F /2nd Av

Alta sei metri, il braccio teso per salutare i lavoratori di tutto il mondo, la statua in bronzo di Lenin sovrasta un palazzo con appartamenti di lusso in Houston Street. Il padre del comunismo ha lo sguardo rivolto a sud e, osservandolo, è impossibile non

> *Comunismo alla maniera di New York*

pensare che stia lanciando il suo saluto fiducioso su quel focolaio formicolante e originale del Capitale incontrollato che è Wall Street. Non ha senso in realtà a New York un monumento a Lenin che non indichi un paradosso. La statua quindi è una specie di burla.

Ma non proprio del tutto. Lenin è stato aggiunto a quest'edificio eretto nel 1988, quando Houston Street corrispondeva alla linea di separazione tra il quartiere sempre più borghese dell'East Village e quello molto più povero di Lower East Side. Gli anni 1970 furono assai violenti per le comunità nere e portoricane e, quando nel decennio successivo il mercato immobiliare esplose, il quartiere si trasformò in un campo di battaglia sociale. M&CO, lo studio che progettò l'«identità» dell'immobile, pensò che attribuendogli un nome terrificante avrebbe attirato questa fauna singolare: «persone agiate che desideravano vivere in un quartiere alla moda, esagerato e perfino pericoloso». Alla fine optarono per Red Square ("Piazza Rossa"). La statua di Lenin è dunque il prodotto di una buona operazione di marketing.

Ancora, non proprio del tutto: Michael Rosen, il promotore immobiliare di Red Square, era professore di sociologia alla New York University dove teneva un corso su «Potere e Politica». Un uomo del suo calibro non poteva non conoscere Lenin. Le sue successive iniziative infatti – contributi per la casa per i poveri, i malati di AIDS e le donne maltrattate – non sono certo iniziative di un cinico. La statua alta sei metri va quindi letta come la ciliegina sulla torta pubblicitaria per appartamenti di lusso, ma il cui promotore si è dato un obiettivo di responsabilità sociale a lungo termine.

E la provenienza? Nel 1994 un collega di Rosen trovò la statua di Lenin nel cortile di una dacia nei pressi di Mosca. Inizialmente commissionata dallo Stato Sovietico, la statua stava per essere completata quando il comunismo subì la storica svolta che conosciamo.

Quando si è già in possesso di un immobile di lusso chiamato Red Square a Manhattan, le spese di trasporto sono una sciocchezza.

UNA CASA SUI TETTI

All'angolo della 1st Av. e della 1st St. (Est)
• Accesso: treni linea F / 2nd Av

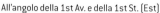

Una casa nell'aria

Alcuni newyorchesi hanno interpretato un po' oltre misura il concetto di *penthouse*, realizzando una vera e propria casa – una di quelle casette carine che ti aspetteresti di vedere in campagna – su un tetto. Si direbbe un pezzo di periferia, all'ombra di un castello d'acqua. Dalla strada è impossibile individuare quelle più in alto, ma a poche centinaia di metri di distanza si riesce a vederne due basse nell'East Village e un'altra su un immobile di dieci piani, nell'Upper West Side. All'angolo tra la 13rd St. (Est) e la 3rd Av., la prima è appollaiata in cima a un immobile famoso: è la casa-natale del farmacista John Kiehl («dal 1851») e il luogo in cui si trova il pero di Peter Stuyvesant (s.v. pag. 123). Con il suo caminetto, le sue finestre e i suoi travicelli, questa casa sopraelevata è finta: secondo *Time Out*, non ospita per nulla una famiglia eccentrica, ma soltanto una caldaia e delle scale per accedere al tetto. Per quel che riguarda la seconda (s.v. foto), si direbbe che sia stata strappata da un tornado a un villaggio di pescatori di balene del Nord e poi deposta all'angolo tra la 1st Av. e la 1st Street (Est). Rivestimenti di legno, edere rampicanti, una cabina di comando ottagonale, sormontata da una banderuola: tutte le caratteristiche di una vera abitazione. Manca solo una statuetta di un vecchio pescatore barbuto, in tuta cerata, alla stazione dei taxi al piano terra. Nessuno sa dire se ci abiti qualcuno.

La terza si trova più a nord, sul tetto del n° 210 della 78th St. (West), ma è visibile più distintamente da Broadway e dalla 77th Street. Fu costruita di certo per essere abitata: nel 1997, il *Times* ne intervistò il costruttore/residente. Andrew Tesoro trasformò una minuscola *penthouse* di 37 m^2 in uno «chalet di montagna» alto tre piani, con il tetto di rame inclinato a 60°. La porta anteriore si apre su un vuoto di dieci piani. «Mi fa impazzire questa vista – dichiarò Tesoro – perché sembra di essere in cima, eppure contemporaneamente avvolti dal panorama circostante.»

LA VITA SUI TETTI

La residenza Ansonia, al 2109 di Broadway, in passato aveva una fattoria sul tetto e un «piccolo orso» noleggiabile per le feste. Il servizio di elicottero dal Pan Am Building (da Midtown all'aeroporto JFK in 7 minuti) funzionò fino al 1977, anno in cui morirono cinque persone in un incidente. E infine l'idea migliore e peggiore da realizzare su un tetto: il pinnacolo dell'Empire State Building, originariamente progettato per agganciarvi un dirigibile. Ma fu fatto un solo tentativo: nessuno aveva considerato la forza del vento.

NEW YORK MARBLE CEMETERY

41 ½ Second Avenue
• www.marblecemetery.org
• Aperto la quarta domenica del mese, da aprile a ottobre, dalle 12.00 alle 16.00; per gli orari delle visite fuori stagione consultare il sito internet
• Accesso: treni linee 4 e 6/Bleecker St; linea F/2ⁿᵈ Av

Un regno dell'aldilà

N ell'East Village, ci sono due cimiteri sconosciuti, a pochi isolati uno dall'altro. Il primo, in genere, passa inosservato, mentre l'altro potrebbe anche non esistere, nessuno se ne accorgerebbe. Se non si abita nel quartiere e se non si guarda la piantina della città, si rimarrà sorpresi nell'apprendere che, in mezzo ad un isolato della 2ⁿᵈ Av, si può varcare un cancello, attraversare un passaggio stretto e sbucare in un cortile di 2.000 m², su un prato verde smeraldo, circondato da vecchi muri in mattoni. Lo stesso indirizzo – 41 ½ – suggerisce che da qui si accede all'aldilà.

Il New York Marble Cemetery, incorporato in questo isolato nel 1831, è il più antico cimitero non confessionale della città. Non lontano da lì, sulla 2ⁿᵈ St, c'è un altro cimitero, che ha quasi lo stesso nome, il New York *City* Marble Cemetery, edificato successivamente, nello stesso anno. «Ci si perde - afferma Caroline DuBois, direttrice del vecchio cimitero – Sono quasi 75 anni che non viene sepolto più nessuno in questo cimitero. Nell'altro, invece, c'è stato un funerale all'anno. È due volte più grande e ci sono il doppio delle famiglie; le tombe sono visibili, non sono sparite come le nostre». Non solo sparite dalla piantina, ma dalla superficie terrestre: non c'è una sola pietra tombale. I corpi – un po' più di 2.000 – si trovano in cripte di marmo sotterranee. 26 file su 6 colonne ad una profondità di 3 metri ma con un tetto a pochi centimetri dalla superficie. Il prato del cimitero è disseminato di cespugli; i nomi dei defunti sono impressi sulle piastre incassate nei muri in mattone. Tra essi compaiono un sindaco di New York, i fondatori dell'Università e altri nomi che hanno un legame con la città o che appaiono sulla piantina: Varick, Scribner, Olmsted.

Il cimitero può essere visitato solo in estate e la quarta domenica del mese. Vale la pena attendere; è emozionante passeggiare per alcuni minuti in questo angolo segreto che, per due volte, è sfuggito per poco all'oblio. «Avreste dovuto vederlo dieci anni fa! - continua la signora DuBois, alzando gli occhi al cielo - Un campo abbandonato cosparso di gatti morti». Si gira su se stessa per indicare gli edifici circostanti. «Questo è un rifugio per i senzatetto. Quella è invece una clinica per curare vari tipi di dipendenze e questo è un albergo. Arrivano di notte, attraverso una breccia aperta nel muro. Una volta, prima di organizzare un qualsiasi evento, procedevo alla raccolta di siringhe, bottiglie di whisky e preservativi».

IL FANTASMA DI MERCHANT'S HOUSE

29 East 4th Street
- www.merchantshouse.com
- Tel. 212-777-1089
- Aperto da giovedì a lunedì dalle 12.00 alle 17.00
- Tariffe: adulti $10, studenti e oltre i 65 anni $5, gratuito per i bambini
- Accesso: linee 4 e 6 / Bleecker St o Astor Pl

> **« Quella dannata stufa si muoveva, l'ho vista. Credete che stia scherzando? »**

Merchant's House (la casa del mercante) è stregata. Le signore della reception ne parlano spaventate e gli studenti fingono di essere terrorizzati.

Un opuscolo, disponibile all'entrata, informa il visitatore a che cosa va incontro se ha la fortuna di far arrabbiare il fantasma: correnti di aria gelida, rumori di passi invisibili, tintinnare di porcellane e qualche volta anche un odore di colonia alla violetta o di pane tostato. Il fantasma si manifesta anche attraverso sfere di luce galleggianti, le vibrazioni di un lampadario o – se si è fortunati – assumendo le sembianze di una vecchietta con un abito a fiori che, con sguardo minaccioso urla: *Fuori!*

Questa terrificante signora si chiama Gertrude Tredwell ed è così ossessivamente legata a questa dimora che si racconteranno storie di fantasmi fino a quando esisterà. Ultimogenita di un ricco importatore, Gertrude venne al mondo in un letto a baldacchino nella camera al secondo piano e trascorse tutta la vita in questa casa. Quando il resto della famiglia morì e la società newyorchese emigrò a nord di Manhattan, lei si isolò del tutto. Apriva raramente la porta e oscurava le finestre con dei giornali per impedire che l'aria passasse, lasciò che la polvere coprisse i mobili. Morì nel 1933, poco prima del suo novantatreesimo compleanno, nello stesso letto dove era nata.

La costruzione dell'edificio risale all'epoca in cui l'acqua era disponibile solo in un pozzo vicino. Grazie alla presenza costante di Gertrude, la Merchant House rappresenta oggi un monumento di eccezionale ricchezza storica. I mobili, i tappeti, i tessuti d'arredamento, la biancheria, i servizi di bicchieri e porcellane: tutto è originale. Alla morte dell'anziana signora, venne solamente realizzato l'impianto elettrico, fu portata l'acqua corrente e una stufa in ghisa in cucina.

Questo elemento estraneo è una delle cose che più infastidisce Gertrude! Clarice, una giamaicana che è stata custode di questa casa per vent'anni, racconta la storia: «Ero da sola in cucina quando improvvisamente la stufa ha iniziato a muoversi. Per la paura sono corsa al piano di sopra. Sono rimasta fuori, in pantofole, per 40 minuti. Questa dannata stufa si muoveva, l'ho vista. Credete che stia scherzando?»

SYLVETTE

Silver Towers/University Village
Tra Bleecker e West Houston St, all'altezza di LaGuardia Place
• Accesso: treni linee B, D, F e M / Broadway – Lafayette St; linee 4 e 6 /
Bleecker St

Picasso monumentale

Sono poche le sculture di Picasso di grandi dimensioni. La prima eretta negli Stati Uniti domina la Daley Plaza di Chicago: è alta 17 metri. Impossibile non vederla. La seconda fu inaugurata l'anno successivo, nel 1968; si trova nel *Village*, soffocata da tre tristi torri residenziali di 30 piani.

In realtà, si tratta di un «quasi» Picasso: il maestro diresse il progetto mentre l'artista nordico Carl Nesjar lo progettò e lo realizzò. «Sono come un direttore d'orchestra. – ammise Nesjar – Il compositore mi fornisce lo spartito e io cerco di vedere cosa ne posso ricavare». Nesjar inviò a Picasso disegni, foto e campioni di cemento. Il blocco angolare è realizzato in basalto nero norvegese rivestito di un cemento chiaro e decapato per creare effetti di linee scure e definitive. La scultura di 30 tonnellate poggia su una base mascherata («Picasso non ama i piedistalli») di cemento perché non affondi nel sottostante parcheggio sotterraneo.

I giochi prospettici, tanto cari a Picasso, sono ben visibili: la scultura è una superficie a due dimensioni, piegata per crearne una terza. Ma è grazie alla quarta che diventa più interessante. Questo ritratto bifronte invita alla circoambulazione: camminando, i tratti della donna cambiano con il punto di vista e, ad ogni passo, appare un nuovo volto.

La scultura originale era inferiore al metro d'altezza. Picasso dapprima la realizzò di carta e successivamente ne fece una versione più resistente su un foglio di metallo. La chiamò *Sylvette* in omaggio alla sua musa del 1954, Sylvette David. Quando la incontrò lei aveva solo 17 anni, se ne innamorò follemente e la convinse a posare per lui, regalandole un ritratto che le aveva fatto a memoria. Pare sia stata Sylvette, grazie ai ritratti di Picasso, ad aver lanciato la moda della coda di cavallo portata in alto, ripresa successivamente da Brigitte Bardot.

La *Sylvette* di Nesjar, con i suoi 12 metri di altezza, è circondata e soffocata dagli edifici circostanti che ospitano alloggi universitari. Un giorno d'estate, il figlio di uno dei residenti del quartiere stava osservando un gruppo di bambini che giocavano rumorosamente sul prato. Quando la mamma gli chiese se fossero troppo «grandi» per giocarci insieme, alzò le spalle e trascorse da solo un quarto d'ora a lanciare la sua palla contro il viso monumentale di *Sylvette*.

TIME LANDSCAPE

Angolo tra West Houston e LaGuardia Place
• Accesso: treni linee B, D, F e M / Broadway – Lafayette St; linee 4 e 6 /
Bleecker St; linee A, C e E / Spring St

> **Far rivivere
> le origini
> di Manhattan**

Ci sono tre luoghi a New York dove è possibile farsi un'idea del paesaggio prima dell'arrivo degli europei. Uno è selvaggio (la foresta vergine del giardino botanico, s.v. pag. 375), il secondo è ben conservato (Inwood Hill Park, s.v. pag. 353) e il terzo è artificiale.

Time Landscape, in LaGuardia Place, è un giardino ma anche un'opera d'arte pubblica. La vista degli alberi circondati da una recinzione può far pensare che si tratti di uno dei numerosi piccoli parchi decorativi del *Village*, ma questo giardino ha una particolarità: le piante sono state accuratamente selezionate per rappresentare il paesaggio di Manhattan di cinque secoli fa.

Nato nel Bronx, l'artista e designer Alan Sonfist ideò questo progetto nel 1965, agli albori del movimento Land Art degli anni '60 e e '70. La sua idea era quella di realizzare un'autentica isola ecologica in mezzo alla città più artificiale della Terra. Iniziò quindi ad analizzare la flora e la geologia delle antiche paludi: il proto-Greenwich Village dove c'erano soltanto colline e ruscelli e dove vivevano gli Indiani Lenape. Sonfist chiese ai residenti del quartiere di piantare erbe selvatiche, fiori ed arbusti che, in base alla missione che si era prefissato, avrebbero evocato «la storia nascosta delle Terra». Voleva creare un terreno favorevole alla rigenerazione del passato: tra gli alberi piantati nel 1978 c'erano dei giovani faggi che oggi sono alberi maturi ai cui piedi continuano a germogliare i fiori selvatici.

Time Landscape ha dimensioni troppo modeste perché il visitatore possa immaginarsi una Manhattan più vasta di natura vergine. Questo rettangolo di terra, autosufficiente, di 14 x 27 metri, circondato da asfalto, edifici e trambusto continuo, è l'equivalente di uno zoo per le piante: gli alberi crescono in un paesaggio artificiale, in seno ad un ambiente con cui non hanno alcun rapporto biologico. Che ironia, se si pensa quanto tempo e quanto lavoro sono stati necessari per riportare la natura allo stato originale! Questo è ciò che caratterizza *Time Landscape*.

E la fatica che si fa per salvaguardarlo mostra a che punto il paesaggio naturale dell'isola è stato sepolto.

Gli indiani Lenape chiamavano il Greenwich Village Sapokanikan ("campo di tabacco") perché vi coltivavano il tabacco o perché l'avevano visto fare agli olandesi. Per il tabacco, s.v. pag. 377.

GLI STEMMI DELLA AVENUE OF THE AMERICAS

13

6th Avenue tra Canal St e Washington Place
Metropolitana linea A, C o E / Spring St

> *Il viale di un intero continente*

Vi dice qualcosa? Aspettate di attraversare la 6th Avenue, cercate senza motivo e - improvvisamente - lo stemma dell'Honduras vi contempla. O quello di Cuba. O del Venezuela, di Grenada o della Dominica (un paese sovrano che non sapevate esistesse). O anche del Canada, come un cane a una partita di bocce. Questi stemmi attaccati ai lampioni punteggiano l'intera parte inferiore del viale. Se siete ancora smarriti, sappiate che non siete affatto sulla 6th Avenue. Ufficialmente, siete sulla Avenue of the Americas. Dopo il cambio di nome negli anni '40, il nome "Sixth Avenue" fu cancellato dai segnali stradali per decenni, finché il Ministero dei Trasporti gettò la spugna e alla fine unì i due nomi. Gli stemmi dei paesi non hanno aiutato la causa dell'Avenue of the Americas. Ecco la sua storia.

"Questa strada è sempre stata la nostra bella 6th Avenue, da quella splendida giornata del 1811, quando i padri fondatori della città cancellarono la "West Road". Così inizia un articolo, un po' amaro, del 1945: l'Avenue of the Americas era lontana dall'essere accolta all'unanimità. Il nuovo nome era confuso, di sinistra, costoso (1.700 vagoni della metropolitana dovevano essere ridipinti), per non parlare dell'insulto ai paesi interessati, tanto gli edifici della 6th Avenue erano "orrendi". Il sindaco Fiorello La Guardia, che firmò il decreto in questione, chiuse le porte a qualsiasi discussione, annunciando che l'idea era piaciuta "all'intera città, all'intero paese, all'intero continente". Lo scopo della manovra? In una parola: affari. Gli Stati Uniti avevano beni da vendere al Canada e all'America Latina, e si rendevano conto che avrebbero dovuto comprarne in cambio. Si pensava che dare questo alla strada avrebbe agevolato gli affari. Oltre ai consolati, la 6th Avenue Association aveva immaginato questa arteria come un mercato comune per il continente, con edifici "progettati per promuovere il libero scambio a tutti i livelli".

Gli stemmi furono installati contemporaneamente ai lampioni in alluminio intorno al 1950. Non ne sono rimasti molti (le nostre condoglianze all'Argentina; Barbados, cerca di restare aggrappato!). I sopravvissuti sono arrugginiti e sbiaditi. In breve, sono belle reliquie con il profumo del mistero.

LA DE FOREST HOUSE

7 Est 10th St.
• Accesso: linee L, 4, 5 e 6 / Union Square – 14th St.; linee N, R / 8th St. – NYU

Unico
a New York

Anche quelli che non amano il termine «pittoresco» dovranno riconoscere che la 10th St., nel Greenwich Village, merita decisamente quest'aggettivo. Se non altro per la sua varietà. L'autorevole *American Institute of Architects Guide to New York* (*AIA*) riporta, lungo questa via, un'articolata serie di stili: neo-classico, italiano, neo-gotico, gotico veneziano, bavarese, vittoriano. E questo è solo un assaggio dello stravagante edificio di cinque piani, appena ad est della 5th Avenue. «Unico a New York - riporta la guida - quell'esotico bovindo, in legno teck finemente intagliato e non trattato, che adorna il n°7».

Difficile essere *unici* in questa metropoli. Se conoscete l'architettura delle Indie orientali, capirete di che si tratta; nel caso contrario, potrete anche pensare che questa casa provenga da un altro mondo. Le superfici del balcone, interamente in legno, recano raffinate incisioni in filigrana. La decorazione inizia sulla porta d'entrata, si espande sul bovindo sporgente e prosegue in alto, come per un incantesimo vitale, fino sull'immobile adiacente: vigne, foglie e scaglie, in mezzo a lune, uccelli, fiori ed elefanti.

Lockwood de Forest, l'artefice di questa meraviglia, fu tra i fondatori di un'importante impresa di arti decorative, di nome *Associated Artists*. Per motivi personali e professionali s'interessò alla scultura delle Indie orientali. Nel 1873, in occasione del suo viaggio di nozze nel subcontinente, rimase talmente colpito dalle opere incontrate che creò un laboratorio di ebanisteria, ad Ahmedabad, per realizzarvi manufatti cesellati, destinati all'esportazione. Nel 1887, dopo aver acquistato gli immobili al n°7 e 9 della 10th St., fece costruire un semplice edificio di mattoni sui quali avrebbe applicato questa curiosa decorazione. Negli anni successivi l'immobile venne suddiviso in varie unità, ma all'epoca in cui vi abitava de Forest, l'interno corrispondeva all'esterno: pannelli in legno e paraventi, mobili esotici, finiture colorate in arenaria rossa e piastrelle blu di Damasco. Il soffitto decorato con motivi bronzei era tutto un gioco di baluginanti riflessi. Una delle caratteristiche più sorprendenti del balcone è la natura stessa del legno, e non tanto il virtuosismo degli artigiani di tendenza orientalista di fine Ottocento. Benché intagliati più di cent'anni fa, i dettagli del balcone si sono conservati quasi perfettamente. Incredibilmente duro e immarcescibile, il legno di teck è impregnato con olio che lo protegge dagli animali nocivi e dalle intemperie.

ANGELO IN ADORAZIONE
NELLA JUDSON MEMORIAL CHURCH

55 Washington Square South
• www.judson.org • Tel. 212-477-0351
• Telefonare per una visita, oppure recarsi dopo la messa della domenica alle 11.00; la finestra, nell'arco sopra la porta, è visibile anche dalla strada.
• Accesso: treni linee A, C, E, B, D, F e M /4th St. (West); linee N e R / 8th S.– NYU

L'amante dell'artista

L a Judson Memorial Church possiede una pregevole serie di vetrate del pittore e decoratore John LaFarge: finestre a ogiva di 5 metri in cui sono raffigurati santi ed evangelisti, nel suo stile innovativo «in vetro opalescente». Una finestra laterale ci introduce alla vita privata dell'artista. Intitolata *Angel in Adoration*, questa graziosa figura con le ali, l'aureola e le mani incrociate sul cuore, ha il viso di Mary Whitney, l'amante dell'artista.

L'artista e la sua amante: nulla di nuovo, in effetti. E basta rimanere nella Judson Memorial Church per ritrovare più volte lo stesso tema: Augustus Saint-Gaudens, che disegnò il rilievo marmoreo del battistero, si portava a letto le sue modelle e Stanford White, uno degli architetti che progettarono la chiesa, amava a tal punto le ragazzine indifese da essere ricordato come una specie di demone priapico. Se LaFarge fu diverso dagli altri, lo fu non per il suo libertinaggio, ma per la sua idolatria: quando nel 1880 Mary si recò nel suo studio per posare, lui perse la testa. «Era pazzo di lei» afferma Julie Sloan che negli anni Novanta supervisionò il restauro delle vetrate. «Non prendeva parte ai festini con le ragazzine organizzati da Stanford White e non aveva altre amanti. Pare che abbia avuto una sola relazione extraconiugale, quella con Mary ».

Sempre più innamorato di lei, dal 1892 iniziò ad allontanarsi dalla moglie dalla quale aveva avuto sette figli. Da quel momento gli angeli cominciarono ad assumere il volto di Mary. James Yarnall, il maggiore conoscitore di LaFarge, ritiene sia «sommamente» ironico scegliere la propria amante come modello per dipingere gli angeli. Su una vetrata, l'artista arrivò a riprodurre il suo volto per raffigurare un'allegoria della castità.

LaFarge era rispettato come artista e come storico, ma nella vita pratica non era assolutamente dotato di buon senso. Si rovinò la carriera litigando con Louis Comfort Tiffany; alcuni colleghi lo accusarono di furto e gli fecero causa; i suoi stessi figli si rifiutarono di lavorare per lui e quando morì, in banca aveva solo 13 dollari. «Non aveva il senso degli affari», dichiarò uno dei suoi figli, senza sprecare altre parole.

> Per vedere i vari volti angelici ispirati da Mary Whitney, si raccomanda di vedere la pittura murale della Chiesa dell'Ascensione nella 10th St.

ALLA RICERCA DEL FIUME MINETTA

Intorno a Washington Square Park
• Sito Web di Steve Duncan: www.undercity.org
• Metropolitana linea A, B, C, D, E, F e M / W 4 St; Metropolitana linea N e R / 8 St-NYU

> *E sotto il Village scorre un fiume*

Una delle leggende urbane più insolite del Village è il fiume Minetta, che scorre sotto i nostri piedi. Ci sono racconti di ristoranti allagati, uomini che pescano con la canna nelle buche del seminterrato e fontane alimentate da acqua nera. Ma Minetta esiste. Precedentemente, questo fiume traboccava di trote; all'inizio del XIX secolo fu murato sotto gli strati di una megalopoli in fermento.

Oggi, possiamo seguire il letto di questo corso d'acqua sepolto che scorre dalla 5th Avenue al fiume Hudson. Lo si può anche ammirare con una semplice torcia elettrica, ma per farlo c'è bisogno della mappa di Steve Duncan, una personalità del web ed esperto del mondo sotterraneo. "Dall'alto dei ponti fino al fondo delle fogne", dice Duncan, "è l'esplorazione urbana che mi aiuta a capire la storia e tutta la complessità delle grandi città del mondo". Il fiume nascosto è il soggetto della sua tesi. E, ovviamente, la sua ossessione: quando ne parla con grandi gesti, una sigaretta arrotolata sul bordo delle labbra, sappiamo che abbiamo a che fare con un'autorità in materia. Ecco i punti salienti del suo ultimo studio sul fiume nascosto del Village.

45 12TH STREET WEST
Questa casa porta i segni del vecchio letto del fiume. Si appoggia stranamente sulla casa vicina ed è costruita con la base a forma di triangolo. Il fiume un tempo tagliava il terreno in diagonale e la casa è stata costruita per evitarlo.

60 9TH STREET
L'indirizzo non ha alcun interesse, a differenza del tombino che si trova proprio di fronte. È esagonale, con dei grandi fori. Date uno sguardo dentro un buco e illuminatene un altro con la torcia. L'acqua che vedete, secondo Duncan, è una miscela di "acqua naturale e acque reflue del vicinato". In breve, il Minetta è stato deviato nelle fogne della città.

MINETTA STREET
Come suggerisce il nome, eccoci nel bel mezzo del letto del fiume. Si dice che la forma curva di questa strada (unica per Manhattan) segua il suo vecchio letto. Se guardate attraverso il tombino, un esagono come sopra, vedrete un flusso continuo, e sarete quindi al punto più vicino possibile dove potete arrivare al fiume originale senza usare un piede di porco e degli stivali da pescatore.

IL MOTTO DI WASHINGTON SUL MEMORIAL ARCH

Washington Square Park
• www.nycgovparks.org/parks/washingtonsquarepark
• Accesso: treni linee A, C, E, B, D, F e M / 4th St (West); N e R / 8th St – NYU

Il fine giustifica i mezzi?

Il Memorial Arch, in Washington Square, è un monumento ricco di simboli. Alcuni, il castoro, i barili di farina sul blasone della città (s.v. pag. 19) o il sole nascente sul sigillo dello Stato di New York, sono presenti in altri luoghi della città. Sul lato nord dell'arco, sopra le due statue di Washington – in guerra e in tempo di pace –, si può vedere il sigillo degli Stati Uniti, gli stemmi della famiglia Washington e il primo motto del presidente: *EXITUS ACTA PROBAT*.

Il detto latino viene generalmente tradotto con l'espressione «Il fine giustifica i mezzi» che, in termini di chiarezza morale, potrebbe grosso modo equivalere a: «Fateli fuori tutti e lasciate che sia Dio a sbrigarsela». Il blasone dei Washington risale al 1100, ma fu lo stesso George Washington ad aggiungere questo motto. Cosa voleva dire?

Ci viene in aiuto, a questo proposito, un latinista della Facoltà di Lettere classiche della Columbia University. Secondo lui, il problema sta nel significato moderno del verbo «giustificare»: «Quando si utilizza questo verbo, -precisa-, le persone capiscono immediatamente che commettendo azioni malvagie si ottiene un buon risultato. In latino invece il termine *probo* non ha la stessa connotazione. Significa piuttosto 'reclamare' o 'approvare'».

Questa frase appare per la prima volta nelle *Eroidi* di Ovidio (2, 85) e in questo contesto significa più o meno: «Il risultato ha dimostrato la saggezza dell'atto». Come motto, è stato attribuito a Machiavelli e all'Inquisizione e, a partire almeno dal XVII secolo, passa per essere una sentenza morale. All'epoca in cui venne adottato da Washington era una massima, e nella sua accezione più positiva può voler dire: «La bontà dell'azione si riflette nel risultato». Se si preferisce vedere in Washington un generale sanguinario, si può pensare che egli approvasse il lato oscuro del detto e che volesse dire che la Rivoluzione era una causa talmente nobile da giustificare la massa di cadaveri che si sarebbe lasciata alle spalle. Questo è il risultato delle traduzioni: talvolta riflettono il punto di vista del traduttore.

Il blasone di Washington possiede un altro dettaglio impressionante, di risonanza nazionale. Non è visibile sulla pietra, ma le tre stelle sulle strisce dovrebbero essere rosse e bianche, uno dei primi motivi ad ispirare la bandiera americana.

18 WEST 11TH STREET

• Accesso: treni linea L / 6th Av; linee N, Q, R, L, 4, 5 e 6 / Union Square

*La fabbrica
di bombe
del Weather
Underground*

Le case della 11th Street, dal civico 14 al civico 24, assomigliano alle altre maestose dimore dell'isolato. Sono quasi identiche tra loro, ad eccezione di una. Dalla facciata del n. 18 emerge una sporgenza, come se una forza avesse fatto abilmente ruotare in senso orario una parte della casa.

Non è il capriccio di un architetto. Nella primavera del 1970, James Wilkerson, il proprietario del numero 18, partì in vacanza, sull'isola di St. Kitts, ignorando che, in sua assenza, la figlia Cathlyn avrebbe utilizzato lo scantinato come luogo per le riunioni del Weather Underground, un'organizzazione di estrema sinistra nata dalla contestazione studentesca alla guerra del Vietnam. Il 6 marzo, Cathlyn ed altri quattro membri dell'organizzazione stavano fabbricando delle bombe con chiodi e dinamite quando, poco prima di mezzogiorno, il n. 18 saltò in aria.

Cathlyn uscì nuda dalla casa in fiamme, l'esplosione le aveva strappato via i vestiti. Altri tre membri rimasero uccisi. I loro corpi furono dilaniati dall'esplosione, a tal punto che un vicino (curiosamente Dustin Hoffman) non riuscì ad identificare neanche le parti del corpo che gli venivano mostrate. L'obiettivo era probabilmente la Columbia University. Quando, più tardi, venne chiesto a James Wilkerson se avesse interrogato la figlia sul suo coinvolgimento nell'attentato, rispose: «Mai. Non mi ha mai dato la possibilità di farlo».

Cosa resta da fare con una casa storica esplosa? Quello che si può. La forma spigolosa della casa attuale è stata disegnata dall'architetto Hugh Hardy che, poco tempo dopo, vendette la proprietà a Norma e David Langworthy. Per poter continuare i lavori, i Langworthy dovettero lottare contro la Commissione per i monumenti storici. «Hugh cercò di dimostrare che si trattava di un nuovo edificio e non di un edificio restaurato» afferma Norma. Il civico 18 ha un'altra particolarità: da 32 anni, Norma mette alla finestra un orsacchiotto di peluche a cui cambia i vestiti in funzione del tempo e della stagione. «Non ha nulla a che vedere con i Weather Underground - sottolinea - Mio marito è morto, pace all'anima sua. Amava gli orsi e in casa ne abbiamo di tutti i tipi».

Dopo l'esplosione, Cathlyn e la sua complice Kathy Boudin sparirono per dieci anni. La prima scontò un breve periodo di pena in prigione, nel 1980; la seconda, accusata di altri crimini, fu liberata solo nel 2003.

L'ULTIMO LAMPIONE A GAS

Patchin Place
Vicino alla 10th St, tra Greenwich Av e la 6th Av
• Accesso: treni linee A, C, E, B, D, F e M /4th St (West); treni linee 1, 2 e 3 /14th St; linea L /6th Av

Le vestigia di un'altra era

Patchin Place, uno stretto vicolo cieco chiuso da un cancello, vicino alla 10th Street (West), è stato dimenticato dal potere dello sviluppo. Nulla è mutato in un secolo e mezzo. In fondo alla strada, davanti a un muro di mattoni verniciati, si scopre un fossile vivente: un lampione in ghisa nera, completato da una barra trasversale (per sostenere una scala) e da una lanterna sormontata da un'aquila decorativa. È un vecchio lampione a gas. Un tempo a New York ce n'erano decine di migliaia, oggi ne è rimasto solo uno.

L'evoluzione dell'illuminazione a New York rispecchia l'evoluzione della tecnologia. All'inizio, le strade erano illuminate da fiamme tremolanti. Nel 1697, il consiglio municipale, stanco di questo «serio inconveniente nelle ore tenebrose della luna», ordinò ai cittadini residenti nelle vie più animate di mettere delle lampade alle finestre. Poco prima della Rivoluzione americana furono piantati dei pali in legno con lampade a olio; l'illuminazione a gas arrivò un secolo dopo. I lampioni in ghisa come quello di Patchin Place – un'asta di legno alta 2,50 metri con un faro ottagonale – furono installati negli anni '60 del XIX secolo e presto si diffusero ovunque.

Il predominio del fuoco ebbe fine nel 1880. Poi la notte fu punteggiata dall'avvento dell'elettricità: per noi l'arancio anemico delle lampade al sodio ad alta pressione. Per avere un'idea del sollievo che produsse l'arrivo dell'elettricità in coloro che erano abituati all'illuminazione a gas, è sufficiente rileggere alcune testimonianze dell'epoca. Nel 1883, il giornalista inglese W. E. Adams paragonò l'illuminazione elettrica di Broadway alla luna, a ghirlande, alla brina e notò la stranezza delle ombre che i lampioni proiettavano sui marciapiedi. «È quasi impossibile descrivere l'effetto di questa luce a New York – scriveva – talmente è bella e insolita».

Oggi, il lampione a gas di Patchin Place è dotato di una lampada fluorescente: un compromesso tra il vecchio e il nuovo. Non lontano da qua, in Washington Square, durante un recente restauro, sono state collocate delle copie moderne di questo lampione, con lampadina elettrica. «È così *incantevole*» sogghigna un detrattore mentre, seduto su una panchina, si arrotola una sigaretta «Abito qui da quando sono nato. Un tempo la piazza aveva un certo carattere. Guarda adesso!»

PALAZZO CHUPI

360 West 11th St www.palazzochupi.com
• Accesso: treni linee 1 e 2 / Christopher St – Sheridan Square

> ❝ *Un palazzo veneziano sopra una vecchia scuderia*

Se si domanda ad un newyorchese medio di immaginare la propria casa senza porsi limiti di spesa, è molto probabile che pensi a qualcosa di molto meno spettacolare della dimora di Julian Schnabel, nel West Village. Può piacere o meno, ma Palazzo Chupi abbonda di tutto ciò che forse manca in altre parti di Manhattan: un'audace fantasia.

Se c'è qualcosa che non può essere rimproverato a Schnabel, che ha recentemente ricevuto la nomination agli Oscar per la regia de *Lo scafandro e la farfalla*, ma le cui opere neo-impressioniste erano note da tempo, è di non sapere quello che vuole. Palazzo Chupi è un gigantesco edificio in stile veneziano, costruito sopra una vecchia scuderia del West Village, color rosa confetto. Si è occupato lui stesso della sontuosa decorazione: caminetti scolpiti, piastrelle marocchine, soffitto con travi a vista, una profusione di opere d'arte ed una piscina di 12 metri nel seminterrato. La coerenza del programma estetico è diventata il principale argomento di vendita: «Il più piccolo dettaglio di questo incredibile palazzo [è stato] pensato da Schnabel», recita l'agente immobiliare in un video promozionale. Più che un'abitazione è «un'opera d'arte residenziale».

Per molti, che detestano il colore, si tratta di un palazzo incoerente il cui stesso nome è una specie di incubo grafico. «Ignoro il significato di *chupi* - sostiene Andrew Berman - a meno che non designi un grande e orrendo edificio che non avrebbe mai dovuto essere costruito». Berman è il direttore della *Greenwich Village Society for Historic Preservation* e ce l'ha con Schnabel non solo per motivi personali ma per una questione di gusto. «Schnabel vuole farci credere che ha imitato lo stile fiorentino o veneziano, invece il risultato sembra la casa di Barbie dopo un'esplosione». Forse le riflessioni di Berman possono parere quelle di un individuo isolato e frustrato per non essere riuscito a soddisfare tutti i suoi capricci, ma non è il solo a pensarla così: nel 2005, quando sono iniziati i lavori di costruzione dell'edificio, alcuni manifestanti si sono riuniti per protestare. Schnabel, che abita ancora nel suo *palazzo*, ha reagito senza scomporsi: «In linea di principio la gente fa bene a protestare, -dichiarò nella rivista *Vanity Fair*-, ma in questo caso si sbaglia sul mio conto e su quello del *palazzo*».

LA WESTBETH RESIDENCE
DEI LABORATORI OLD BELL

55 Bethune Street
• www.westbeth.org
• Tel. 212-691-1500
• Accesso: treni linee 1 e 2 / Christopher St – Sheridan Square; linee A, C, E e L / 8th Av

> *Una residenza d'artisti attraversata dalla ferrovia*

Le persone affascinate dal romanticismo delle rotaie sopraelevate devono visitare la residenza Westbeth: uno dei suoi edifici è attraversato dalla ferrovia. Questo gigantesco complesso che occupa l'insieme dell'isolato tra la West Street, Washington Street, Bank Street e Bethune Street, è in realtà composto da una decina di costruzioni collegate tra loro: gli uffici che un tempo tremavano al passaggio dei treni appartenevano ai laboratori Bell, fondati proprio qui nel 1898. Fino agli anni '60 era in questi locali che venivano analizzati tutti gli aspetti tecnologici dell'informazione e della comunicazione e venivano fornite soluzioni innovative per i tubi elettronici, le radio, i televisori - prima in bianco e nero e successivamente a colori -, i radar o i computer.

Quando l'attività del più grande centro di ricerca industriale del mondo cessò, Westbeth divenne la più grande residenza d'artisti del mondo. Grazie ai finanziamenti della J. M. Kaplan Fund e del National Endowment for the Arts, gli artisti con limitate possibilità economiche vennero a vivere, spesso in compagnia delle loro famiglie, in alcuni loft i cui affitti ancora oggi sono irrisori rispetto ai parametri del quartiere. A quell'epoca, il West Village aveva una brutta fama. «Non eravamo tranquilli quando i bambini erano fuori - ricorda Susan Binet che abita qui fin dagli inizi – Insomma, c'erano prostitute ad ogni angolo». La signora Binet, attrice e ballerina, aveva anche un diploma di infermiera. Oggi fa parte del consiglio di amministrazione di Westbeth. «Dovevano essere abitazioni temporanee: una volta raggiunto il successo, avremmo dovuto andarcene. In realtà molti di noi non se ne sono più andati». Se anche a voi venisse in mente di andarci ad abitare, scordatevelo: la lista d'attesa, lunga dieci anni, è stata ufficialmente chiusa nel 2007.

La figlia della signora Binet parla di Westbeth come di un parente eccentrico, che tutti adorano. «La gente scherza e dice che è un manicomio perché è facile perdersi. Sul tetto c'è uno studio di danza, gallerie dove esporre le opere, invece nelle cantine ci sono le sale di registrazione. Ci sono poi laboratori di ceramica e di stampa. È formidabile!»

In questo momento, al piano terra, la galleria Westbeth sta preparando una delle sue tradizionali inaugurazioni di mostre. Appese ai muri ci sono una gran quantità di nature morte, il cui stile è quello elegante di un tempo. L'anziana pittrice che le ha realizzate si muove nella sala spingendo il deambulatore e sorridendo agli ammiratori.

LA STATUA DI *MONEYBAGS*

Station de métro de la 14ᵉ Rue et de la 8ᵉ Avenue
Escalier conduisant au quai de la ligne L

> **Il «Boss» metropolitano**

Moneybags, la statua di un uomo «ricco sfondato» visibile alla stazione della metropolitana della 14th St/8th Av, rientra nel vasto progetto artistico intitolato *Life Underground*, inaugurato in questo spazio nel 2001. La statua nasconde la rampa di una scalinata che collega i binari delle linee A, C, E con quelli della linea L. Narra la leggenda che si farà fortuna se, passando, si sfiora la statua. O che, perlomeno, si avrà la predisposizione mentale a prendere buone decisioni economiche. Oppure si condirà la propria povertà con ironia, sperando di vedere realizzato un desiderio. O semplicemente ci si ritroverà in una situazione imbarazzante con la persona con cui si vorrebbe uscire… Indipendentemente dallo scopo per cui i passanti lo fanno, il risultato è che *Moneybags* è lucidata a specchio.

Vedere *Life Underground* per la prima volta può essere disorientante: percorrendo i corridoi ci si ritrova improvvisamente circondati da personaggi in bronzo, surrealisti e panciuti, volutamente intenti ai fatti loro. Tom Otterness, l'autore di quest'opera, affermava che il tema era «l'impossibilità di vivere a New York». Certamente è impossibile, ma nessuno vi rinuncia.

Si possono contare decine di personaggi: poliziotti, donne di servizio, famiglie, uomini d'affari, pregiudicati, animali ed oggetti misteriosi (in questa categoria, la medaglia d'oro va a una campana che urla con un batacchio a forma di lingua!). Le figure in bronzo non sono là per insegnare: sono troppo assorbite dal loro lavoro e dal loro desiderio di potere o di superiorità per preoccuparsi di noi.

THE "BRAINS"

Moneybags è l'eccezione. Tiene le mani incrociate dietro la schiena e pare sorvegliare con sguardo trasognato la folla che passa di corsa nella metropolitana. Ha un'aria di sufficienza, è minaccioso, vulnerabile, altezzoso e adorabile. Vi è però un precedente: questo personaggio si ispira alle caricature, realizzate da Thomas Nast, di un famoso leader democratico corrotto, William «Boss» Tweed, che sottrasse decine di milioni di dollari versati dai contribuenti. Nel 1870 la contesa politica che ebbe con lo stesso Nast, il brillante disegnatore che inventò la caricatura politica americana, fece vendere ai giornali numerose copie.

MARIE'S CRISIS

❷❸

59 Grove St.
• Tel. 212-243-9323
• Piano bar aperto tutti i giorni dalle 17.30 alle 4.00 di mattina
• Accesso: treni linea 1/Christopher Street – Sheridan Square

Un piano bar per un patriota

A New York non ci sono monumenti dedicati a Thomas Paine: c'è solo un pezzo di Foley Square che nessuno chiama (né forse chiamerà mai) Thomas Paine Park. È possibile tuttavia visitare il luogo dove questo grande uomo trascorse i suoi ultimi giorni e dove morì. Prendete la linea 1 della metropolitana fino a Christopher Street, imboccate Grove Street e dirigetevi verso il luogo da cui proviene la musica. Marie's Crisis è un piccolo bar all'antica, dove gli appassionati del palcoscenico e quanti amano riunirsi attorno a un pianoforte e a una buona bottiglia, possono sgolarsi cantando le classiche canzoni del repertorio di Broadway o della musica pop. Un tempo l'ambiente era frequentato soprattutto da gay; oggi ha ampliato il suo registro aprendosi a quel mondo (considerevole) a cui appartengono tanto la commedia musicale quanto la scena dell'omosessualità. Ma soprattutto non ha dimenticato Thomas Paine: già il nome del bar è un'allusione ai suoi pamphlet sulla guerra d'Indipendenza (*The American Crisis*: «Marie» era il nome della prima proprietaria, Marie Dupont). Sul muro esterno, una targa di bronzo con il suo ritratto reca la scritta: «*The world is my country, all mankind are my brethren, and to do good is my religion*» ("la mia patria è il mondo, tutti gli esseri umani sono per me fratelli e fare del bene è la mia religione"). Paine era nato in Inghilterra. Dopo aver fallito in diverse attività ed essere finito in prigione per debiti, si trasferì in America a trentasette anni, dove conobbe il successo. Il suo *Common sense* (1776) è generalmente considerato il pamphlet più influente della storia della nazione. Per Paine, si trattava di «liberare l'uomo dalla tirannia e dai falsi sistemi». Non temeva di collocare il clero in quest'ultima categoria, come affermò nell'opera successiva *The age of reason*: un'analisi spietata delle contraddizioni della Bibbia. Gli americani però non erano pronti ad ascoltarlo. Benché acclamato come la voce del popolo, finì col mendicare a New York – ubriacone, senza soldi, screditato dal governo e abbandonato dagli amici. Per un puro gesto di carità, gli consentirono di trasferirsi nel Greenwich Village – a quell'epoca era proprio un villaggio – dove morì nel 1809 all'età di settantadue anni. Al suo funerale c'erano solo sei persone.

«Hey! Joe» - urla un cameriere per farsi sentire mentre echeggiano le note di *Bohemian Rhapsody* dei Queen - «si sa esattamente dov'è morto Thomas Paine?» Il barman Joe alza gli occhi dalla sua scacchiera di *sudoku* e tende i due pollici verso il pavimento, come per dire «Proprio qui». Nel bar si racconta che la zona attorno alla cassa corrisponda esattamente al luogo in cui si trovava la camera presa in affitto da Thomas Paine.

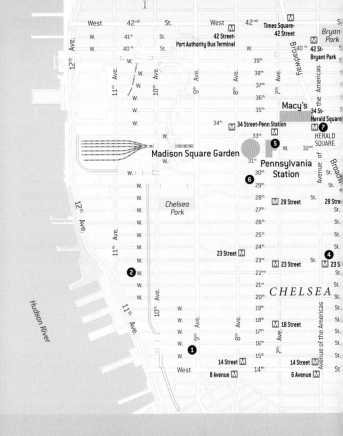

DALLA 14TH STREET ALLA 42ND STREET

FORMER

NATIONAL
BISCUIT
COMPANY

NABISCO

15-16TH STREET
BAKERY
1898-1958

NEW YORK CITY

PRESENTED BY
NABISCO, INC. - 1998

LA VECCHIA FABBRICA NABISCO

75, 9th Av
• Accesso: treni linee A, C e E/14th St; linea L/8th Av

> *La casa
> natale
> del biscotto Oreo*

Un tempo il grande edificio industriale della 9th Avenue, dove si trova attualmente il Chelsea Market, era una fabbrica. La toponomastica lo prova: nel 2002, in occasione del novantesimo anniversario dell'invenzione del più celebre biscotto degli Stati Uniti, la 15th Street, all'altezza della 9th Avenue, fu ufficialmente battezzata Oreo Way.

L'edificio fu eretto nel 1898 per ospitare le pasticcerie industriali di un complesso chiamato National Biscuit Company – abbreviato in Nabisco. Il loro primo successo furono i *Barnum's Animal Crackers* ma, dal momento in cui furono inventati nel 1912, gli *Oreo cookies*, due biscotti rotondi al cioccolato tenuti insieme da una crema bianca, hanno conquistato il mondo. Più di 490 miliardi di biscotti divorati fino ad oggi: un trionfo dovuto al fatto che si tratta di un «cibo interattivo ». Ognuno lo mangia come vuole: lo si può intingere in una bevanda, spezzarlo, separarlo per mangiare la crema e gettare il biscotto, come fanno tanti strambi incompresi. 490 miliardi di biscotti, vale a dire 35 milioni di calorie: abbastanza per nutrire per dieci anni la Norvegia, meno le vitamine.

Oggi i biscotti Oreo sono prodotti in tutto il mondo, ma fino al 1958, esisteva solo lo stabilimento della 9th Avenue. Grazie alla sua numerosa popolazione e al suo imbattibile sistema di produzione e distribuzione, New York è sempre stata ai vertici delle innovazioni in campo alimentare. Eccone altre:

Il Tootsie Roll: Negli anni intorno al 1890, il povero Leo Hirshfield, oriundo austriaco, iniziò a produrre a Brooklyn, delle caramelle «fatte in casa». Fece fortuna con la semplice formula: gommoso + cioccolato = molto denaro, e dette alla caramella il nome della figlia Clara, alias «Tootsie».

Gelati Häagen Dazs: Questo gelato «più denso del normale», inventato nel Bronx da Reuben e Rose Mattus, due immigrati polacchi, è un capolavoro di marketing. Il nome non è né polacco né danese né ungherese né nient'altro: Reuben lo inventò mentre era a tavola.

Crackers Graham: La ricetta funzionava bene nel New Jersey, tuttavia questi «digestive biscuits» non decollarono fino a quando l'inventore, il reverendo Sylvester Graham, non ebbe l'idea di servirli agli ospiti della sua pensione di Greenwich Street.

Jujubes: Da quando, nel 1920, l'immigrato tedesco Henry Heide ha iniziato a produrla a New York, questa caramella, che ha la consistenza dell'asfalto freddo, ha rappresentato una benedizione per i dentisti. Heide fu anche il padre dei Jujyfruits, dei Red Hot Dollars e di undici figli.

7000 QUERCE ❷

22nd St, tra la 10th e la 11th Av
• Accesso: treni linea A, C e E/23rd St

> *La continua trasformazione della vita sulla 22nd St*

7000 Oaks (7000 Querce), dell'artista tedesco Joseph Beuys, è composta da una serie di cippi di basalto, ognuno collocato accanto a un albero, lungo tutto un isolato della 22nd St. Un'opera volutamente discreta, quasi intimista. Lo scopo artistico di Beuys, ammesso che possa essere sintetizzato, consisteva nel provocare nello spettatore una reazione spirituale ricreando il mondo sotto forma di una grande foresta. Beuys aveva anche una visione a lungo termine: gli alberi erano giovani quando furono piantati ma l'artista pensava che «nel giro di 300 anni avrebbero prodotto risultati molto visibili».

Gli alberi e i pilastri ad essi abbinati fiancheggiano i due lati della strada. Non sono stati collocati da Beuys. 7000 Oaks è un'installazione postuma, l'estensione di un progetto molto più ambizioso che ha lo stesso nome e che si trova a Kassel, in Germania. Il primo albero fu piantato dall'artista nel 1982 e il 7000° da suo figlio Wenzel, cinque anni dopo. Si tratta per la maggior parte di querce, albero che Beuys amava particolarmente («... una pianta che è sempre stata come una scultura, un simbolo del pianeta»), ma ci sono anche castagni, ginko, frassini, aceri e noci. Accanto ad ogni pianta c'è un enigmatico picchetto, una colonna di basalto alta circa 1,20 metri. Il basalto è una roccia vulcanica che può creare spontaneamente delle forme cilindriche con misteriosa regolarità, «magnifiche canne d'organo», diceva Beuys. Ogni albero piantato è un evento che sottolinea i rapporti evolutivi tra l'ecologia, la società e la vita in genere. Mentre l'albero cresce, la roccia, se mai si modifica, può solo essere erosa dalle intemperie. Il rapporto tra l'albero e il suo cippo in basalto è in costante evoluzione; è la metamorfosi il vero soggetto dell'opera.

I frequentatori di Chelsea non sono disposti ad ascoltare questa interpretazione. Uno degli aspetti più seducenti delle 7000 oaks è che l'opera non può essere messa in cornice, in una collezione e ancor meno venduta. La Dia Art Foundation, che finanziò il progetto iniziale a Kassel, installò questa estensione nel 1988, sulla 22nd St, dove hanno sede i suoi uffici principali. Oggi l'opera è parte integrante del quartiere.

THE PLAYERS ❸

16 Gramercy Park South
• www.theplayersnyc.org
• Per prenotare la visita telefonare al 212-475-6116
• Accesso: treni linee 4, 6, N e R/23rd St; linee 4, 5, 6, N, Q, R e L/Union Square

*Il luogo
in cui visse
e morì Amleto*

Nel Gramercy Park c'è una statua di Edwin Booth, il più celebre attore shakespiriano di New York. Per vederla, è necessario conoscere qualcuno che possieda la chiave del parco, oppure guardare attraverso la cancellata, o anche scalarla perché è l'unico parco privato di Manhattan. Ma c'è un modo migliore per fare conoscenza con il famoso attore: organizzare una visita al The Players («Gli attori»), il club fondato da Booth, situato a pochi passi.

«Nel XIX secolo, tutti associavano Amleto a Edwin Booth – sostiene il bibliotecario del club, Ray Wemmlinger – E viceversa». Oggi, il nome di Edwin Booth fa pensare soprattutto al fratello, John Wilkes Booth, l'assassino di Abraham Lincoln (s.v. pag. 119). Questa parentela teatrale è uno degli aspetti più sconcertanti della tragedia. John Wilkes era attore di teatro, come i suoi fratelli Junius e Edwin. L'assassinio ebbe luogo in un teatro. Dopo aver sparato al presidente, John Wilkes balzò sulla scena e, come recitando, esclamò: «*Sic semper tyrannis!*» («Così sempre ai tiranni»).

Edwin era così celebre che la sua carriera non fu interrotta dall'atto criminale del fratello. Era molto stimato e migliorò la condizione degli attori in genere. «Nel 1888, Booth riunì un gruppo di gentlemen, -continua Mr Wemmlinger-, che svolgevano un ruolo importante a teatro ma anche in altri campi. Insieme fondarono "The Players"». Booth aiutò gli artisti a sbarazzarsi della reputazione di «canaglie e vagabondi» creando per così dire l'unico museo del teatro degli Stati Uniti. Al piano terra si trovano eleganti salotti; al primo piano la più bella collezione nazionale di volumi di opere teatrali del XIX secolo, riviste, lettere, spartiti per suggeritori e fotografie. C'è anche la camera, teoricamente intatta, dove visse (e morì) Edwin Booth. Un tesoro di ricordi: una spada utilizzata in *Macbeth*, la borsa in pelle del *Mercante di Venezia* e il vero cranio utilizzato dall'attore per l'*Amleto*. «Gli amanti del teatro si emozionano molto alla vista di questa camera», nota sobriamente Wemmlinger.

Booth possedeva tre crani veri per l'Amleto. Quello del club apparteneva, nel vero senso della parola, ad un ladro di cavalli condannato a morte.

I fratelli Booth salirono in scena insieme una sola volta, nel Giulio Cesare. Una rappresentazione destinata a raccogliere fondi per la statua di Shakespeare a Central Park (s.v.pag. 256).

LA GRANDE LOGGIA DEI MASSONI

71 West 23rd St
- www.nymason.org
- Tel. 212-337-6602
- Visite pubbliche gratuite da lunedì a sabato dalle 10.30 alle 14.15
- Accesso: treni linee F e M/23rd St; linee N e R/23rd St (East) – Broadway

Una società segreta molto aperta

L a Grande Loggia di New York era un tempo la più grande loggia massonica del mondo. Fondata nel 1782 (anche se la massoneria era già presente nell'America coloniale), la sua sede si trova curiosamente in un immobile di 19 piani sulla 23rd St.

Vi hanno fatto parte così tanti personaggi importanti che l'associazione ha la fama, fosca e sinistra, di dominare il mondo, caratteristica che la rende più flessibile rispetto alla maggior parte delle istituzioni.

Il 14° piano è occupato dalla biblioteca. Oltre al modellino del Tempio del Re Salomone (fondamentale per i riti massonici) e ai busti e ritratti di massoni illustri (14 presidenti degli Stati Uniti, tra cui George Washington), c'è un'elaborata riproduzione del *Processus Contra Templarios*, l'atto del processo che il Vaticano intentò contro i Templari nel 1308. Non c'è nulla che attesti il rapporto tra i cavalieri templari e i massoni, tuttavia, come afferma il responsabile della biblioteca Thomas Savini, «conserviamo questo documento perché molti credono che un rapporto ci sia». Il signor Savini è abbastanza intelligente da non lasciarsi infastidire dai pazzi. «Ce ne sono di tutti i tipi. – osserva – Persone che credono che noi intendiamo regnare sul mondo e che vogliono sapere dov'è nascosto il nostro tesoro. Fino a quando tratteranno i libri con cura e rispetteranno le regole della casa, saranno i benvenuti». La biblioteca è molto fornita: più di 60.000 volumi, uno dei maggiori centri di documentazione massonica del mondo.

Se volete formarvi un'idea ancora più precisa della massoneria newyorchese, visitate le logge dei piani inferiori, dove il pubblico è gentilmente invitato ad entrare. In pochi minuti si sfugge al caos della 23rd St e ci si ritrova in una delle sontuose sale da cerimonia con soffitti alti - Sala ionica, Sala Rinascimento - ad ascoltare le battute trite e ritrite della guida. La sfarzosa decorazione delle sale, rifatta negli anni '80, è abbastanza comune, anche perché è identica in ogni sala, a parte qualche dettaglio d'epoca. Il tema sottinteso pare essere: «I massoni non sono per nulla minacciosi!». La maggior parte delle porte è aperta ma ciò non rassicurerà un certo tipo di visitatore, convinto che le porte chiuse nascondano sale buie con le pareti ricoperte di sangue sacrificale.

LE AQUILE DELL'ANTICA PENN STATION

7th Avenue a West 33rd e West 31st Street
• Accesso: linee 1, 2 e 3 / 34th St –Penn Station

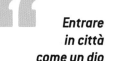

*Entrare
in città
come un dio*

Due aquile in pietra si ergono sulla 7th Avenue, di fronte alla Penn Station: una all'angolo della 33rd Street e l'altra a quello della 31st Street. Scolpite in due blocchi di marmo di 3 tonnellate ciascuno, con gli artigli piantati nel piedistallo in granito, petto in fuori ed ali spiegate, osservano perplesse il traffico. Se paiono un po' fuori contesto è perché un tempo si trovavano sulla facciata dell'antica Penn Station. Ora invece sono state collocate sul pavimento della squallida stazione che la sostituisce: la loro presenza pare più un insulto che un omaggio.

Gli architetti e gli storici parlano della vecchia stazione come se si trattasse di un parente assassinato. «Com'è triste e tragico - dice lo storico David McCullough in un documentario su New York - pensare che molti americani che vengono per la prima volta a Manhattan non proveranno l'emozione di scndere alla Penn Station». La sala d'attesa era il più ampio spazio coperto della città, con volte a cassettoni e colonne corinzie, sul modello delle terme di Caracalla a Roma. All'esterno, un colonnato alto più di dieci metri, con accessi sui quattro lati, sopra ognuno dei quali erano sospesi enormi orologi scolpiti nella pietra e affiancati dalle allegorie del giorno e della notte. Quando fu portata a termine, nel 1910, gli architetti McKim Mead & White erano persuasi di aver eretto un tempio metropolitano per l'eternità.

Durò solo 53 anni. Gli aerei e le autostrade decretarono la fine dell'era del treno. Nel 1962, le ferrovie della Pensylvania, stanche degli elevati costi operativi, annunciarono che avevano in programma di radere al suolo il Beaux-Arts Treasure e di sostituirlo con il Madison Square Garden che, nei giorni migliori, ricorda una fabbrica sovietica per l'arricchimento dell'uranio.

Vincent Scully, professore alla Yale University è lapidario: «Un tempo si entrava in città come se si fosse stati degli dei, oggi si striscia come ratti».

Gli operai ci hanno messo più di tre anni per distruggere i mucchi di granito e travertino. Le sculture in pietra di Adolph Weinman – capitelli, angeli e allegorie – furono ammucchiate in una palude del New Jersey. Non vi è alcuna targa informativa sulle aquile della 7th Avenue e quando ci si rivolge a un vigile, un portiere d'albergo, un impiegato d'ufficio, un ubriaco simpatico, un venditore o rivenditore di biglietti, si scopre che nessuno di loro, o quasi, ha notato la loro presenza.

VOLPI DI PIETRA E PELLICCE 　❻

242 West 30th Street
Metropolitana linea 1 / 28th St

> ❝ **Delle misere guardie**

27 luglio 1933: tre uomini entrano al 242 West 30th Street, salgono al decimo piano e irrompono negli uffici, armi in pugno. Trascinano il contabile e i funzionari in una grande stanza, dove una decina di operai preparano le pellicce di volpe. Due degli uomini li legano, mentre il terzo, apparentemente "sensibile al valore delle pellicce", ammucchia quelle più belle nei cartoni. I ladri poi fuggono prendendo l'ascensore di servizio, con un bottino di $ 15.000 in pellicce.

21 novembre 1935: due usurai, Samuel Mintz e Maxwell "Kitty" Nathan, vengono condannati per aver concesso prestiti senza licenza. Lavoravano molto con i pellicciai, incassando fino a $ 100.000 al mese. Accusarli non fu facile dato che Mintz era popolare tra i pellicciai. Uno di loro, Joseph Fund, alla fine ammise di aver sottoscritto tre prestiti di $ 100 al 5% di interesse; lavorava per la Knickerbocker Fur Company al 242 West 30th Street.

22 febbraio 1936: una donna che attraversava la 242 West 30th Street fu sfiorata dalla morte quando una massa colpì il marciapiede accanto a lei. Questa massa era Andrew Turkchensky, 39 anni, "morto cadendo o saltando dal sesto piano". Era un pellicciaio e lavorava nell'edificio.

31 Dicembre 1936: è la notte dei pellicciai Cutler & Eve Ostrowsky al 6 ° piano del numero 242. Quattro banditi fanno irruzione, chiudono i dipendenti nel magazzino e se ne vanno portando via "pellicce di visone e pelli di agnello della Persia" per più di $ 10.000.

Avete colto l'idea: in pochi anni, questo edificio è stato testimone di vari episodi violenti, tutti riportati nel *New York Times*. Banditi, tragedie,

incidenti, gangster, cecchini: questo è solo un assaggio del tumulto del periodo d'oro della pelliccia, inseparabile dall'identità del quartiere intorno al 1930. Costruito nel 1927, l'edificio al 242 West 30th è ornato da due volpi di pietra, solenni ed emblematiche, in omaggio agli innumerevoli animali uccisi per la loro pelliccia. Noterete che le volpi delle guardie sono ben misere.

Se volete vedere una reliquia ancora più strana del commercio di pellicce, andate un po' più lontano, al 214 Ovest della 29A, dove delle sculture di nani accarezzano scoiattoli e le pelli con una tenerezza quasi indecente.

L'OROLOGIO DI HERALD SQUARE

All'incrocio tra la 6th Av, la 34th St e Broadway
• Accesso: treni linee B, D, F e M / 34th St – Herald Square; linee 1, 2 e 3 /
34th St – Penn Station

> **Dea della saggezza, Minerva domina gloriosa**

Per molto tempo, Herald Square è stato uno degli incroci più movimentati di Manhattan. Oggi i clienti dei negozi o i turisti raramente si fermano per osservare un reperto del tempo passato, quando questa zona era il quartiere della stampa: la suoneria dell'orologio meccanico. Gli orologi divertenti sono rari a New York, ma gli orologi meccanici a livello stradale sono rari in qualsiasi città. Per un semplice motivo: quando i martelli di bronzo battono sulla campana, i colombi scappano e le persone smettono di conversare.

La collocazione di questo orologio non doveva essere questa: precedentemente si trovava in cima all'immobile del *New York Herald*. I due possenti maniscalchi (solo finzione perché la campana è suonata da un meccanismo separato) hanno un nome: Stuff e Guff. Dietro di loro si erge la dea Minerva, con scudo e lancia; la civetta Glaucus è appollaiata in cima all'orologio. In genere Minerva simboleggia la saggezza ma non è la prima qualità che gli storici attribuiscono a questo giornale. Il termine «astuto» parrebbe più appropriato. Fondato nel 1835 da James Gordon Bennett, l'*Herald* era brillante e popolare. Bennett riteneva che il ruolo del giornale fosse quello di «far sobbalzare» il lettore. Se le vendite sono indice di successo, aveva ragione: a metà del XIX secolo, l'*Herald* era il rotocalco più letto negli Stati Uniti e forse nel mondo.

L'orologio di Herald Square rintoccò in cima all'edificio dal 1895 al 1921. Nel 1940, fu collocato laddove si trova ora, con l'intenzione di abbellire l'ambiente dopo la demolizione della metropolitana sopraelevata. «La 6th Avenue si è finalmente liberata del fragore e dell'inquinamento di questo treno – titolava trionfalmente il *Times* – Minerva, la dea della saggezza, che domina gloriosa sull'orologio, ritorna a Herald Square».

Intorno alla piazza si possono notare altre civette. Quelle di lato, nella parte superiore dell'orologio, hanno uno sguardo terrificante, con occhi che talvolta si illuminano di verde.

L'orologio è anche un memoriale a James Gordon Bennett. Il suo principale e più onesto rivale, Horace Greeley, il redattore capo del New York Tribune, è stato più bravo. A lui sono state dedicate due statue a Manhattan: una a Greeley Square, a sud dell'orologio, e l'altra a City Hall.

INDIFFERENCE TO INJUSTICE

IS THE GATE TO HELL

THE APPELLATE COURT HOLOCAUST MEMORIAL

8

Manhattan Appellate Courthouse
27 Madison A
• Accesso: treni linee N e R / 23nd St

Le porte dell'inferno in Madison Square

Nonostante i suoi dodici metri di altezza e le fiamme ondeggianti incise, il memoriale dell'Olocausto eretto sul lato ovest della Corte d'Appello passa spesso inosservato. Per molti aspetti questa dissimulazione è intenzionale. La progettista del monumento, Harriet Feigenbaum, ha voluto un tipo di marmo che si fondesse con l'architettura, considerando che il soggetto impegnativo prescelto si riferiva a fatti reali e non genericamente simbolici. Per capire quello che ha voluto dire, è necessario avvicinarsi alla scultura e leggere quanto vi è scritto.

Il cuore dell'opera è quello che la Feigenbaum definisce «una fotografia interpretata attraverso la pietra». Curiosando nella collezione di foto della sezione principale della New York Public Library, si è imbattuta in una vecchia veduta aerea di Auschwitz; una foto scattata dagli Alleati durante un bombardamento, il 25 agosto 1944, cinque mesi prima della liberazione del campo. La Feigenbaum è rimasta colpita dalla natura dell'immagine, dalla fredda precisione con cui è stata ritratta l'atrocità. «Quando ho visto quella foto – afferma – ho subito capito che era quello che cercavo». L'iscrizione sulla scultura era già stata scelta dal comitato del memoriale: INDIFFERENCE TO INJUSTICE IS THE GATE TO HELL (« L'indifferenza all'ingiustizia è la porta dell'inferno »). La foto insiste maggiormente sulle conseguenze dell'incapacità di porre fine al massacro più che sull'ingiustizia implicita di cui furono vittime undici milioni di persone assassinate nei campi di concentramento. La Feigenbaum ha trascorso sei mesi in Italia per ultimare la sua scultura e scegliere il tipo di marmo idoneo alla sua fotografia di pietra e alla grande colonna che la sovrasta. Il tema è ulteriormente consolidato dalla finezza delle fiamme della colonna che paiono propagarsi verso la Corte d'appello – sede della giustizia – minacciando di divorarla.

Il memoriale è stato inaugurato nel maggio 1990. Una decina di anni dopo, George McGovern, ex-senatore e candidato alle presidenziali del 1972, dichiarò pubblicamente che gli americani avevano fallito il tentativo di bombardamento delle ferrovie e delle camere a gas di Auschwitz, il cui orrore era stato raccontato agli Alleati dai prigionieri evasi. Questo fallimento riguardava personalmente il senatore McGovern: pilota dell'aviazione durante la guerra, aveva bombardato obiettivi a una decina di chilometri dal campo. «Che Dio ci perdoni – sospirò – per questo tragico errore di calcolo».

NEI DINTORNI:

Worth Square, tra Broadway e la Fifth Avenue, è caratterizzata da un obelisco eretto in onore del generale William J. Worth. È uno dei rari monumenti di New York che funge anche da tomba: Worth non solo è commemorato, ma è anche *sepolto* qui.

IL MONUMENTO A ROSCOE CONKLING

Madison Square Park, lato sud
• www.nycgovparks.org
• Accesso: treni linee N e R / 23rd St

*La grande
tempesta
del 1888*

Il monumento più meridionale di Madison Square Park è un modello di semplicità: un gentiluomo in bronzo abbozza un gesto con la mano destra. Il suo nome, che forse non dice nulla, è inciso sulla pietra del basamento: ROSCOE CONKLING. Senatore e membro del Congresso degli Stati Uniti, Conkling era il capofila del partito repubblicano durante la presidenza del generale Grant. Non viene ricordato per quello che ha fatto, ma per le particolari circostanze della sua morte: Conkling fu stroncato dalla terribile tempesta di neve del 1888, la più celebre nella storia degli Stati Uniti. Durante la notte di domenica 11 marzo, sulla città si abbatté un'ondata di freddo: la pioggia diventò nevischio e le raffiche di vento facevano tremare gli edifici e rompevano i vetri. L'indomani a New York i treni non circolarono. Come ogni giorno, Roscoe Conkling uscì dal suo appartamento sulla 29th Street per dirigersi verso l'ufficio, a Wall Street. La tempesta divenne sempre più violenta: la bufera sollevava i pedoni e li scaraventava a terra o contro i muri. In alcuni punti, i cumuli di neve raggiungevano i dieci metri di altezza.

In queste condizioni atmosferiche, Mister Conkling, 58 anni, dopo aver trascorso la giornata da solo nel suo ufficio, s'intabarrò nel cappotto e si diresse verso il nord di Manhattan. Per raggiungere il New York Club sulla 25th Street, attraversò con difficoltà le strade battute dalla tempesta fino a Union Square. Improvvisamente la tormenta lo accecò e lo disorientò. Gli ci volle un'ora per aprirsi un varco attraverso la neve e ritrovare la strada per

arrivare all'entrata del club. Qui crollò. Si ammalò gravemente ed un mese dopo morì di polmonite.

Gli amici raccolsero i fondi necessari alla realizzazione di una statua. Fu proposto di collocarla a Union Square, ma l'amministrazione ritenne che Madison Square fosse più appropriata. Il monumento, opera di John Quincy Adams Ward, è qui visibile dal 1893.

THE METROPOLITAN LIFE TOWER

1 Madison Avenue
• Accesso: linee N e R / 23rd St

> *Un legame
> sconosciuto
> con Venezia*

Da sempre, tra Manhattan e Venezia c'è un legame perenne e sconosciuto. Sono due città insulari, le cui vie sono corridoi tra i palazzi e questi, addossati uno all'altro, si sono sviluppati verticalmente invece che verso l'esterno. A Venezia, come a Manhattan, c'è un Guggenheim Museum e un Harry's Bar (che a New York si chiama Harry Cipriani, ed è, secondo il proprietario dei due locali, «una copia quasi perfetta dell'originale»). Tra le barchette nel laghetto a Central Park ci sono sempre state delle gondole, manovrate da gondolieri con maglia a righe e cappello di paglia. Recentemente, l'artista Julian Schnabel ha «rincarato la dose» collocando il suo palazzo rosa brillante in mezzo al Greenwich Village (s.v. pag. 151).

L'elegante Metropolitan Life Tower a Manhattan è il riferimento più evidente a Venezia: una torre di cinquanta piani su Madison Square, portata a termine nel 1909. All'epoca rappresentava il grattacielo più alto del mondo, ma la corsa verso il cielo era appena cominciata. Napoléon Le Brun e figlio, gli architetti, passarono in rivista le torri di tutto il mondo per trovare un modello che li ispirasse; alla fine scelsero il campanile di San Marco. Il campanile, la costruzione più alta della Serenissima, dominò la laguna veneziana per secoli prima di crollare spettacolarmente nel 1902. Ricostruito perfettamente identico in meno di dieci anni, svetta nello stesso luogo in Piazza San Marco. Qui, il punto comune tra New York e Venezia diventa più che simbolico: non solo il campanile e il MetLife hanno la stessa configurazione, le stesse proporzioni ma furono anche costruiti contemporaneamente.

E allora per quale motivo andare a cercare dei modelli architettonici nel passato quando si tratta sempre di torri destinate a crollare? In un vecchio articolo del *Times* si legge che «i problemi che gli architetti devono affrontare per un edificio di questo tipo non sono solo di natura ingegneristica. È molto difficile costruire torri di questo tipo, soprattutto se la base è quadrata e, in fondo, assomiglia a una scatola». Si può dire la stessa cosa per ogni piano. E via di seguito fino in cima.

WINNIE-THE-POOH NELLA LIBRARY

Children's Center, Stephen A. Schwarzman Building
5th Avenue e e 42nd Street
• www.nypl.org/locations/schwarzman • Tel. 212-621-0208
• Aperto tutti i giorni, lunedì e da giovedì a sabato dalle 10.00 alle 18.00,
martedì e mercoledì dalle 10.00 alle 19.30, domenica dalle 13.00 alle 17.00
• Accesso: treni linea 7 / 5th Av; linee B, D, F e M / 42nd St / Bryant Park

> ## *I peluche di Christopher Robin*

Che sorpresa, entrando nel settore principale della New York Public Library, trovarsi davanti all'originale di Winnie-the-Pooh! I lettori di Alan Alexander Milne probabilmente sanno che, per il personaggio di Christopher, il giovane proprietario dell'orso, l'autore si è ispirato a suo figlio, ma sanno che Winnie non è frutto della sua fantasia? Per non parlare di tutti gli amici del Bosco dei Cento Acri. Prima di diventare personaggi libreschi, Winnie, Hi-Ho, Tigro, Uffa, Kanga, Roo, Tappo e Pimpi erano gli amici di peluche del giovane Christopher Robin Milne. Oggi sono esposti nella vetrina di una stanza della sezione riservata ai bambini.

Quando ci si trova davanti a questi originali, soprattutto a Winnie, si rimane colpiti dal fatto che somigliano poco ai personaggi illustrati da Ernest Howard Shepard e ancora meno ai cartoni animati di Walt Disney che li hanno resi popolari. Deformati e logori, hanno l'aspetto malconcio di veri peluche. «È quel che intenerisce la gente – afferma Louise, la capo-bibliotecaria-. I fan di Winnie giungono da tutto il mondo e se ci capita di mettere da parte un peluche per un certo periodo dicono che siamo …» si interrompe soffocando un risolino: la delusione dei fan dell'orsacchiotto è indescrivibile. La vetrina suscita strane emozioni: come se il mondo fantastico dell'infanzia divenisse improvvisamente tangibile. Gran parte dell'universo di Winnie, infatti, si basa sulla realtà: il Bosco dei Cento Acri esiste (Ashdown Forest) e si trova nel sud dell'Inghilterra, dove il giovane Christopher Milne trascorreva l'estate; anche il personaggio di Winnie ha un omonimo reale: Winnie (diminutivo di Winnipeg), un orso bruno del Canada che Christopher andava a vedere allo zoo di Londra.

I bambini delle nuove generazioni sono meno estasiati davanti agli originali di Winnie. Lorelei Crean, tre anni, frequentatrice della biblioteca ed esperta della materia, è molto attratta dalla vetrina, ma quando le viene chiesto di indicare dove si trova Winnie dice subito "Eccolo!" correndo verso le illustrazioni - all'altezza del suo sguardo e più familiari - che ricoprono la parte inferiore del muro!

L'ATRIO DEL DAILY NEWS BUILDING

220 Est 42nd St
• Accesso: treni linee 4, 5, 6, 7 e S/Grand Central – 42nd St

> *Un mappamondo di due tonnellate al centro del mondo*

I grandi edifici Art deco di New York possiedono una qualità eroica che non si ritrova nelle costruzioni successive. Il Rockefeller Center, l'Empire State Building e il Chrysler Building si distinguono per una grandiosità che potremo definire disinvolta.

A questo elenco va aggiunto un altro edificio, meno visitato, ma molto interessante perché riflette lo spirito degli anni '30: il Daily News Building con l'enorme mappamondo di due tonnellate che si trova nella hall. La sfera è conficcata nel pavimento e illuminata teatralmente grazie alla luce che si irradia dal basso, attraverso dei gradini di vetro. Emana un'energia dolce e intensa. Non sorprenderebbe scoprire la propagazione, in tutto l'edificio, di un potere misterioso da parte di questa sfera luminosa. Tutto attorno, il pavimento, di mosaico e rame levigato, è costellato da scure protuberanze, simili alle lancette delle vecchie rose dei venti; il soffitto è una cupola in vetro nero. Fu la sede del Daily News dal 1925 al 1995 e se il coraggio e l'attività di un grande giornale internazionale servono a qualcosa si può affermare che servano a compensare l'idealismo. Nel caso in cui questo messaggio fosse sfuggito, sono inseriti nel pavimento in bronzo i nomi di alcuni luoghi, affiancati da un numero: Johannesburg 7988, Bermuda 768 – la distanza in miglia da New York, il centro del mondo. Si possono anche leggere osservazioni istruttive quali: «Se il sole avesse la DIMENSIONE di questo MAPPAMONDO, la TERRA sarebbe grande quanto una NOCE e si troverebbe davanti all'entrata principale di Grand Central Terminal». Con lo stesso spirito di precisione cosmica, questo gigantesco pianeta è stato montato, altro rompicapo, rispettando l'esatta inclinazione della Terra. E si muove. Regolarmente, come un orologio, la sfera ruota di alcuni gradi sul suo asse. Vernon, l'uomo che lavora da decenni dietro il bancone dell'entrata, subisce ancora il fascino del mappamondo. «Se lo osservate da vicino, vedrete che è stato dipinto a mano. Una volta la gente non perdeva il suo tempo davanti ad uno schermo, -aggiunge spazzando via la modernità con il dorso della mano-. Qualcuno si è dato da fare a *dipingere* questo mappamondo».

IL GIORNALE DI SUPERMAN

I fan di Superman sapranno già che il Daily News Building ha fatto da sfondo al Daily Planet, il giornale di Clark Kent e Lois Lane nel film di Richard Donner nel 1978. Il Daily Planet Building è apparso per la prima volta nelle animazioni di DC Comic del 1942. Si ispira forse al Paramount Building di Times Square in cima al quale c'è un globo terrestre.

IL SOLSTIZIO DI MANHATTAN

Visìbile su tutte le strade trasversali della planimetria al di sopra della 14th Street, in genere il 28 maggio e il 12 luglio

> *Quando il Sole attraversa la cruna dell'ago*

L a planimetria cittadina, prevista dal Commissioners' Plan del 1811, rispetta l'asse naturale di Manhattan. L'isola è inclinata di 29° rispetto al piano verticale; un elemento che sconcerta i newyorchesi che, abituati alle cartine del metrò e della città orientate rispetto alla geometria del piano stradale, vedono Manhattan su una piantina in cui New York non è più il centro dell'universo. Ironia della sorte: il piano urbano della città, definito così rigorosamente dalle direzioni cardinali, è sensibilmente fuori asse.

Ventidue giorni prima e dopo il solstizio d'estate (21 o 22 giugno), i newyorchesi hanno la possibilità di ricordarsi che Manhattan è solo un punto su un globo in rotazione, bloccato nell'orbita intorno ad una stella. Durante quei giorni, il sole tramonta in linea con le strade trasversali. Il fenomeno è stato battezzato *Manhattanhenge*, alludendo ad antichi misteri, ma in realtà parte della sua bellezza sta nell'assenza di un disegno, o meglio nel fatto che il sistema solare pare abbia magistralmente associato un disegno concepito per un altro scopo. Tutte le città del mondo hanno strade e tramonti ma New York è l'unica ad essere percorsa da canyon simmetrici e immensi edifici.

Il fenomeno può essere osservato in qualsiasi strada trasversale. L'effetto è ancora più spettacolare se gli edifici sono alti: la 42th Street è diventata la strada prediletta. Per godersi il panorama del passaggio del sole attraverso la cruna dell'ago, si consiglia di andare all'estremità orientale dell'isola: il Tudor City Bridge, che attraversa la 42th Street, è l'unico luogo dove assaporarne la vista senza preoccuparsi del traffico.

Verso le otto, gli entusiasti sono tutti riuniti. «Eccolo!» grida qualcuno mentre il sole, giungendo da sinistra, si infila nel corridoio luccicante e il cielo, già arancio, si infiamma. Gli scatti delle macchine fotografiche accompagnano l'astro che, sorprendentemente celebrato, invade progressivamente lo spiraglio. Quindi scompare e il cielo sfuma in una gradazione di arancio e violetto, fino ad incontrare il profilo sbiadito del New Jersey. In basso, una macchina della polizia strilla ad un gruppo di curiosi storditi dagli ultimi bagliori del crepuscolo. «Sgomberare! Siete in mezzo alla strada!»

Manhattanhenge si verifica anche in inverno ma all'alba: prima e dopo il solstizio d'inverno (21 o 22 dicembre), il sole sorge all'estremità orientale delle strade trasversali.

BRISTOL BASIN

BENEATH THIS EAST RIVER
IN THE DRY DOCK SITE OF NEW YORK
LIE STONES, BRICK AND RUBBLE
FROM THE BOMBED CITY OF BRISTOL
ENGLAND · BROUGHT HITHER IN
BALLAST FROM OVERSEAS, THESE
FRAGMENTS THAT ONCE WERE HOMES
SHALL TESTIFY WHILE MEN LOVE
FREEDOM TO THE RESOLUTION AND
FORTITUDE OF THE PEOPLE OF BRITAIN.
THEY SAW THEIR HOMES STRUCK DOWN
WITHOUT WARNING · · · IT WAS NOT
THEIR WALLS BUT THEIR VALOR
THAT KEPT THEM FREE.

IL BACINO DI BRISTOL

Waterside Plaza, Waterside
Tra la FDR Drive e la 25th Street
• Metropolitana: linea N, Q, R, W / 23rd St; linea 4 e 6 / 28th St; linea L / 1 Ave
• Per arrivarci, superare la superstrada dalla passerella, quindi salire (a sinistra) per accedere alla spianata.

> *Finché gli uomini ameranno la libertà*

Alcuni luoghi della città sono strettamente collegati ad altri orizzonti. Una casetta in legno svedese è a Central Park nel 1877. Nell'Upper East Side, il Centro Culturale Islamico sconvolge la griglia urbana per rivolgersi alla Mecca, e a Battery Park, l'Irish Hunger Memorial (s.v. pag. 33) ha letteralmente portato un pezzo di Irlanda a New York, comprese piante e rocce. Dall'altra parte della FDR Drive, sulla 25th Street, c'è tutto un complesso di edifici che si posa su suolo straniero. Secondo la guida dell'American Institute of Architects, sono "torri angolari marrone, impressioni di cubismo, su uno slargo nascosto in un'ansa dell'East River". Non una parola su ciò che sostiene la spianata. La risposta? Bristol, la città inglese.

Le sue origini sono molto tristi. Questa parte del fronte del fiume era in costruzione durante la Seconda Guerra Mondiale. Le navi che partivano traboccanti per rifornire l'Inghilterra erano troppo leggere per tornare: è per questo che nei porti inglesi le zavorravano con le rovine di città bombardate. Questi detriti sono invisibili (il motivo dell'esistenza di Waterside Plaza era di costruire una spianata sul fiume), ma una targa del 1942 racconta, con parole quasi illeggibili, questa storia in un tono appassionato.

"Sotto l'East River Drive della città di New York riposano mattoni e macerie della città di Bristol, caduta sotto le bombe in Inghilterra. Portate attraverso l'Atlantico come zavorra, le rovine di queste case possono testimoniare, finché gli uomini ameranno la libertà, la risoluzione e il coraggio del popolo britannico, che ha visto le proprie case distrutte senza preavviso. La sua libertà, la deve non alle sue mura, ma al suo valore."

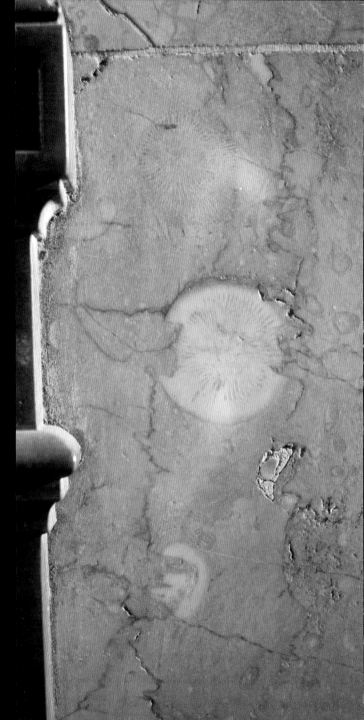

FOSSILI URBANI

*Creature
preistoriche
sulle pareti*

New York è un posto ideale per vedere i fossili. Il Museo di Storia Naturale ha una delle più grandi collezioni al mondo. Se sentite il richiamo del mare, andate a raccogliere i fossili lasciati dalla risacca sulle spiagge della città. Terza opzione per ammirare questi frammenti di storia cittadina al 100%: andare a vedere i resti di animali inglobati nelle facciate dei grattacieli. Niente di calcolato in queste gallerie all'aperto. Questo rende tali fossili architettonici ancora più interessanti: con i vostri occhi pieni di curiosità, trasformate una banale facciata in un vero e proprio museo.

TIFFANY'S
Il calcare rosso delle vetrine è pieno di crinoidi, animali simili a piante, della famiglia delle stelle marine. Avvicinandosi, ci si ricorda che New York è stata costruita con materiali provenienti da tutto il mondo: questa roccia si è formata 100 milioni di anni fa in Spagna.

SAKS 5TH AVENUE
Le pietre dei cornicioni hanno un nome invitante, "marmo dorato venato di Santa Genoveffa", ma in realtà provengono dal Missouri. Sono punteggiate da coralli devoniani (s.v. illustrazione) vissuti 360 milioni di anni fa.

MACY'S
I pilastri del piano terra sono adornati con un marmo simile a quello di Saks; i migliori fossili si trovano al piano delle borse. La signora suggestionabile accanto sta considerando di scambiare 1.000 dollari con una borsa Vuitton mentre voi studiate le creature marine che vivevano prima che la Terra fosse coperta di animali, foglie e insetti.

ROCKEFELLER CENTER
Forse i fossili più sorprendenti sono qui. La pietra calcarea marrone dell'Indiana che ricopre l'intera superficie dell'immenso Centro è deliziosamente grezza: è possibile vedere ancora i segni degli scalpelli della cava. All'inizio sembra solo una pietra come le altre. Avvicinatevi per scoprire una raffinata tappezzeria tempestata di resti di creature: centinaia di specie sedimentate sul fondo del mare tropicale che un tempo copriva il Midwest (troviamo questa pietra sulle pareti dell'Empire State Building e del Metropolitan Museum of Art.)

LA BASE DELL'AGO DI CLEOPATRA, CENTRAL PARK
Il geologo Sidney Horenstein del Museo Americano di Storia Naturale, il cui affascinante lavoro ha ispirato questa pagina, chiama il calcare bianco sotto l'obelisco egizio "un fossile denso ". Ogni centimetro quadrato è coperto da conchiglie di nummuliti (dal nome latino per "monetina"). E non dimentichiamo che è questa la pietra di cui sono fatte le piramidi di Giza!

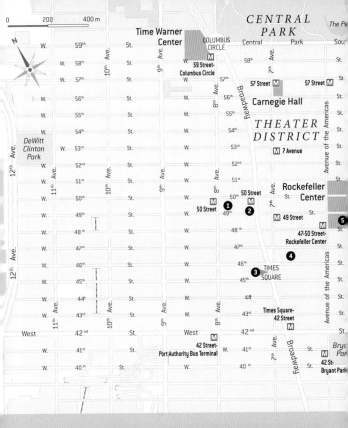

DALLA 42ND STREET
ALLA 59TH STREET

SAINT MALACHY, LA CAPPELLA DEGLI ATTORI ❶

239 West 49th St
• www.actorschapel.org
• Tel. 212-489-1340
• Accesso: treni linee A, C, E, 1 e 2 /50th St; linee N, Q e R / 49ᵗʰ St; linee B, D e E / 7th Av

*La chiesa
di Broadway*

Gli attori di teatro, che pregano per avere successo a Broadway, saranno felici di sapere che a New York è stata loro dedicata una cappella. Da molto tempo, all'interno di St-Malachy, sulla 49th Street, a due passi da una serie di grandi teatri, c'è una cappella che si chiama «Actor's Chapel».

San Malachia non era attore, almeno non più di qualsiasi altro vescovo del XII secolo. La cappella dedicata all'arte teatrale ha uno spazio riservato: archi in legno intrecciati attorno ad una nicchia luminosa, simile ad una scenografia in miniatura. Al muro sono appesi cinque ritratti. A sinistra, Dina Bélanger, la protettrice dei pianisti; prima di prendere i voti, studiò al conservatorio di musica di New York. Accanto, Santa Cecilia, patrona dei musicisti. A destra, San Vito, patrono dei ballerini e Fra Angelico, pittore del primo Rinascimento, celebre per i suoi dipinti con temi religiosi. Al centro della cappella, in una massiccia cornice dorata, figura la star dello spettacolo: San Genesio, patrono degli attori.

La storia di San Genesio è troppo bella per essere vera. Attore popolare sotto il regno di Diocleziano, l'imperatore romano che si divertiva a massacrare i cristiani, cercò di infiltrarsi furtivamente tra questi per studiare un ruolo in uno spettacolo satirico in cui avrebbe deriso Cristo ed i suoi discepoli. Durante la rappresentazione, alla presenza dell'imperatore stesso, Genesio si calò talmente nella parte che si convertì spontaneamente al cristianesimo. «Mentre venivano pronunciate le parole del battesimo e mentre l'acqua bagnava il suo volto – si legge nel *National Catholic Register* – l'attore fu improvvisamente illuminato dalla fede». Per questo ebbe la critica più dura di tutti i tempi: tortura e decapitazione.

Una storia affascinante, certo, ma ciò che fa di St-Malachy una cappella riservata agli attori sono gli orari. Durante i fine settimana, la chiesa celebra diverse messe per venire incontro alla vita particolare dei lavoratori dello spettacolo di Broadway. Una, in particolare, il sabato alle 23.00 per gli attori e i macchinisti che lasciano il teatro dopo che cala il sipario.

IL BRILL BUILDING

1619 Broadway, all'altezza della 49th St.
• Accesso: treni linee 1, 2, A e C/50th St.; linee N, Q e R/49th St

> *Un tragico ribaltamento della fortuna a Times Square*

Il quartiere di Times Square è immerso in un turbinio di luci: quasi non si riesce ad immaginare che, dietro questa frenesia di colori, ci possano essere degli splendidi palazzi. Nella relativa oscurità dell'estremità nord del quartiere, tra Broadway e la 49th St., vi è un edificio singolare che merita attenzione: il Brill Building. È l'unica costruzione con facciata Art deco, con una particolarità: sopra l'entrata, ed anche al decimo piano, vi è il busto dorato di un giovane dallo sguardo vacuo. Se ci si interroga sul motivo per cui, sui grattacieli, non si vedono più ritratti monumentali, questo palazzo fornisce la risposta: è assai strano.

Questo giovane è Alan E. Lefcourt, il figlio del costruttore dell'edificio, che non porta il suo nome a causa di un tragico ribaltamento della sorte. Il padre di Alan, Abraham Lefcourt, iniziò la sua carriera come lucidatore di scarpe e, alla maniera newyorchese, dopo aver fatto la gavetta nel settore immobiliare, si ritrovò alla testa di un impero. Amava talmente il suo unico figlio che, nel giorno del suo tredicesimo compleanno, gli fece dono di un grattacielo che venne chiamato Alan E. Lefcourt Building. Nel 1929, quando Lefcourt valeva 100 milioni di dollari, iniziò la costruzione di questo immobile di Times Square che, sul progetto, era il più alto del mondo. Ma, nel giro di due anni, il figlio di Lefcourt morì di anemia, la Borsa crollò, l'immobile venne svalutato, gli investitori intentarono un processo, l'impero collassò e lo stesso Lefcourt morì (forse si suicidò). I fratelli Brill, che erano inquilini, si appropriarono del bene ipotecato e gli dettero il loro nome. Il Brill Building sarebbe diventato uno dei pilastri dell'industria musicale americana.

NEI DINTORNI:

L'UNICO MONUMENTO DEDICATO A UN SOPRANNOME

Cinque isolati più in là, a Broadway, all'altezza della 54th St., si trova probabilmente l'unico monumento dedicato a un soprannome. L'incrocio si chiama ufficialmente Big Apple Corner. L'origine del soprannome di New York, *Big Apple*, è assai confusa ma pare che provenga dalla cultura nera degli anni '30. Big Apple era il nome di un famoso club di jazz di Harlem: avere la possibilità di suonare nel locale era il *non plus ultra*. Il termine era utilizzato anche agli ippodromi dai garzoni di stalla afroamericani; il giornalista sportivo John FitzGerald lo sentì e lo rese popolare sulla stampa. Il Big Apple Corner si trova accanto all'hotel dove visse e morì FitzGerald.

TIMES SQUARE

Angolo sud-ovest tra la 46th Street e la 7th Avenue, isola pedonale a est di Broadway
• Metropolitana linee 1, 2, 3, 7, N, R, Q, S, W/42nd St-Times Sq ; linea 1/50th St ; linea N, R et W/49th St

> *Le persone non sono molto attente ...*

"**S**embra un suono proveniente da qualche altra parte," dice John, sorridendo, fissando i suoi piedi. Originario del Ghana, John indossa la giacca rossa dei venditori di tour in autobus. Times Square è il suo regno e lavora nello stesso angolo della strada "tutti i giorni, tutto il giorno". Inclina la testa per ascoltare meglio attraverso la confusione di uno dei luoghi più visitati al mondo. Nella strada si mescolano il rombo del traffico, il gemito della ventilazione delle torri dall'altra parte di Broadway e le mille lingue della marea dei turisti. Ma in questo momento, solo John nota, per la prima volta, che un ronzio soprannaturale si leva dalle griglie sotto i suoi piedi.

Questa scultura sonora dell'artista Max Neuman, sobriamente intitolata "Times Square", canta misteriosamente dal 1977. Attraverso le griglie, vediamo solo travi sporche e i tradizionali rifiuti urbani: carte unte, tappi di plastica, una moneta o due. È la strada stessa che sembra cantare. Il suono ricorda il ronzio di una grande campana appena suonata. Poco vario, tuttavia è un suono ricco, denso e commovente, che sembra allontanarsi definitivamente.

"Sembra un carillon" dice Guy, che un minuto prima si affrettava ad attraversare l'isola pedonale, fissando il terreno, come ogni newyorkese che si rassegna ad attraversare Times Square. "È bello vivere in una città per lungo tempo senza averne scoperto tutti i segreti. È come una caccia al tesoro." "Cosa dice il suono? Forse che le persone non sono molto attente."

Un'altra spiegazione possibile: significa che tutto ha un interesse. Quest'opera rende interessante un angolo di una strada senza fascino, sommerso da stimoli, e notarlo ci ancora fortemente qui e adesso.

CHIESA DI SAINT MARY THE VIRGIN ❹

145 West 46th Street
www.stmvirgin.org
Telefono: 212.869.5830
Trasporti: treni N, Q, R, 7 e S / Times Sq

> ## La chiesa
> ## più sorprendente
> ## della città

A un certo punto vi troverete in Times Square. È inevitabile. Prima di tuffarvi nel frastuono diabolico, nel bombardamento di immagini e di pubblicità (oppure godetevelo: vedi pagina precedente), scendete alla 46th Street e vedrete la chiesa più sorprendente della città. Saint Mary the Virgin è una chiesa gotica ottocentesca, gradevole all'esterno ma con un interno incredibile. È una grotta oscura, illuminata da una debole luce ambrata che filtra dalle vetrate delle finestre: un luogo che mai pensereste di trovare in questo quartiere.

"Abbiamo Rockefeller su un lato," dice Stefan, il custode, "e Times Square sull'altro, e tutti i teatri intorno: chi entra qui rimane quasi interdetto, trovando una gemma inaspettata".

Per godervi al meglio l'effetto, entrate dalla 47th Street, dove c'è un semplice portale in una parete di mattoni. Intorno a voi ci sono una caffetteria, un parcheggio sempre aperto, un diner, un ristorante mediterraneo e alcuni grandi palazzi di uffici sulla Sixth Avenue. Fin dal marciapiede si percepisce la presenza della chiesa, che emana profumo di incenso. Entrate lentamente, percorrete una decina di passi per arrivare di fronte a un grande pilastro dell'abside. Se già qui vi meraviglierete dell'altezza della navata, proseguite verso le cappelle laterali, dove la chiesa sembra non avere limiti, sfidando le leggi della fisica.

Questa chiesa offre un altro motivo di interesse, a maggior ragione

trovandosi proprio a New York. Saint Mary the Virgin è la prima chiesa con struttura in acciaio del mondo. Se siete fortunati potrete fare un giro nei sotterranei con l'archivista Dick Leitsch. "Nessuno aveva mai costruito una chiesa del genere, quindi non si sapeva che genere di rinforzi impiegare. Assolutamente eccessivo," ridacchia, accendendo un interruttore per mostrare un labirinto di capriate in acciaio. "Con tutta questa roba non c'è nessun rischio che crolli..."

LE ASTE DI CHRISTIE'S

Christie's New York
20 Rockefeller Plaza
• www.christies.com/locations/salesrooms/new-york
• 212.636.2000
• Metropolitana linee B, D, F e M / 47-50 Streets - Rockefeller Center

> *Il mondo
> delle aste alla
> portata di tutti*

Con il suo nome prestigioso, Christie's evoca un luogo in cui vengono venduti dei bellissimi articoli rari; è un segreto ben tenuto, ma le aste sono aperte a tutti. Ricchissimo collezionista o semplice spettatore, le ragioni per andarci sono innumerevoli, sia per le curiosità messe in vendita che per le persone che le bramano, le seguono e finiscono per lottare per ottenerle. Perché Christie's mostra anche la realtà implacabile: arte e business sono le due facce della stessa medaglia. Qui, "inestimabile" è valutato in moneta sonante. Gli oggetti proposti vengono prima svelati nelle sale espositive, accompagnati da una stima. Ma non si conosce mai il vero valore di un oggetto prima che l'asta sia conclusa. Controllate il calendario, scegliete un settore che vi interessa - vini pregiati, ceramiche cinesi, dipinti post-impressionisti - e andate a godervi questo spettacolo a metà strada tra una galleria d'arte e il ring di un incontro di pugilato.

"75.000", annuncia il banditore. "Si tratta di un dipinto straordinario, per non dire altro! 75.000", ripete, "Ed ora 78.000, grazie signore! 80.000?" La sala d'aste è sobria: pareti grigie, file di sedie separate da un passaggio. Gli schermi giganti mostrano l'oggetto all'asta, insieme al prezzo in dollari, convertiti nelle più importanti valute estere, che aumenta. Queste somme sono ipnotiche: incarnano il caos umano orchestrato magistralmente dal banditore, la cui esibizione vale il suo peso in oro. Una penna in una mano, un martello nell'altra; quando l'offerta rallenta, si sporge in avanti vivacemente, scrutando il pubblico da sopra i propri occhiali: un misto di familiarità e autorità. Unisce le mani in preghiera. "È la vostra ultima offerta?" chiede. "Sebastian?" Si rivolge a uno degli offerenti al telefono appoggiato al muro. "Offerente in linea, è la vostra ultima offerta?" chiede con un'occhiata al soffitto, dove una telecamera collega la casa d'aste al mondo. Venduto! La sua mano si abbassa: il martello batte e il dubbio svanisce. La somma sullo schermo è diventata fato.

Quando gli è stato chiesto di descrivere ciò che ha visto sul palco, James Hastie, il banditore di Christie's, ha dichiarato: "È molto gratificante, molto piacevole. Non dobbiamo mai dimenticare che la folla ci copre di denaro! Se si amano le persone e ci si lascia trasportare dall'azione, di fronte a una sala gremita, è piacere puro. "

L' AUSTRIAN CULTURAL FORUM

11 East 52nd St
• www.acfny.org
• Tel. 212-319-5300
• Visite organizzate durante la settimana alle 16.00
• Accesso: treni linee E e M/5th Av – 53rd St

24 piani su un blocco largo appena 7,5 metri

La griglia urbana di Manhattan è all'origine di molte sfide architettoniche e uno dei piaceri della città consiste nello scoprire come abili creatori siano riusciti a ricavare delle opere artistiche da questa rigorosa divisione dello spazio. Il Centro culturale austriaco, sulla 52nd St, è l'emblema di un progetto ingegnoso: una torre di 24 piani su una superficie larga appena 7,5 metri. Esistono costruzioni in *brownstones* più larghe di questa; in realtà precedentemente l'Istituto si trovava in una palazzina signorile nello stesso luogo. Questa sorprendente costruzione rese famoso l'architetto Raimund Abraham, nato in Austria: lo storico e critico d'arte Kenneth Frampton dichiarò che il Forum rappresentava «l'opera architettonica moderna più significativa di Manhattan dopo il Seagram Building e il Guggenheim Museum». Curiosamente, quasi nessuno conosce questo capolavoro, a parte gli austriaci e gli esperti di architettura.

«Vengono molti studenti di Raimund Abraham - dice l'impiegato alla reception - ma pochi visitatori». Eppure, quando si varca la soglia, si rimane incantati. Vista dalla strada, la facciata in vetro, acciaio e alluminio fa pensare ad una maschera o a un macchinario (l'architetto diceva che «era un incrocio tra *Blade Runner* e le sculture dell'isola di Pasqua»), ma l'interno è accogliente, persino etereo, con la boiserie in legno chiaro e molti angoli liberi. Alcune tra le idee geniali di Abraham sono tuttavia nascoste tra le pieghe dell'edificio. Una parte della superficie è stata sacrificata per inserire una scala di sicurezza (obbligatoria) che sale fino in cima all'edificio ma che è stata posta nella parte posteriore per lasciare la facciata libera sulla strada. Nel corso della visita, la guida indugia nella sala dei concerti (più di 150 film e concerti all'anno) per permettere al visitatore di ammirare come i pannelli acustici siano in armonia con il legno color miele delle poltroncine e per comprendere come la capacità della sala, circa 75 posti, costituisca un primato in materia di intimità culturale. «Il piano Bösendorfer – spiega la guida – viene dall'Austria. In genere le rifiniture sono in oro ma il pianoforte è stato fatto su misura per noi e i dettagli sono in argento per essere in stile con la sala». Un pianoforte? «Un attimo» dice prima di accendere un interruttore: il ronzio dell'allarme si spegne e dal soffitto si stacca un rettangolo che inizia a scendere lentamente fino a toccare il pavimento. «È lo scomparto in cui c'è un pianoforte nascosto incorporato. Fa sempre un certo effetto» osserva sorridendo.

THE LEVER HOUSE PLAZA

390 Park Avenue
• Tel. 212-421-7027
• Aperto da lunedì a venerdì dalle 7.00 alle 19.00, il sabato dalle 7.00 alle 13.00
• Accesso: treni linee E e M /5th Av – 53rd St

Arte
a blocchi

L a Lever House è sempre stata un'icona: è il primo grattacielo a facciata continua costruito con la tecnica del *curtain wall*, in cui l'esterno poggia su una struttura portante. Recentemente l'edificio è venuto alla ribalta per un altro motivo: è diventato l'inaspettata sede di un museo di arte contemporanea.

Costruito tra il 1950 e il 1952, fu inizialmente la sede della Lever Brothers, fabbricanti inglesi di sapone. Un monolite di 24 piani, brillante come un cristallo, che suscitò la passione per i *curtain wall*: in meno di dieci anni, il miglio di Park Avenue da Grand Central fino alla 59th, luccicava di edifici in vetro. Vincolata nel 1982 e restaurata dalla società immobiliare RHR Holding, la Lever House ha ritrovato lo splendore che aveva 50 anni fa. Con una notevole differenza: oggi lo spiazzo all'esterno è occupato da monumentali sculture e installazioni di grandi artisti.

Tutto ciò lo si deve ad un amico dei proprietari, Richard Marshall, da vent'anni conservatore del Whitney Museum. Agli inizi, la società RHR Holding pensava di utilizzare lo spazio a scopi commerciali, ma il vincolo limitava le possibilità. Marshall allora propose l'idea di uno spazio per mostre temporanee: sulla piazza antistante gli artisti avrebbero presentato le sculture più grandi mentre all'interno, nella hall dalle pareti di vetro, avrebbero trovato posto le altre opere realizzate con metodi vari. Il progetto iniziale si è trasformato in quella che oramai è la politica della Lever House.

Sono state esposte le opere di importanti scultori tra cui Damien Hirst, Keith Haring e Jeff Koons. Gli artisti sono attirati dalla possibilità di esporre le loro opere in un quartiere che nessuno definirebbe «spiacevole», e la RHR Holding si arricchisce nella nebulosa dei cachet. In fin dei conti si tratta però di un servizio pubblico. «Le gallerie organizzano esposizioni per vendere e i musei chiedono di pagare i biglietti d'entrata. – afferma Marshall – Noi non vendiamo niente, non facciamo pagare e siamo aperti tutti i giorni». Quando gli è stato chiesto se le opere esposte non siano un po' troppo per gli impiegati che frequentano la zona (a partire da *Virgin Mother*, una scultura in bronzo di Damien Hirst, alta dieci metri che rappresenta una donna incinta con la pelle a metà staccata), Marshall ha risposto «Sento complimenti e lamentele».

Al 375th di Park Avenue, sull'altro lato della strada, si può andare a visitare un'altra icona dell'architettura funzionale: il Seagram building di 38 piani di Mies van der Rohe, costruito cinque anni dopo la Lever House.

IL SEGRETO DEL CITIGROUP CENTER

601 Lexington Av
• Accesso: treni linee E e M/53rd Av – Lexington; linee 4 e 6 / 51st St

Il grattacielo che avrebbe potuto crollare

Per quasi vent'anni la torre Citigroup ha celato un segreto sulla sua costruzione. Anziché poggiare su una struttura di acciaio, come la maggior parte dei grattacieli, questo edificio sta in piedi grazie a quattro enormi supporti raccordati al centro di ogni lato anziché agli angoli. Da qui deriva il suo aspetto inquietante: pare che ondeggi. Ma non è questo il suo segreto. Dopo la sua edificazione, avvenuta nel 1977, si scoprì che un vento violento avrebbe potuto provocare il crollo di questo edificio di 59 piani. Una storia che mette ancora i brividi a tutti coloro che vivono o lavorano nel quartiere.

William LeMessurier, il brillante ingegnere che progettò la struttura della torre, si rese conto del pericolo quando uno studente dell'università gli chiese come avrebbe reagito la Citigroup Center, appena inaugurata, colpita da un forte vento diagonale o frontale trequarti. LeMessurier trovò la domanda talmente interessante che ne fece l'oggetto di un corso di ingegneria. Fu a questo punto che emerse un difetto strutturale: il progetto era compatibile con i giunti saldati nella struttura ma non con i giunti bullonati utilizzati. LeMessurier concluse che nel caso di un uragano con raffiche superiori ai 115 km/h, l'edificio avrebbe potuto crollare.

Si corse subito ai ripari – intervenendo di notte. Per due mesi, i cannelli delle fiamme ossidriche illuminarono l'interno della torre: le fiamme erano così forti che LeMessurier le notò dal finestrino dell'aereo con cui stava atterrando all'aeroporto LaGuardia. L'intervento rimase segreto fino a quando, nel 1995, un articolo del *New Yorker* encomiò l'equipe che aveva partecipato all'operazione. «L'emergenza del Citigroup Center, -vi si leggeva-, ha prodotto degli eroi». Era infatti il minimo che si potesse sperare, poiché senza questo intervento l'intero quartiere rischiava di venire schiacciato da un grattacielo.

Alcuni impiegati del Citigroup Center sono al corrente della storia ed anche se si sentono al sicuro sono più attenti del solito alle raffiche del vento che scuote particolarmente la torre. «Quando soffia forte – confessa un impiegato che lavora al 52° piano – si sente l'ascensore che striscia sulle pareti dell'immobile che vacilla. Ci si abitua, più o meno. Però …». D'improvviso la porta di un ufficio si apre, non per la corrente d'aria (le finestre sono chiuse), ma per una leggera inclinazione della torre.

IL MAIALE DI SAINT PATRICK

Lady Chapel of Saint Patrick's Cathedral (esterno)
All'angolo tra Madison Av e della 51st St
• www.saintpatrickscathedral.org
• Tel. 212-753-2261
• Accesso: treni linee E e M / 5th Ave – 53rd St; linee B, D, F e M /
Rockefeller Center; linee 4 e 6 / 51st St

***Divertente
e meno
spaventoso***

Provate a chiedere alle gentili signore che accolgono i visitatori all'ingresso se la cattedrale di Saint-Patrick nasconde qualche segreto interessante. Scuoteranno il capo. «No», dice Eileen mentre Marianne indica con il dito il retro della chiesa: «A meno che non vogliate vedere il maiale?»

Il «maiale» è un demone in pietra che si staglia contro il muro esterno della Lady Chapel, nella parte posteriore dell'edificio. La scultura è oggetto di battute scherzose da parte dei preti che possono contemplarla dai loro alloggi al secondo piano del presbiterio, a pochi metri di distanza. Si tratta infatti della prima cosa che vedono quando escono al mattino. Nessuno sa in realtà di cosa si tratti.

Cinque minuti dopo, Marianne accenna con il capo alla scultura, mentre all'esterno il traffico in Madison Avenue è assordante. La creatura in questione non ha l'aspetto di un maiale né di un altro animale terrestre. È un mostro tozzo che si aggrappa alle finestre, le zampe hanno solo tre dita, ha un grosso ventre e un collo a cresta di gallo che sparisce in una fessura del muro.

«Qualcuno ha pensato che si tratti di un ippopotamo» ipotizza monsignor Ritchie che si affaccia insieme a padre Joe alla finestra aperta del presbiterio sopra il marciapiede. «Monsignor Sullivan ci ha visto delle zampe di anatra». Per loro, il maiale è là per divertire la gente. «Quando faccio visitare la cattedrale a qualcuno - afferma padre Joe - gli mostro la scultura. Si tratta comunque di una peculiarità».

Da molto tempo i mostri sono presenti nelle chiese, alcuni vengono direttamente dall'inferno. Ma non è venuto in mente ai preti che l'intenzione iniziale non fosse poi così scherzosa? Che il maiale potesse avere un significato più oscuro? «Uno scherzo» rispondono insieme sorridendo.

E infatti hanno ragione. Fu Charles T. Mathews ad aggiungere successivamente la cappella della Vergine alla chiesa, opera dell'architetto James Renwick. Secondo una vecchia guida della cattedrale, Mathews visse per un certo periodo in Francia e qui si appassionò alle figure grottesche. La sua intenzione iniziale era quella di rappresentare delle figure terrificanti ma l'amministrazione lo convinse a realizzare qualcosa «di più divertente e meno spaventoso». Verso il 1940 le figure grottesche vennero rimosse perché minacciavano di cadere. Rimase solo il «maiale», nel suo comodo angolino.

LA GRIGLIA DI AERAZIONE DELLA METROPOLITANA DI MARILYN MONROE

❿

Angolo sud-ovest di Lexington Avenue e East 52nd Street
• Accesso: treni linee 4 e 6 / 51st St

*Dove
"la Ragazza"
è diventata
una leggenda*

L a metropolitana passa e un soffio d'aria, attraverso la griglia di aerazione, solleva la gonna di Marilyn Monroe. Forse non è la scena più celebre del cinema americano, ma è senz'altro molto nota. Fu realizzata all'angolo tra la Lexington Avenue e la 52nd Street.

Marilyn Monroe fu scelta da subito per recitare in *Quando la moglie è in vacanza*. Nella sceneggiatura del film (e dello spettacolo di Broadway da cui è tratto), il personaggio di Marilyn è descritto semplicemente come «la Ragazza». La storia è semplice: un marito fedele è solo a casa, ma la Ragazza lo fa impazzire. Billy Wilder, regista del film, temeva che il suo lavoro sarebbe stato proibito dalla pudibonda censura di Hollywood. Alla fine fece una concessione fondamentale: a teatro i personaggi finiscono a letto, ma nel film la tensione resta alta. E Marilyn è ancora più desiderabile.

Anche se ai giorni nostri la scena della metropolitana appare alquanto insignificante, ciononostante rimane leggendaria. Il marito fedele (Tom Ewell) e Marilyn escono dal cinema in una serata di caldo torrido. Innocentemente Marylin dice: «Uuuh! Senta il vento della sotterranea! Che delizia». I newyorchesi conoscono già la risposta («No!»). Ma che importa? Siamo al cinema. La scena fu girata il 9 settembre 1954 e fu molto pubblicizzata: quando Marilyn arrivò, nel suo abito plissettato, sul posto erano già accorsi un migliaio di spettatori ed una schiera di fotografi che si facevano largo a gomitate.

Come nel film la vicina del marito è stata semplicemente definita come «la Ragazza», allo stesso modo la carriera cinematografica di Marilyn – e lei stessa – è stata limitata a quel solo istante in cui si vedono apparire le sue gambe nude al passaggio del treno. Quest'immagine è riprodotta su poster, tazze, salvadanai, T-shirt, portachiavi e tappetini per il mouse: nei negozi in 5th Avenue non c'è che l'imbarazzo della scelta. Sono invece rare le persone che vanno sul luogo in cui è stata girata la scena. Il proprietario del ristorante davanti al quale si trova la famosa griglia afferma che quelli che ci vanno rimangono delusi. «Non c'è neppure una targa, nulla.» Steve McClendon, il netturbino che spazza la griglia «venti o trenta volte al giorno», non conosce il film, ma sobbalza quando sente il nome di Marilyn Monroe. Dopo aver sopportato un'imitazione della scena leggendaria, sorridendo, esclama: «Ah, sì, questa la conosco!»

LA THEOSOPHICAL SOCIETY LIBRARY

240 East 53rd St
• www.theosophy-ny.org
• Tel. 212-753-3835
• La biblioteca è aperta lunedì, mercoledì e venerdì dalle 11.00 alle 18.00
e sabato dalle 12.00 alle 17.00
• Accesso: treni linee E e M/Lexington – 53rd St; linee 4 e 6/51st St

> *La capitale dell'occultismo a New York*

Il tratto della 53rd Street, tra la 3rd e la 2nd Avenue, è abbastanza squallido. Ci sono molte bettole (tailandesi, italiane, spagnole, cinesi, indiane), un commerciante di cornici, un parrucchiere, un grande negozio di DVD per soli adulti. Sul lato sud, nascosta, c'è una piccola abitazione color nocciola – biblioteca al primo piano, libreria al piano terra – che è in un certo qual modo la capitale dell'occultismo a New York: la sede della Theosophical Society (Società teosofica).

L'associazione, che si era prefissata l'obiettivo di raggiungere l'«eterna saggezza», fu fondata nel 1875 da una delle personalità più eccentriche della storia della città, Helena Blavatsky. Scrittrice, viaggiatrice, musicista, mistica, percorse le strade del mondo alla ricerca della spiritualità un secolo prima che venisse coniato il termine New Age. Sentì delle voci ed ebbe delle apparizioni, ed avrebbe potuto essere internata se non fosse stata una ricca aristocratica. Quando era ancora adolescente dette scandalo in Inghilterra cavalcando alla maniera dei cosacchi e poi nel corso della sua cerimonia nuziale con un generale russo: giunti al momento del voto coniugale, quando udì il verbo «obbedire», arrossì e mormorò: «Fuori discussione!». Quindi sparì, abbandonando i salotti per esplorare il mondo, sopravvivendo all'esplosione di un traghetto in rotta per l'Egitto, combattendo a fianco dei partigiani per l'unificazione dell'Italia, attraversando le Montagne Rocciose a bordo di un carretto coperto da un telone. Visse a New York, dove diresse un salotto spiritista sulla 47th St (West), «The Lamasery». In seguito si stabilì in India.

Nella casa della 53rd St, un poster di Helena Blavatsky è appeso al muro della scala che porta dalla libreria piena di incensi alla biblioteca della Società teosofica. Il ritratto è famoso: il mento appoggiato all'indice, lo

sguardo così intenso che pare quasi della quinta dimensione. La biblioteca occupa solo una stanza ma il contenuto ignora la nozione di «spazio»: filosofia, reincarnazione, aldilà, consapevolezza, ermetismo, meditazione, misticismo. È aperta a tutti. Sulla prima pagina di ogni volume c'è un'avvertenza che dovrebbe confortare i mistici così come gli scettici: «La Società teosofica non ha dogmi […] Invitiamo il lettore a decidere lui stesso ciò che è realistico, scientifico e obiettivo».

GREENACRE PARK

217 East 51st St
• Tel. 212-838-0528
• Aperto tutti i giorni dalle 8.00 alle 19.45
• Accesso: treni linee E e M/53rd St; linee 4 e 6/51st St

La quintessenza di Manhattan

New York è disseminata di oasi: spazi in cui il passeggiatore può rinunciare per un attimo al ritmo frenetico della città e godersi la pace. Molte oasi sono naturali e più intime di quanto non si pensi: una tromba delle scale, un paio d'alberi. Altre sono frutto di invenzione. Tra queste la più riuscita è Greenacre Park, sulla 51st Street.

L'aspetto più sorprendente è il rifiuto totale della natura: Greenacre non fa nulla per darsi un'aria di campagna. Non si ha l'impressione di essersi allontanati da Manhattan ma di essere giunti in uno spazio in cui sono state condensate tutte le caratteristiche di Manhattan fino alla quintessenza. Geometria, rumore e vita pubblica regnano sovrane; il silenzio ha il sapore della quiete cittadina, energica e autoconsapevole. L'attrazione principale è una cascata alta otto metri, che imita la storia del paesaggio urbano: migliaia di litri di acqua scrosciano fragorosamente su alcuni blocchi scoscesi di granito. L'edera avvolge su entrambi i lati la pietra sottostante, ad angolo retto. Il fragore dell'acqua è un effetto calcolato. Sedetevi con un libro, nella leggera foschia della terrazza più bassa, e non sentirete più la strada a pochi passi: il rumore costante dell'acqua produce una specie di silenzio. L'aria del parco ha anche un odore gradevole e artificiale che ricorda il cloro.

All'epoca in cui John Lindsay era sindaco (s.v. pag. 235), le oasi urbane erano ritenute ufficialmente indispensabili. Molte sono caratterizzate da un'acustica particolare: lo scroscio dell'acqua che maschera il brusio della città si chiama «grey noise» (rumore grigio). Realizzata nel 1971 grazie ai fondi di un ente privato, Greenacre è un'oasi di pace in cui vigono regole precise: non spostare le sedie da una terrazza all'altra, non toccare le piante; proibito fare esercizi fisici e portare animali domestici. Il guardiano, per nulla ipnotizzato dall'effetto dell'acqua della cascata, non esiterà a farsi obbedire.

PALEY PARK: UN CONCETTO IDENTICO

Lo stesso concetto viene espresso a Paley Park, sulla 53rd Street, a solo tre avenue da Greenacre. Uno spazio minimalista in cui è stato concentrato un aspetto di Manhattan. Un semplice muro su cui scorre l'acqua e una fila simmetrica di carrubi lo rendono un luogo elegante. Da vedere la sera, quando una lampada al sodio illumina da dietro la cascata e l'acqua luccica e brilla come polvere d'oro.

IL PIANOFORTE DI COLE PORTER

Waldorf-Astoria
301 Park Avenue
• www.waldorfastoria.com
• Tel. 212-355-3000
• Accesso: treni linee 4 e 6/51ˢᵗ St

> ❝ *Non esiste canzone d'amore più bella*

Nel mezzanino dell'hotel Waldorf-Astoria, sul lato di Park Avenue, c'è un pianoforte Steinway. Il coperchio è fessurato, la vernice scalfita, lo strumento tace: la tastiera è stata chiuse a chiave. Ma, come un'antenna che diffonde onde nostalgiche, il piano emana ancora l'eleganza della New York di un tempo: smoking, abiti da sera, porta-sigarette, cocktail. Era il pianoforte di Cole Porter.

Il compositore si stabilì al Waldorf Towers nel 1934, ma già da tempo, attraverso la sua musica, aveva iniziato a definire New York. Alcune canzoni si ispirano direttamente alla città – *Washington Square, Take Me Back to Manhattan, I Happen to Like New York* –, ma il tono delle sue composizioni pare esprimere soprattutto ciò che la città ha di elegante e romantico: una New York essenziale, senza dettagli.

Fabbricato nel 1907, questo piano a mezza coda in mogano è dotato di gambe in stile Impero e impreziosito di ghirlande e figure reali dipinte a mano. Cole Porter lo donò all'hotel nel 1939, ma lo tenne nella sua suite, incastrato in un altro piano, fino alla sua morte, avvenuta nel 1964. Si può dire che, in un certo modo, lo strumento segnò il destino delle canzoni accompagnate al pianoforte: il compositore raggiunse la gloria mettendo in musica parole intelligenti. Dopo la sua morte, il piano fu trasferito nella Suite reale, un lussuoso appartamento che si estende su tutta la lunghezza dell'isolato della 50ᵗʰ St, all'ultimo piano dell'hotel. In un secondo tempo, fu collocato nel salone di Peacock Alley, dove diffuse, attraverso la hall centrale, una magnifica e classica colonna sonora. Infine fu spostato dove si trova oggi, nel mezzanino, proprio sopra l'entrata principale dell'hotel, in Park Avenue. Ad un certo punto di questo viaggio, fu chiamato il «piano di Cole Porter», e divenne così un pezzo da museo. Per quindici anni, Daryl Sherman, uno dei migliori interpreti della musica di Cole Porter, fece vibrare nel mezzanino le corde del piano. «Non sono io che suono - diceva prima di interpretare *Night and Day* - è il fantasma di Cole Porter seduto su una tavola Ouija». Quando, nel 2007, il Blackstone Group acquistò il Waldorf-Astoria, la signora Sherman fu mandata a casa. Da allora, il piano è spesso chiuso a chiave.

Steinway & Sons propone una copia esatta del pianoforte a mezza coda di Cole Porter, l'High Society.

Nel 2010, era possibile prendere in affitto la suite di Cole Porter al Waldorf Towers (33A) per 140.000 $ al mese.

I RATTI DEL GRAYBAR BUILDING

Lexington Av, tra la 43rd e la 44th St
• Accesso: treni linee 4, 5, 6, 7 e S / Grand Central – 42nd St

> **Ricollocare
> i ratti mancanti**

Spesso erroneamente confuso con un'estensione ad est del Grand Central Terminal, il Graybar Building in Lexington Avenue è un edificio dotato di un'identità propria ed ha una funzione pionieristica. Quando venne realizzata, nel 1927, questa costruzione in mattoni e pietra calcarea, sede della Graybar Electric Company, rappresentava la più grande torre di uffici del mondo. La facciata riprende le geometrie assire che caratterizzano lo stile Art deco degli anni '20 (s.v. pag. 227) e le gigantesche allegorie del Trasporto e della Comunicazione sul lato est le conferiscono un aspetto peculiare. Tuttavia, la caratteristica che rende questo edificio un unicum sono i montanti che sorreggono la tettoia: gli unici ratti architettonici di New York. Passano facilmente inosservati. Furono notati solo nel 1933 quando sul *New Yorker* apparve questo articolo: «…probabilmente gli architetti avranno pensato che avrebbero dovuto aggiungere all'edificio una decorazione che accennasse al mare». Ed ecco i bassorilievi degli albatri che ornano la facciata. Ma gli architetti Sloan & Robertson crearono anche un geniale parallelo tra i supporti delle tettoie e le gomene che i marinai utilizzano per ormeggiare o rimorchiare le navi. I ratti che zampettano sulla facciata del Graybar sono disturbati dai «comignoli» che impediscono ai veri ratti di imbarcarsi clandestinamente sulle navi in porto. Realizzati in ghisa e stilizzati in segmenti angolari, uno stile moderno per gli anni '20 ma che oggi li fa sembrare tanti piccoli robot, questi ratti pare che stiano per combinare qualcosa. Ma non sono gli unici roditori: ogni supporto in ferro è collegato all'edificio con una rosetta a forma di testa di ratto. Agli inizi, il Graybar era un immobile d'avanguardia. Ospitava gli uffici dei giganti della stampa quali *Condé Nast, Vogue* e *Vanity Fair* e delle macchine per scrivere Remington. Con il passare degli anni, l'edificio perse il suo prestigio e, uno a uno, i ratti in ghisa sparirono. Nel 2000, all'epoca del restauro dell'edificio, tra i progetti tecnici apparve la seguente bizzarra istruzione: «Ricollocare i ratti mancanti».

LA GALLERIA DEI SUSSURRI DI GRAND CENTRAL

Grand Central Terminal
87 East 42nd Street
Dining concourse, di fronte all'Oyster Bar & Restaurant
• Sempre aperto

> **Bisbigliare nella confusione**

Nella stazione Grand Central Terminal c'è uno spazio dalle proprietà straordinarie: un soffitto a volte spettacolare sotto il quale è possibile sussurrare qualcosa in un angolo e farsi sentire perfettamente da qualcuno che si trova all'angolo opposto, ad una decina di metri. Il fenomeno è davvero sorprendente perché avviene nel baccano – eco, grida e fischi – della più grande stazione ferroviaria del mondo.

Molti edifici negli Stati Uniti e all'estero sono dotati di quella particolarità architettonica che produce l'effetto della galleria dei sussurri: sono necessari un'elissoide ininterrotta e dei punti di convergenza direttamente opposti. La galleria dei sussurri di Grand Central si trova esattamente di fronte all'Oyster Bar & Restaurant al cui interno, sotto la struttura a volte piastrellate, il personale e la clientela continuano a scoprire dei punti in cui l'acustica è particolarmente buona. Per ottenere l'effetto migliore, parlate davanti al muro, il più possibile vicino alla parete. Accertatevi che il vostro compagno sia nell'angolo diagonalmente opposto. Si dice che sotto la volta il suono sia «telegrafato» e l'espressione è pertinente, la voce che giunge all'orecchio ha una qualità spettrale ed eterea, come trasmessa da un'arcaica tecnologia.

Altra particolarità delle gallerie dei sussurri: sono spesso dei veri e propri colpi di fortuna. I soffitti perfettamente ellissoidali ricoperti di piastrelle non sono certamente quelli che dobbiamo al duro lavoro dell'impresario di origine spagnola, Rafael Guastavino. Questi lasciò Barcellona con suo figlio nel 1881 per installarsi a New York; dove brevettò il «Tile Arch System» (ossia il sistema per la volta piastrellata) con raccordi di piastrelle in terracotta. Le piastrelle presentavano vantaggi strutturali: erano ignifughe e potevano essere applicate direttamente sulla malta lungo le volte e gli archi, senza bisogno di ricorrere a supporti provvisori. Utilizzata da molti anni in Catalogna, questa tecnica era sconosciuta negli Stati Uniti. Guastavino e suo figlio depositarono più di venti brevetti e il loro metodo riscosse un tale successo che i fabbricanti di piastrelle non erano più in grado di soddisfare le richieste.

La piastrella Guastavino è una delle caratteristiche dell'architettura newyorchese degli inizi del XX secolo ed è visibile in decine di importanti edifici: la cattedrale St-John the Divine, il Registry Room (Ufficio di stato civile) ad Ellis Island e la Federal Reserve Bank.

U THANT ISLAND

East River all'altezza della 42nd Street

> **La più piccola isola di Manhattan, uno Stato sovrano**

Al centro dell'East River, all'altezza della 42nd St, c'è un'isoletta coperta di sterpaglie su cui si erge una torre di controllo in metallo per la navigazione. Con una superficie inferiore a mezzo ettaro, U Thant è la più piccola isola di Manhattan, ma la sua storia è interessante.

Agli inizi era solo un affioramento di granito chiamato *Man o' War Reef* («lo scoglio delle navi da guerra») su cui ebbe luogo un'avventura tipicamente newyorchese. Negli anni '30 alcuni adolescenti che tentavano di attraversare a nuoto lo stretto furono costretti dalla corrente a trovare riparo su questo scoglio che la marea minacciava di sommergere. Dall'alto di una torre, un commediografo vide con il cannocchiale l'incidente che si stava verificando: chiamò i soccorsi e i ragazzi, che avevano già l'acqua fino alle ginocchia, furono salvati. Quando fu scavato il primo tunnel Manhattan-Queens sotto lo stretto per realizzare un servizio di tram verso la società Steinway & Sons (s.v. pag. 387), la roccia estratta in seguito allo scavo fu depositata sullo scoglio, che divenne un'isoletta permanente. Fu poi scavato un pozzo di trenta metri per collegare il tunnel dal centro del fiume all'altra sponda. La linea 7 della metropolitana passa attraverso il tunnel sotto l'U Thant Island.

Quando il pozzo fu riempito, l'isola fu dimenticata e divenne rifugio dei cormorani. Nel 1977 una delegazione delle Nazioni Unite, denominata *Peace Meditation*, prese in affitto l'isola dalla città, piantò degli alberi e le diede il nome dell'ex Segretario generale birmano. Per molti anni, gli impiegati di questa delegazione erano gli unici autorizzati a mettervi piede.

Attualmente, l'accesso a U Thant è proibito a tutti. Ma, nell'estate del 2004, ebbe luogo un evento curioso. Durante le elezioni del Presidente del partito repubblicano, l'artista newyorchese Duke Riley raggiunse l'isola a remi alle prime luci dell'alba, issò una bandiera su cui figurava il suo emblema personale – dei gimnoti – e rivendicò la sovranità dell'isola. «Sono attirato da questi ambienti naturali - dichiarò Riley a proposito delle isole di New York - In una delle città più sviluppate del mondo è giusto preservare questi isolotti segreti». Quando i guardacoste espulsero l'artista, non notarono la bandiera che sventolò per giorni sopra la torre di controllo. Come intendeva chiamare la sua minuscola nazione? «In realtà – risponde ridendo – non credo che avessi intenzione di spingermi a tanto».

L'ATRIO DELLA FORD FOUNDATION

320 East 43rd St (l'entrata si trova sulla 42nd Street)
• www.fordfoundation.org
• Tel. 212-573-5000
• Aperto da martedì a domenica dalle 9.30 alle 17.15 (da marzo a ottobre) e dalle 9.30 alle 16.45 (da novembre a febbraio)
• Ingresso gratuito
• Accesso: treni linee 4, 5, 6 e 7 / Grand Central – 42nd St

> *Un pezzo
> di foresta
> tropicale
> sulla 42nd Street*

A New York nessun edificio vanta un'area verde così rigogliosa come quella che circonda la Ford Foundation. L'entrata posteriore conduce ad un atrio alto quanto l'edificio stesso: dodici piani di spazio *en plein air*, delimitati da due muri in vetro.

Sul terreno – sarebbe assurdo chiamarlo pavimento – si trovano terrazze di piante tropicali. Varcata la soglia, si è subito avvolti da una folata di ossigeno e di legno bagnato mentre un pensiero attraversa fugace la mente: *non è quello che mi aspettavo di trovare sulla 42nd Street.*

Le piante non provengono tutte dalla giungla. Lal, uno dei giardinieri, sostiene che c'è un «miscuglio di piante tropicali e di piante delle zone temperate». Come esempio di questa zona vi indicherà subito un pino. Quelle tropicali provengono proprio dai tropici: molte di queste Lal le ha viste nella sua Guyana natale. L'atrio pare un pezzo di terra prelevato da una foresta lontana e umida, ma perfettamente curato: passeggiando su sentieri lastricati si giunge ad una fontana dove si gettano delle monetine e si esprime un desiderio. «Le raccogliamo per l'UNICEF» assicura Eddie, un custode che lavora alla Fondazione da trent'anni. Il momento più bello della giornata, per lui, è verso le dieci del mattino quando i raggi del sole penetrano obliquamente attraverso le finestre.

L'atrio è impressionante e il progetto che sta alla base di quest'opera è ancora più ambizioso. La Ford Foundation, eredità del costruttore di automobili Henry Ford e di suo figlio Edsel, è un ente caritatevole privato che si occupa dei poveri, di istruzione e di giustizia sociale. Gli architetti Kevin Roche e John Dinkeloo hanno capito che il prerequisito morale di tale organismo era la trasparenza. Roche ha pensato che se gli impiegati della Fondazione potevano guardare attraverso l'atrio e constatare maggiormente la presenza dei colleghi si sarebbero tutti sentiti legati da un comune senso di responsabilità. L'idea potrebbe parere opprimente ma non la sua realizzazione (almeno a occhio nudo). Grazie alle finestre luminose, gli uffici, suddivisi sui vari piani con le travi in acciaio a vista, paiono condividere un medesimo scopo con la florida vegetazione sottostante.

IL FRED F. FRENCH BUILDING

551 5th Av, all'altezza della 45th St
• Accesso: treni linea 7 / 5th Av / linea S / Grand Central – 42nd St

> *Babilonia
> sulla 5th Avenue*

Molti immobili Art deco di New York ricordano la Mesopotamia. Una moda che si ispirò alle affascinanti scenografie di *Intolerance*, un film muto di D. W. Griffith (1916). Tuttavia, in seguito ad una legge urbanistica che entrò in vigore nello stesso periodo, alcuni edifici più alti – costruzioni "rientranti" che si innalzano verso il cielo come gigantesche scale - fanno pensare maggiormente alle piramidi dell'età del bronzo. Per constatare gli effetti incontrovertibili del design e della regolamentazione su un capolavoro della Babilonia moderna, bisogna visitare il Fred F. French Building sulla 5th Avenue.

Il primo piano urbanistico degli Stati Uniti entrò in vigore a Manhattan. Questo prevedeva che, dopo una certa altezza, i piani di un edificio dovessero essere rientranti rispetto alla strada, condizione che venne rispettata nella costruzione dei primi immobili. Quando successivamente si passò alle strutture in acciaio, i newyorchesi si chiesero giustamente se i marciapiedi avrebbero ancora visto la luce. Il French Building è un esempio di questa normativa: l'edificio inizia a rientrare a partire dal dodicesimo piano per restringersi sempre di più, fino a che i piani occupano solo il 25% della base. Da questo punto in poi si eleva verso il cielo! Il richiamo al tempio è in parte casuale ma il rivestimento è in puro stile Art deco babilonese. I muri sono di colore ocra profilati di nero; nella parte sommitale, un fregio in ceramica colorata raffigura dei grifoni che fiancheggiano un sole stilizzato.

Ma per apprezzare maggiormente lo stile dell'epoca, bisogna vedere l'entrata. Un radioso omaggio in bronzo alla porta d'Ishtar, la cui decorazione è un «esplicito riferimento a Manhattan come Nuova Babilonia, e al grattacielo come giardino pensile di Nabucodonosor nel deserto» (*New York 1930*; Stern, Gilmartin e Mellins). All'interno, l'atrio, le cui volte sono decorate con animali mitici dorati, conduce a uno dei mezzanini più stupefacenti della città. Lo splendore delle porte laterali in bronzo è esaltato dalle allegorie stilizzate che sembrano essere state direttamente prelevate dalla sala del trono di un re divino.

Il piano urbanistico fu applicato a New York dal 1916 al 1961.

Per un altro esempio dell'architettura babilonese della stessa epoca, si veda pag. 219.

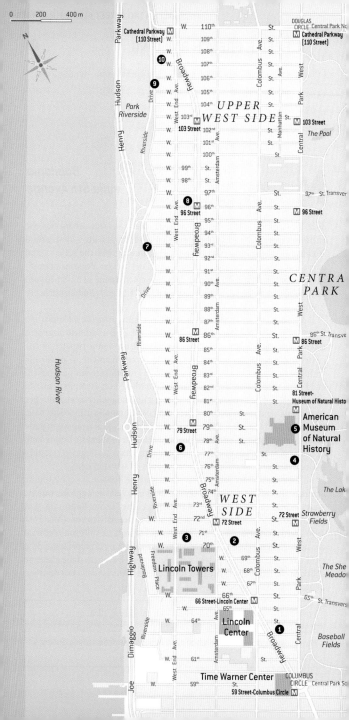

UPPER WEST SIDE:

(59TH - 110TH)

33 WEST 63RD ST

• Accesso: 1, 2 / 66th St. – Lincoln Center; linee 1, A, C, B e D / 59th St. – Columbus Circle

> *Un edificio "dimenticato"*

N ell'Upper West Side, in fondo a un canyon di torri residenziali in vetro e mattoni, s'intravede un piccolo fabbricato. Il n° 33 della 63rd St. (West) è un edificio di cinque piani, fiancheggiato da pietre tutte disuguali, dalla facciata interrotta a zig-zag da una scala metallica di fuga. Un tempo veniva chiamato *tenement* e faceva parte di una schiera di fabbricati addossati gli uni agli altri: su ogni lato, i muri privi di finestre stanno a testimoniare la demolizione di edifici adiacenti. Ma questo è solo uno dei tanti che sorsero nel quartiere alla fine del XIX secolo e che poi si moltiplicarono con l'arrivo della prima metropolitana nel 1904.

Per quale motivo il n° 33 si è isolato in questo modo? Per dispetto. Il proprietario Jehiel R. Elyachar – «uno gnomo curvo e magrolino», come ebbe a dire di lui un vecchio inquilino - si era a tal punto arricchito nel settore edile e immobiliare (secondo alcuni, la sua fortuna ammontava a 100 milioni di dollari) da dedicarsi allo sport preferito dai ricchi brontoloni: l'avarizia. E per quanto verso la fine della sua vita avesse deciso di fare generose donazioni a favore di diverse cause ebree, americane e israeliane (scuole e residenze per gli anziani), finì col morire nel 1989 citato in giudizio dai suoi stessi figli. Quando il promotore Paul Milstein iniziò ad acquistare le proprietà all'angolo tra Broadway e la 63rd St. per costruirvi una torre di appartamenti, Elyachar accettò inizialmente un primo prezzo, ma poi fece una serie di controproposte così indecenti che Milstein capì un po' alla volta che l'affare sarebbe stato un fiasco e persino una truffa. Finì col rassegnarsi e si fece costruire una torre a forma di *elle,* riuscendo così a girare intorno a quell'edificio, che rimase lì dov'era (e dov'è tuttora).

SAN JUAN HILL: UN INTERO QUARTIERE CANCELLATO DALLA MAPPA

Tra la 65th e la 59th St., a est di Amsterdam Av., l'Upper West Side era un tempo occupata da una delle comunità afro-americane più consistenti di New York. Stando a un rapporto di un'associazione di alloggi pubblicato nel 1940, questo quartiere, chiamato San Juan Hill, era considerato il più insalubre della città.

Quando i tenement vennero demoliti per fare posto al Lincoln Center, si dovette trovare un'altra soluzione abitativa per ben 1500 persone, anche se la demolizione venne ritardata per consentire le riprese di alcune scene di strada del film West Side Story.

IF FRATERNAL LOVE
HELD ALL MEN BOUND
HOW BEAUTIFUL
THIS WORLD WOULD BE

The Pythian

THE PYTHIAN   ❷

135 West 70th Street
• Tel. 212-362-1609
• Accesso: treni linee 1, 2 e 3 / 72nd St

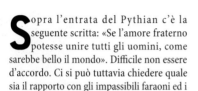

La
fantastica loggia
di un Ordine
dimenticato

Sopra l'entrata del Pythian c'è la seguente scritta: «Se l'amore fraterno potesse unire tutti gli uomini, come sarebbe bello il mondo». Difficile non essere d'accordo. Ci si può tuttavia chiedere quale sia il rapporto con gli impassibili faraoni ed i mostri di Babilonia. Questo curioso edificio è opera dell'architetto Thomas W. Lamb che deve la sua fama alla realizzazione di immense sale cinematografiche negli anni 1910 e 1920 (s.v. pag. 337). Con la stessa spregiudicatezza costruì il Pythian, saccheggiando un'accozzaglia di antichità: grifoni che mostrano i denti, pariglie di tori che sorreggono urne gigantesche, maiuscole con aste doppie e geroglifici dorati. Eretto nel 1926, l'edificio fu usato come sede delle logge newyorchesi dei Cavalieri di Pizia.

Quasi sconosciuti oggi, i Cavalieri di Pizia costituirono la prima confraternita americana riconosciuta da una legge del Congresso. Quest'Ordine promuove la carità e la «pace universale» e può annoverare tra i suoi membri tre presidenti americani tra cui F. D. Roosevelt. All'epoca della costruzione del Pythian, le confraternite erano in piena espansione, con 100 logge solo a New York. Il fondatore dell'Ordine si ispirò alla leggenda dei navigatori greci, Damone e Finzia. Finzia era stato condannato a morte dal tiranno di Siracusa e Damone accettò coraggiosamente di sostituire l'amico per lasciargli il tempo di rientrare in patria a riordinare i suoi affari, con l'accordo che se Finzia non fosse rientrato, Damone sarebbe stato condannato al suo posto. Finzia arrivò di corsa, proprio mentre la scure stava cadendo sul collo di Damone. Il tiranno, impressionato da una tale lealtà, liberò i due uomini che divennero il simbolo dell'amicizia generosa.

I mattoni che decorano il Pythian sono tra i più strani e i più bizzarramente colorati della città, ma sono rari i newyorchesi che lo abbiano visto. Da molto tempo ormai non è più possibile visitare la hall in pietra levigata, il teatro o una delle numerose sale: nel 1983 il Pythian è stato diviso in appartamenti.

Nonostante non abbiano più sede più in questo edificio, i Cavalieri di Pizia non sono per nulla scomparsi: hanno più di 2.000 logge nel mondo.

Quando il numero di membri dell'Ordine diminuì, i Cavalieri di Pizia cedettero in affitto una parte dell'edificio agli studi di registrazione Decca. Fu proprio qui che, nel 1954, Bill Haley e le sue «Comets» registrarono l'indimenticabile successo: Rock Around the Clock.

SEPTUAGESIMO UNO PARK

256 West 71st Street
- www.nycgovparks.org/parks/M282/
- Aperto dall'alba al tramonto
- Accesso: treni linee 1, 2 e 3 / 72nd St

> *Il parco
> più piccolo
> nei cinque quartieri*

Central Park è indubbiamente il parco più grande di Manhattan. Per dare un'idea della sua ampiezza, basta ricordare che nel 1999 alcuni ricercatori hanno scoperto, sotto un tappeto di foglie, una specie di millepiedi completamente sconosciuto agli entomologi. Se preferite spazi più intimi, risalite di tre isolati verso ovest sulla 71st fino a Septuagesimo Uno. Ci si mette meno a traversarlo che a pronunciarne il nome (che significa «settantuno»): con i suoi 200 m² è il parco più piccolo di New York.

La storia di questo curioso giardino in miniatura riflette l'essenza stessa del piano urbanistico di Manhattan. Nel 1811, quando la parte settentrionale dell'isola era ancora disseminata di fattorie, il sindaco, DeWitt Clinton, attuò il suo lungimirante Commissioners' Plan [1], dividendo l'isola sopra la 14th St in una griglia di viali (*avenue*) lungo la direttrice nord-sud e di strade (*street*) sull'asse est-ovest, che oggi diamo per scontata. Malgrado la realizzazione di giardini pubblici (sulla 53rd, 66th, 77th, e 120th Street), a partire dal 1960, l'aumento della popolazione e la costruzione di nuovi immobili iniziò a mettere in pericolo la salute mentale del newyorchese medio.

La situazione migliorò sensibilmente grazie al progetto dei Vest Pocket Park (i parchi tascabili) di John Lindsay, il sindaco dell'epoca. L'iniziativa aveva lo scopo di valorizzare le porzioni di terreno vuoto tra gli edifici, già allora uno a ridosso dell'altro. Septuagesimo Uno occupa quindi lo spazio di un immobile. Forse è l'unico parco a New York ad avere un indirizzo - 256 West 71st Street - ossia l'indirizzo di una casa che nel 1969 fu murata e il cui spazio esiguo è oggi occupato dal parco. Quando i cancelli sono chiusi, la vista è sbarrata dai pannelli della *City of New York Parks & Recreation*. Il regolamento fa sorridere: «Divieto di organizzare spettacoli o riunioni senza autorizzazione» (dove?), «Divieto di bloccare l'accesso al parco » (ve n'è uno solo e se state leggendo il pannello, lo bloccate). Con le sue panchine in legno, le minuscole aiuole ed il suo unico albero, Septuagesimo potrà ospitare solo voi ed un amico, oppure voi ed un libro. Ma di che altro si può mai avere bisogno?

Per gli altri Vest Pocket Parks a Manhattan, s.v. pag. 215.

N.d.T. Il Commissioner's Plan fu adottato nel 1811 per realizzare la lottizzazione di Manhattan tra la 14th Street e Washington Heights. Sulla base di questo piano si sviluppò la griglia urbanistica che conosciamo.

IL RITRATTO DI LORD CORNBURY

New-York Historical Society
170 Central Park West
• www.nyhistory.org • Tel. 212-873-3400
• Aperto da martedì a giovedì dalle 10.00 alle 18.00, venerdì dalle 10.00
alle 20.00 e domenica dalle 11.00 alle 17.00
• Ingresso: adulti $15, più di 65 anni e insegnanti $12, bambini da 7 a 13
anni $5, gratuito per i bambini di meno di 7 anni. Dalle 18.00 alle 20.00
ingresso libero ad offerta
• Accesso: treni linee B e C; 81st St; linea 1/79th St

> *Solo*
> *a New York,*
> *verso il 1720*

L a New-York Historical Society è il più vecchio museo della città: il nome ha persino mantenuto il trattino che aveva all'inizio del XIX secolo. Sulla parete dell'atrio restaurato nel 2011 sono esposti numerosi oggetti: le pistole del duello Burr-Hamilton, uno dei primi sigilli dello Stato di New York, un'incisione su legno dipinto di un capo indiano Sauk e, in un angolo, appeso sotto busti e ritratti, un dipinto che raffigura una donna, incredibilmente poco attraente, con un vestito di seta blu. L'etichetta sul muro conferma che il soggetto è misterioso: «Artista non identificato»; «Donna non identificata, verso il 1700-1725». Gli storici, tuttavia, sanno da molto tempo di chi *potrebbe* trattarsi: il visconte Cornbury, governatore reale delle colonie britanniche di New York, noto travestito.

Sulla cornice dorata c'è scritto: «Si narra che Lord Cornbury, il figlio degenere di Henry, conte di Clarendon, tra le tante sciocchezze, nel corso dei ricevimenti reali organizzati a New York, indossasse abiti da corte femminili per ricevere i principali coloni». Le parole sono tratte da *Lives of the Queens of England* ("Vita delle regine d'Inghilterra"), dello scrittore inglese Agnes Strickland, un'opera del 1850, ma il quadro divertiva la gente già molto tempo prima. Sarebbe stato diverso se Cornbury non fosse stato la personalità più altolocata del Nuovo Mondo o se, alla sua passione per gli abiti femminili, non avesse attribuito una scusa così evidente: «Per rappresentare Sua Maestà [la regina Anna] riteneva indispensabile – scriveva un diplomatico tedesco nel 1714 – vestirsi da donna». Cornbury provava anche l'esigenza di dimenarsi vicino alle finestre, saltellare in abiti di seta sui merli del forte o nascondersi dietro gli alberi da dove «balzava fuori improvvisamente ridendo e spaventando le sue vittime» (alcune tra le sciocchezze per cui era noto).

Patricia Bonomi, biografa del visconte, ha cercato di correggere quest'immagine: secondo lei, «il travestitismo di cui era accusato era verosimilmente una calunnia», un'invenzione dei suoi avversari politici. Non ne fa cenno alcun funzionario britannico, al contrario dei coloni e naturalmente del ritratto. L'Historical Society l'acquistò da una famiglia inglese ma Cornbury era già stato identificato nel 1796.

«ID DAY» AL MUSEO DI STORIA NATURALE ❺

American Museum of Natural History
Central Park West, all'altezza della 79th St
• www.amnh.org; verificare gli orari dell'«ID Day»
• Tel. 212-769-5100
• Tariffe: adulti $16, più di 65 anni e studenti $12, bambini $9
• Accesso: treni linee B e C / 81st St – Museum of Natural History; linea 1 / 79th St

> **Qualsiasi oggetto portato verrà identificato**

Una volta l'anno, all'inizio dell'estate, il Museum of Natural History mette le sue competenze al servizio degli abitanti di New York. L'«ID Day» («La giornata dell'identificazione») si svolge nella grande galleria del primo piano. Intorno al perimetro sono allestiti degli stand dove i visitatori possono portare tutti gli oggetti un po' strani che hanno trovato o comperato e per i quali possono chiedere una perizia professionale. Gli esperti appartengono a diversi campi delle scienze naturali: scienze della Terra e dell'Universo, botanica ed ecologia, antropologia, entomologia, paleontologia, ittiologia, ornitologia… Qualunque sia l'oggetto portato, ci sarà comunque un esperto che spiegherà di che cosa si tratta.

È anche possibile venire a mani vuote. Gli stand sono pieni di manufatti, fossili, piume, conchiglie e minerali: un'intera campionatura della storia naturale che il museo invita a toccare e a conoscere meglio. Non c'è nulla di più divertente che vedere le persone scartare pacchetti contenenti tesori non identificati. «In linea di massima – afferma un esperto nello stand di paleontologia – ci sono tre tipologie di individui. Quelli che hanno fatto una scoperta e sono curiosi di sapere di che cosa si tratta. Sono quelli che preferisco perché sono venuti per imparare. Poi ci sono quelli che hanno acquistato o trovato qualcosa e si sono già informati; a loro devo dire quello che già sanno. E per finire ci sono gli stravaganti». Una volta, un uomo ha portato quello che, a suo dire, era un «nautilus con una conchiglia lunga» che viveva sulla costa paleozoica della futura New York. L'esperto stabilì invece che si trattava del contenuto solidificato di un cannone rivestito di pece. Ad una donna che chiese se il suo pennuto fossile avesse 150 milioni di anni, l'esperto dovette a malincuore rispondere che si trattava della scultura in vetro di un gallo. Ma non è sempre così: una volta si scoprì che un osso era il cranio di un tricheco fossilizzato. I paleontologi erano così contenti che il proprietario lo diede in dono alla collezione permanente.

Nello stand delle scienze della Terra e dell'Universo, un uomo scarta un pacchetto contenente un pezzo di metallo trovato nel Bronx: secondo lui, un meteorite. L'esperto soppesa il pezzo e, mentre il proprietario spalanca gli occhi, per esaminarlo lo strofina con carta abrasiva su un pezzo di ceramica. Aggrotta le sopracciglia. «Le meteoriti sono molto magnetiche – fa notare, applicando una calamita, che cade – Credo che non vi sia nulla da aggiungere».

LE MACINE DELLA COLLEGIATE REFORMED ❻
PROTESTANT DUTCH CHURCH

368 West End Avenue
• www.westendchurch.org
• Tel. 212-787-1566
• L'ufficio della chiesa è aperto durante la settimana dalle 9.00 alle 17.00; messa alla domenica alle 11.00
• Accesso: treni linee 1 e 2/79th St

> *Le più antiche vestigia della colonia newyorchese*

All'estremità ovest della 77th St c'è una chiesa in mattoni in stile fiammingo. All'interno, davanti alla cappella principale sono state collocate, una sopra l'altra, tre grosse pietre rotonde con un foro al centro, tenute insieme da un ferro. Starebbero forse meglio in una stalla ma, dal punto di vista storico, sono pezzi unici: si tratta di macine e indubbiamente le più antiche vestigia della colonia newyorchese.

La West End Collegiate Church non fa nulla per pubblicizzarle perché, come istituzione, non ha nulla da dimostrare. Fondata nel 1696, per decreto della monarchia britannica, questa chiesa è la più vecchia congregazione degli Stati Uniti. Le macine non fanno solo parte di un'eccentrica collezione di materiale coloniale, esse evocano la fondazione stessa della chiesa. I colonizzatori olandesi si stabilirono a New York, che chiamarono Nuova Amsterdam, nel 1624. Vi è una traccia, del 1626, di un certo François Molemaecker, «impiegato alla costruzione di un mulino azionato da cavalli, con una stanza spaziosa al primo piano, ad uso dei fedeli ». Del mulino, che si trovava in Mill Lane (*mill* = mulino), rimane un pezzo lungo un isolato, tra Stone Street e William Street. Alle messe assistevano degli indiani divertiti che riempivano il fienile con il fumo delle loro pipe e delle loro risate con cui intendevano punzecchiare il pignolo pastore Jonas Michaelius. «Per quel che riguarda gli indigeni - scriveva - li trovo selvaggi e bizzarri, estranei ad ogni forma di decenza, volgari e con un cervello da gallina, inclini ad ogni sorta di cattiveria e blasfemia …» Ma, come tutti i primi cronisti, rimase colpito dalla bellezza e dalla naturale ricchezza della Manhattan primordiale.

Queste macine sono più vecchie di New York o di qualsiasi altra città americana. Provengono da una cava in Belgio e furono portate qui dai primi colonizzatori. La congregazione si riunì nel mulino fino al 1633, anno in cui preferì un semplice edificio di Broad Street (scomparso da lungo tempo). A questo indirizzo si insediò successivamente la «Shearith Israël», la prima congregazione ebraica newyorchese. Prima di stabilirsi sulla 70th St, la comunità ebraica disseppellì le vecchie pietre, ne conservò due (nella sinagoga) e ne donò quattro alla Collegiate Church. Una di queste è inserita nel muro del passaggio della Collegiate School, di lato. Le altre tre sono rimaste nel nartece della chiesa.

JOAN OF ARC ISLAND ❼

Riverside Drive, all'altezza della 93rd St
• Accesso: treni linea 1, 2 e 3 / 96th St

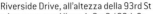

> *La Pulzella d'Orléans a Manhattan*

C'è un luogo a New York dal nome seducente: *Joan of Arc Island* ("l'Isola di Giovanna d'Arco"). Lungi dall'essere un santuario nascosto nel bosco dove alcune fanciulle armate di spada vagano capelli al vento, il luogo è in realtà un'isola pedonale, uno spazio urbano circoscritto da un cordolo, al cui centro si erge la statua equestre di Giovanna d'Arco. Perfettamente in asse con la 93th Street, Giovanna ha lo sguardo rivolto al cielo. Le statue rappresentanti figure femminili sono frequenti a New York, ma si tratta soprattutto di personaggi mitologici o allegorici: quella di Giovanna d'Arco fu la prima ad ispirarsi ad una donna reale. Si tratta anche dell'unica statua di donna a cavallo, come capita spesso quando si tratta di Giovanna d'Arco. Anna Hyatt Huntington, la scultrice, era figlia di un professore di zoologia e un'abile artista animalista. Stabilitasi a Parigi per migliorare la sua tecnica, fu catturata dal fascino della fanciulla guerriera. Decisa a realizzare un'opera in onore di Giovanna, si mise a visitare tutti i luoghi collegati ai momenti fondamentali della vita della pastorella lorenese. Reims possedeva all'epoca una statua di Giovanna d'Arco, opera dello scultore Paul Dubois (una copia a Parigi), che, come quella di A. H. Huntington, ha lo sguardo rivolto verso il cielo. L'artista americana, però, pone maggiormente l'accento sulla spada. «Quando [Giovanna] partì in battaglia – afferma – sollevò inconsciamente la spada verso il cielo affinché il Signore la benedicesse. Questo è ciò che esprime la mia statua». Nel 1910, l'artista presentò il modello in gesso, a grandezza naturale, al Salon de Paris dove ricevette una buona menzione ed uno sbalordimento sessista. Ma la cosa più importante fu che l'opera piacque ad un comitato newyorchese che intendeva realizzare un monumento che celebrasse i 500 anni della nascita della santa. La statua fu inaugurata nella 93rd Street solo tre anni dopo nel 1915: questo ritardo fornì all'opera un dettaglio che la rende unica.

Il piedistallo è composto da pietre che appartenevano a una torre di Rouen in cui Giovanna fu imprigionata, e frammenti della cattedrale di Reims dove Carlo VII fu incoronato grazie al suo aiuto. Le pietre dei grandi monumenti storici francesi furono, ahimè, disponibili solo nel 1915 perché i tedeschi, un anno prima, avevano iniziato a bombardare il paese.

ALTRI FRAMMENTI DELLA CATTEDRALE BOMBARDATA DI REIMS

Anche la chiesa del Corpus Christi, tra la 121st Street (West) e Broadway, possiede dei frammenti della cattedrale bombardata di Reims: alcuni pezzi delle vetrate dell'abside.

IL GIARDINO DEL LOTO

In cima al garage del parcheggio, lato sud della 97th St., tra Broadway e West End Av.
Scala d'entrata, lato est del garage
• www.thelotusgarden.org
• Aperto la domenica dalle 13.00 alle 16.00, da aprile a novembre.
• Entrata gratuita; i membri ($20/anno) ricevono una chiave per accedere al giardino durante la settimana e nelle ore di luce
• Accesso: treni linee 1, 2 e 3 / 96th St.

> *Sospeso sopra alla 97th St*

Al centro della 97th St., c'è un garage con le classiche macchie d'olio, l'odore di benzina e una stretta scalinata sulla sinistra: percorrete quella scala e vi ritroverete in un giardino lussureggiante. Alberi da frutto, arbusti, erbe selvatiche, fiori, vasche con i pesci, sentieri tortuosi: siete nel cosiddetto giardino del loto, l'unico giardino pensile comunitario di New York. «Rigorosamente segreto – afferma il capo giardiniere Pamela Wagner – è facile passargli accanto senza notarlo».

Profondo appena un metro (quel tanto che basta alle radici degli alberi), il giardino è diviso in piccoli appezzamenti privati, come fosse un puzzle. Ciascun proprietario paga una quota annua, e ogni domenica pomeriggio può andare a riposarvisi e ad apprezzare la particolarità di quest'angolo di natura sospesa. I frequentatori sono soprattutto degli *habitué* («Qui qualcuno ci ha scritto pure un romanzo» racconta la signora Wagner), ma il luogo ha il fascino di un rifugio clandestino, dove le piante regalano un effetto di tonificante e sana solitudine.

Una tranquillità conquistata a fatica, e perciò ancora più gradevole. Quest'angolo di verde, in effetti, è stato un tempo teatro di battaglie. Dopo l'incendio di due cinema negli anni Sessanta, gli abitanti del quartiere decisero di recuperare il terreno, ma per restituirlo alla natura. Senza nemmeno chiederne l'autorizzazione, lo ripulirono e iniziarono a mettervi a dimora delle piante. I promotori di questa metamorfosi si chiamavano Carrie Maher e Mark Greenwald: abitavano in una piccola *penthouse* (un attico, insomma) che si affacciava sul terreno incolto. Era l'epoca in cui l'attivismo ecologico era ben di più che il solo fare la spesa in un supermercato *bio*. «C'era un gruppo di nome *Green Guerillas*» - ricorda Carrie - «che riempiva le bocce di Natale di semi di girasole e poi le gettava come granate nei campi abbandonati».

Mentre le forze municipali si contendevano il terreno, questo si riempiva di fiori e di arbusti. Ben presto a difendere la causa intervennero delle associazioni di condomini e alcuni pianificatori. Fu persino creato un comitato, diretto da Carrie e Mark, per convincere il promotore immobiliare che la realizzazione di un giardino avrebbe valorizzato ulteriormente l'edificio che egli intendeva costruire. Questi concesse loro uno spazio di circa 100 m², sospeso verso il cielo, con buona pace di tutti.

SHINRAN

❾

New York Buddhist Church
331–332 Riverside Drive
• www.newyorkbuddhistchurch.org
• Tel. 212-678-0305
• Accesso: treni linea 1 / 103rd St

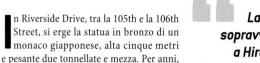

*La statua
sopravvissuta
a Hiroshima*

In Riverside Drive, tra la 105th e la 106th Street, si erge la statua in bronzo di un monaco giapponese, alta cinque metri e pesante due tonnellate e mezza. Per anni, quando le passavano accanto, i bambini avevano l'abitudine di trattenere il fiato. Il timore che il monaco fosse radioattivo si basava su una diceria senza fondamento: la statua era sopravvissuta alla bomba atomica che distrusse il 90% degli immobili di Hiroshima e che provocò 150.000 vittime. A New York ci sono almeno dieci luoghi che possono essere messi in relazione con il *Manhattan Project*: il quartier generale del segreto militare, centri di pianificazione, uffici per lo sfruttamento dell'uranio e impianti per lo stoccaggio dell'uranio. Ma solo questa figura di bronzo evoca il collegamento con la bomba atomica. Donata nel 1955 dall'industriale giapponese Seiichi Hirose, la statua di Shinran, il fondatore della setta buddista Jodo Shinsu, fu inizialmente proposta per la nuova sede delle Nazioni Unite, sull'East River, come simbolo della pace nel mondo. Per mancanza di spazio, le Nazioni Unite dovettero declinare l'offerta. Durante la cerimonia di inaugurazione della statua nella sua attuale collocazione, Hirose fece una semplice dichiarazione: «Mai più Hiroshima». La portata di questo gesto è immensa. La bomba era stata sganciata sulla città dieci anni prima e Shinran era particolarmente importante per i giapponesi e soprattutto per i superstiti di Hiroshima. «La statua si ergeva solitaria in mezzo alle fiamme» dichiarò T. Kenjitsu Nakagaki, ministro del tempio buddista di New York. «Ciò infuse un po' di speranza nella gente». Si dice che i segni rossi ai piedi della statua siano stati prodotti dall'intensità dell'esplosione. Shinran si trovava a circa due chilometri dal punto massimo di radiazione al suolo: nel raggio di un chilometro e mezzo tutto andò distrutto. La statua si salvò perché era circondata da alberi che attutirono la forza d'urto.

UN RADUNO ANNUALE PER LA PACE

Ogni anno, all'alba del 5 agosto, di fronte alla statua ha luogo un raduno per la pace. Una campana suona alle 19h15 e 8h15 per indicare l'ora in cui – il 6 agosto alle 20.15 in Giappone – fu sganciata la bomba.

All'epoca dell'inaugurazione della statua, il 90% dei 60.000 buddisti giapponesi residenti negli Stati Uniti apparteneva alla setta Jodo Shinsu.

IL NICHOLAS ROERICH MUSEUM

319 West 107th Street
• Tel. 212-864-7752
• www.roerich.org
• Aperto da martedì a venerdì dalle 12.00 alle 17.00; il sabato e la domenica dalle 14.00 alle 17.00
• Ingresso libero, le offerte sono gradite
• Accesso: treni linea 1 /110th St

La casa di città di un mistico

I l *brownstone* di 319 West 107th è un omaggio a tre piani al pittore mistico russo Nicholas Roerich. Sulla porta d'entrata si notano solamente una modesta targhetta ed un campanello. Nel vestibolo forse non ci sarà nessuno ad accogliere il visitatore. Forse si sentiranno le note di un pianoforte al secondo piano o si incontrerà qualcuno che scende silenziosamente le scale di legno; è comunque più probabile che non ci sia nessuno.

Il museo è particolarmente intimo. Tale è il desiderio del direttore, Daniel Entin («Fate ciò che volete. Rimanete quanto vi pare»), un gentleman discreto, con la barba bianca ed occhi brillanti che tradiscono risorse nascoste. Abita al piano terra del museo che dirige da trent'anni. Se amate chiacchierare, verrete accompagnati e fatti sedere in cucina. Il direttore racconterà tutto ciò che sa di Nicholas Roerich, ossia tutto. Non vi chiederà il motivo per cui siete venuti a visitare il museo. "Solo un certo tipo di persone è sensibile alla pittura di Roerich – afferma – Vi è qualcosa in essa che cattura le persone che ne rimangono conquistate. Gli altri se ne infischiano». Il direttore pare essere a suo agio con entrambi.

Nel museo sono esposte 200 opere di Roerich, ma il fatto che sia un grande pittore non ha nulla a che vedere con il museo che è più un centro spirituale che una collezione di opere d'arte. Nel 1919 Nicholas Roerich s'interessò alla filosofia orientale quando contribuì alla realizzazione del primo tempio tibetano al di fuori dell'Asia, a San Pietroburgo. La sua vita si sviluppò quindi intorno a questi due centri d'interesse sovrapposti: il buddismo e l'unità degli uomini realizzata tramite l'arte. Aveva già degli adepti in Russia quando la rivoluzione lo costrinse all'esilio negli Stati Uniti. Dopo aver occupato diversi edifici, sempre alla ricerca di spazio, fece erigere un vasto complesso all'angolo tra Riverside e West 103rd, con scuole per tutti i campi dell'arte, residenze per insegnanti e studenti e spazi espositivi. L'immobile è ancora in piedi, ma la scuola è sparita in seguito alla grande crisi del 1929. Poco dopo la morte dell'artista, avvenuta nel 1947, non lontano da questo luogo, sulla West 107th Street venne fondato il Nicholas Roerich Museum.

Le pitture che ricoprono i muri di questo elegante *brownstone* sono allegorie dai colori sgargianti e paesaggi che illustrano le spedizioni di Roerich in Tibet. Gli ammiratori vengono da paesi lontani, alla ricerca di un legame spirituale, ma Entin è più commosso dai visitatori casuali. «Molti di loro restano solo un paio di minuti. Poi, improvvisamente, ne arriva uno che scoppia in lacrime».

LE MORTI IN STRADA

Gran parte della vita newyorchese è pubblica. È facile immaginare quindi che anche la città abbia la sua dose di morti pubbliche. Ecco quattro casi di persone che trascorsero l'ultimo istante della loro vita – e anche il più intimo - in strada.

John Lennon

Entrata principale del Dakota Building, 72nd St. e Central Park West.

Nel corso di un'intervista rilasciata nel 1980, John Lennon descrisse così la sua vita newyorchese: «Posso finalmente uscire di casa per andare al ristorante. Vi sembrerà forse banale, così come andare al cinema. È pur vero che c'è sempre qualcuno che ti ferma per chiederti un autografo o dirti "ciao", ma almeno non ti rompono le scatole». L'otto dicembre dello stesso anno, Lennon e la moglie Yoko Ono stavano scendendo da una limousine e attraversando il marciapiede del Dakota Building dove abitavano, quando Lennon fu colpito alla schiena da quattro proiettili. Il suo assassino, Mark Chapman, gli aveva chiesto qualche ora prima un autografo, proprio in quello stesso punto della strada.

Max Beckmann

61st St. e Central Park West.

I nazisti dichiararono che il pittore Max Beckmann era un «artista degenere» e fu così che divenne nomade. Fuggì a Saint-Louis (Missouri), poi ad Amsterdam e nel 1949 si stabilì a New York, la sua ultima residenza. Aveva una salute precaria. «Il mio tempo è scaduto da molto» scrisse nel suo diario durante un viaggio in treno. Beckmann tenne duro ancora un anno. Povero ma celebre, insegnava alla Brooklyn Museum Art School per pagarsi le bollette, mentre le sue opere più recenti venivano esposte al Metropolitan Museum. Quel giorno era appena uscito dal suo appartamento per attraversare Central Park e andare a vederne una (Self-Portrait in Blue Jacket), quando crollò sul marciapiede morendo d'infarto.

Eli Black

Sovrappasso di Northbound Park Av., all'altezza del MetLife Building (ex-Pan Am Building).

Alle otto di mattina del 3 febbraio 1975, Eli Black - allora presidente di un consorzio di imprese del valore di due miliardi di dollari di nome United Brands Company (in seguito ribattezzata Chiquita Brands International) - utilizzò il suo badge per fare un foro nel vetro sigillato del suo ufficio, al 44° piano del Pan Am Building. Raccolse i vetri perché, come stabilì l'inchiesta, «temeva di tagliarsi» e poi saltò nel vuoto attraverso il foro, andando a schiantarsi sulla passerella sottostante di Park Avenue. Le indagini stabilirono che egli, depresso e sfinito, aveva preferito il suicidio alla prospettiva di un processo per aver versato 2,5 milioni di dollari in mazzette al Presidente dell'Honduras affinché costui riducesse i dazi doganali sull'esportazione delle banane. I traffici illegali di Chiquita nei paesi produttori di banane erano così famosi che la società venne chiamata El Pulpo («la Piovra»).

Billy the Kid - All'angolo tra Pearl St. e Madison St.

Il Times del 10 settembre 1876 titolava a caratteri cubitali: «Two companions quarrel and one stabs and kills the other» ("due amici litigano e uno colpisce l'altro e l'uccide"). La vittima era un fabbricante di spazzole, si chiamava Thomas Moore e aveva diciannove anni. Il suo assassino aveva solo diciassette anni e si chiamava William McCarty. Stavano bevendo un bicchiere in un bar all'angolo di Pearl St. e Hague St. (all'incirca dove si trova oggi il liceo Murray-Bergtraum) quando iniziarono a litigare e poi a prendersi a botte. A un certo punto McCarty estrasse un «temperino a lama larga per pugnalare il suo avversario. La punta della lama sfregiò Moore sotto l'occhio sinistro, deviò verso il basso e gli penetrò la gola, aprendo una terribile ferita dalla quale uscì moltissimo sangue». Termina così la descrizione del primo assassinio della carriera del fuorilegge McCarty, al quale verrà assegnato in seguito il soprannome di Billy the Kid.

UPPER EAST SIDE
E CENTRAL PARK

I MASSI ERRATICI DELL'ERA GLACIALE

Central Park
Questi blocchi si trovano ovunque nel parco. Quello riprodotto nella fotografia si erge a 50 metri a sud della giostra (in mezzo al parco, all'altezza della 64th St)
• Aperto dall'alba all'una di notte

> ## Vagabondi geologici a Central Park

Il fascino naturale di Central Park risulta ancora più impressionante nella misura in cui è per la maggior parte artificiale. Gli alberi sono stati piantati e sono curati con molta attenzione, le colline sono state modellate, il flusso del ruscello che attraversa la collina alberata del Ramale può essere regolato come un rubinetto. Ma è soprattutto a livello del substrato roccioso che il parco è notevole. I geologi amano questo luogo: i ghiacciai hanno lentamente raschiato e levigato la terra fino allo strato di scisto – lo scheletro di Manhattan – prima di sciogliersi e lasciare delle cicatrici che raccontano la storia del profondo passato. Sul posto sono rimaste delle rocce curiose: sollevate dal ghiaccio, sono ruzzolate e sono state trasportate per chilometri. Sono i «massi erratici dell'era glaciale».

Il termine «erratico» deriva dal latino *errare*, che significa «vagare». Basta un colpo d'occhio per rendersi conto che questi blocchi dell'era glaciale vengono da lontano: non hanno nulla in comune con la roccia su cui riposano. Il lato sud della Sheep Meadow ne mostra alcuni, allineati: sepolti sotto molteplici strati di terra, molti di questi non si sono probabilmente mai mossi, dopo che il ghiaccio, migliaia di anni fa, li ha trasportati fin qui. I più desolati si trovano vicino ai campi di gioco di Heckscher; tra questi un mastodonte alto 2,5 metri, abbarbicato in cima al substrato roccioso, a sud della giostra.

«Si tratta di gneiss di Yonkers» afferma il professor Charles Merguerian, direttore del dipartimento di geologia della Hofstra University, specialista del passato roccioso di Central Park. Egli spiega come i massi erratici siano strumenti di precisione: paragonando la composizione delle rocce ad un lontano substrato roccioso, si può determinare il punto in cui questo è stato strappato dal ghiacciaio itinerante. «Prendete una cartina, segnate con un punto il luogo in cui i massi si sono fermati e con un altro il luogo da cui sono partiti. Tracciate una linea tra i due punti e otterrete la direzione della deriva del ghiacciaio».

Anche i segni dell'erosione nel substrato roccioso indicano l'itinerario del ghiacciaio. Ce ne sono un po' ovunque nel parco e sono quasi tutti sull'asse nord-sud. Laddove i massi erratici sono arrivati ad adagiarsi sul substrato roccioso, si ha una visione globale: deposito ed erosione, i due effetti della glaciazione. Il professor Merguerian osserva che alcuni massi si devono essere leggermente spostati, da quando esiste il parco, ma è allettante immaginare l'istante in cui, circa 12.000 anni fa, la roccia sospesa da un'eternità è improvvisamente sprofondata nell'ultimo strato di ghiaccio sciolto, urtando il suolo con un semplice *pluff*!

CERVELLI FINI CONTRO CERVELLI PICCOLI A ❷ CENTRAL PARK

La statua di Shakespeare si trova in cima al Mall (dove East Drive incontra Center Drive, all'altezza della 66th St); l'Indian Hunter è a un centinaio di metri ad ovest (verso Sheep Meadow)
• Aperto dall'alba all'una di notte

Shakespeare contro l'Indiano

All'entrata del Mall, a Central Park, ci sono due statue – Shakespeare e un Indiano – che rappresentano appropriatamente una delle nozioni più strampalate della storia. Nel XIX secolo, a New York, la frenologia, la «scienza» che determina il carattere e la personalità di un individuo in funzione della forma del cranio, godeva di un enorme successo. Sfruttando questa teoria, due intraprendenti ciarlatani, i fratelli Fowler, il cui ufficio si trovava in Nassau Street, si arricchirono fornendo consulenze, organizzando corsi e pubblicando di libri e riviste. Tra i loro adepti figuravano Edgar Allan Poe e Walt Whitman (forse perché i due fratelli gli avevano detto che la forma bitorzoluta del suo cranio era indice di un "bernoccolo" per la voluttà). William Cullen Bryant, che all'epoca era l'uomo più influente di New York, teneva in tale considerazione la frenologia tanto da farne il fulcro del suo discorso di inaugurazione della statua di Shakespeare di John Quincy Adams Ward, nella primavera del 1872.

«Consultate i frenologi di oggi - dichiarò Bryant alla folla che ammirava il nuovo Shakespeare in bronzo - Vi mostreranno i segni visibili della sua sconfinata invenzione, della sua compassione universale, dei suoi nobili ideali, del suo spirito, del suo umorismo …» *Segni visibili*. Bryant, da cui prese il nome Bryant Park, era poeta, capo redattore, editore e patrocinatore generale del bene pubblico. Il fatto che quest'uomo rispettabile e colto abbia potuto credere che il genio di Shakespeare fosse scritto nella "nobile espressione del suo volto" mostra a che punto questa pseudoscienza fosse ben ancorata nella società.

Mentre Bryant teneva questo discorso, a poche centinaia di passi, verso ovest, un'altra statua, dello stesso Ward, se ne stava rannicchiata, quasi a nascondersi: l'*Indian Hunter*. Per quest'opera, l'artista si ispirò ad alcuni disegni realizzati nel sud Dakota e fu molto elogiato per la precisione con cui aveva disegnato dei «tipi di fisionomia autoctona». Il contrasto con la testa liscia di Shakespeare, a forma d'uovo, non poteva essere più evidente. La fronte dell'Indiano è così bassa che pare abbia un cespuglio come copricapo.

Al giorno d'oggi è poco probabile che esaminiamo la fronte di una persona per saggiarne l'intelligenza, ma la frenologia perdura nel linguaggio. Se osservate le due statue, troverete l'origine dei termini inglesi *high brow* (fronte alta = cervello fino) e *low brow* (fronte bassa = cervello piccolo).

GLI OLMI DI CENTRAL PARK ❸

The Mall (dall'incrocio di East Drive e Center Drive all'altezza della 66th St, fino a Bethesda Terrace)
• Aperto dall'alba all'una di notte

> *Gli alberi più sorvegliati al mondo*

Ci sono più di 25.000 alberi a Central Park, di circa 150 specie diverse. Quelli che affiancano il Mall – l'ampio viale che conduce a Bethesda Terrace – sono olmi americani (*Ulmus americana*). Il tunnel di fogliame che formano è una delle immagini preferite di New York, stereotipi come quelle dell'Empire State Building o del ponte di Brooklyn, ma questi olmi richiedono cure costanti perché sono continuamente minacciati.

Il Mall è stato progettato come i viali dei parchi geometrici francesi. Questa linea dritta rappresenta un'eccezione nel progetto degli architetti del parco, Frederick Law Olmsted e Calvert Vaux, che prevedeva tornanti e curve sinuose. Fin dagli inizi la specie scelta per il Mall fu l'olmo americano, una preferenza che, secondo l'amministrazione del parco, «caratterizza quasi tutte le strade principali e i campus universitari del paese nel XIX secolo». Il terreno non fu ritenuto adatto alla piantumazione di alberi di grandi dimensioni, tuttavia l'imprenditore, con un gesto che oggi parrebbe di cattivo auspicio, giurò che se gli alberi non fossero sopravvissuti per tre anni, avrebbe rimborsato il suo onorario. Un anno dopo, gli alberi erano quasi tutti morti. Fu quindi deciso di piantare una seconda serie di alberi più piccoli, che resistettero fino agli inizi del XX secolo ma che alla fine morirono, uno dopo l'altro.

La maggior parte degli olmi del Mall risale al 1920. A quell'epoca, un biologo olandese identificò un fungo parassita, la cui diffusione è facilitata dai coleotteri, che venne chiamato la malattia olandese dell'olmo. Questo fungo non tardò ad attraversare l'Atlantico e iniziò la devastazione. Quasi tutti gli olmi di New York furono decimati; è per questo motivo che quelli del Mall di Central Park sono considerati il miglior assortimento di olmi del paese.

Nessuno è più consapevole di Neil Calvanese, vice-presidente e responsabile delle operazioni del Central Park Conservancy. «Si può risolvere il problema dei coleotteri - dichiara - anche quello dei funghi. Ma quello dei funghi trasportati dai coleotteri? È una marchingegno specifico per uccidere gli olmi!» Da quando il Central Park Conservancy ha iniziato ad occuparsi del parco, nel 1998, gli olmi sono diventati una delle priorità. Gli alberi vengono controllati attentamente per individuare eventuali sintomi di malattie, i rami trattati con estrema cura ed alcune piante sradicate per evitare la diffusione di una malattia. Secondo Calvanese, il costo di questa politica di prevenzione ammonta a milioni di dollari. Gli olmi di Central Park sono probabilmente gli alberi più sorvegliati al mondo.

LA STREGA DI BETHESDA TERRACE ❹

Central Park
In capo a Bethesda Terrace, in cima alla scale centrale
• Aperto dall'alba all'una di notte

*Vita
notturna*

È così suggestivo vedere Bethesda Terrace nel suo insieme – la fontana, il lago, le barche e il boschetto – che è forse normale che di primo acchito ci sfuggano alcuni raffinati dettagli. La pietra dell'intera terrazza è ornata di insolite sculture che, secondo i primi critici di Central Park, costituiscono la più ricca collezione degli Stati Uniti: opere astratte, figurative e talvolta un sottile contrasto tra i due stili. Il dettaglio più curioso è una maliziosa composizione che decora uno dei due imponenti pilastri posti in cima alla scalinata: una strega sulla scopa, una zucca di Halloween e una mezzaluna.

L'autore di questa scultura è Jacob Wrey Mould, un immigrato inglese con la fama di essere un mago pazzo. Quando, nel 1868, la realizzazione del parco stava per essere portata a termine, la rivista britannica *The Builder* definì l'artista «brillante, dotato, creativo ed eccentrico». Una descrizione azzeccata per un artista che, dopo aver progettato, per la parte inferiore della terrazza, degli arabeschi strappalacrime e una gran quantità di uccelli, completava l'opera con la scultura di una strega. «È un artista che si diletta – osservava Clarence Cook in una delle prime descrizioni del parco – gli è più facile inventare ogni volta un nuovo disegno che copiarne uno fatto precedentemente». Per capire che cosa intendesse il critico, è sufficiente esaminare le decorazioni dei montanti e i medaglioni sulla balaustra. L'effetto dei disegni intrecciati si ispira allo stile islamico, di cui Mould era esperto. Le balaustre, con le piante e gli uccelli svolazzanti, rappresentano le quattro stagioni. Nella parte superiore, sull'altro lato del viale (ribattezzato Olmsted & Vaux Way in onore dei creatori del parco), ci sono due pilastri in pietra: la strega si trova sul lato ovest del pilastro occidentale.

L'ovest è infatti la direzione del tramonto e le scene scolpite raccontano i vari momenti della giornata: sull'altro lato (lato est del pilastro orientale), il tema della strega è rappresentato da un sole nascente sull'oceano. Alcuni sostengono che, utilizzando la strega e la zucca, simboli di Halloween, Mould volesse offendere oppure onorare gli irlandesi che avevano importato la tradizione in città; forse voleva semplicemente divertirsi. Come rappresentare la notte – quando tutto è nero e invisibile? D. H. Lawrence diceva che gli uccelli sono la vita dei cieli; allora la strega è la vita notturna.

KENTUCKY COFFEE TREES ⑤

«Ramble» all'altezza della 76th St; risalire su East Drive dal «Loeb Boathouse», svoltare a sinistra alla pantera in bronzo e fare cinquanta passi verso ovest
• Aperto dall'alba all'una di notte

Lo spuntino dei mastodonti

A Central Park ci sono dei vecchi alberi talmente velenosi che persino gli insetti se ne stanno alla larga! I baccelli coriacei rimangono sospesi ai rami senza che nessuno li tocchi fino all'inverno. Le persone non fanno caso ai semi che cadono a terra, a parte i paleontologi come Carl Mehling, che lavora all'American Museum of Natural History. «Mi chiedo a chi potrebbe interessare», dice raccogliendo da terra una specie di pasta di vetro nera. Conosce la risposta: un mastodonte.

La dispersione dei semi è fondamentale per la sopravvivenza delle piante. Alcuni semi volano su ali filamentose, altri sfruttano la sbadataggine degli scoiattoli e la maggior parte va matta per il concime. In un articolo del 1982, Daniel Janzen, biologo, e Paul Martin, specialista in scienza della terra, sollevarono un dubbio enigmatico: perché i frutti di alcune piante non vengono toccati e hanno gusci troppo duri e semi troppo grossi per essere mangiati dagli animali? Si ipotizzava che le piante, la cui «sindrome da dispersione» era inefficace, non si fossero per nulla evolute. Secondo Janzen e Martin, invece, queste si erano magnificamente sviluppate ma i mastodonti, per la cui alimentazione erano state programmate, si erano estinti da 12.000 anni.

Questa teoria è spiegata in *The Ghosts of Evolution* (Connie Barlow) che colloca l'albero del caffè del Kentucky nella minuscola categoria dei «grandissimi anacronismi»: le piante non hanno più posto nell'ecosistema. Fin dalla fine del Pleistocene, per la continuazione della specie, queste contavano sulle inondazioni o sugli animali che le divoravano. Mehling cerca nell'erba un baccello, lo rompe e lo apre: all'interno, alcuni semi scintillano in una sostanza ricca di energia simile a gomma verde. «Energetica come il cioccolato o le banane». È lo spuntino dei mastodonti. «Per fare in modo che questi semi germoglino, -continua Mehling-, bisogna inciderli come avrebbero fatto i denti dei ghiotti mostri del Pleistocene, altrimenti rimangono duri come marmo».

Il fatto che li si trovi a Central Park avvalora la remota presenza dei mastodonti a Manhattan? «All'angolo tra Broadway e Dyckman» precisa Mehling mentre, nella sala dei fossili del museo, mostra un mascellare inferiore della dimensione di un piatto. Sono state trovate decine di fossili di mastodonte a New York, di cui due a Manhattan. «Guardate un attimo questi denti» fa cenno Mehling. Ogni dente ha striature profonde ed è più grosso di un pugno.

LA RAMPA SOTTO LA ROCCIA

Central Park
79th Street Transverse, di fronte al Castello del Belvedere
Parco aperto dall'alba all'1.00; tunnel sempre aperto al traffico

Un nuovo sguardo su un'impresa

L'illusione della natura "selvaggia" a Central Park ha sempre suscitato ammirazione. Una di queste prodezze urbanistiche è caduta nell'oblio: la gestione del traffico pedonale e automobilistico (e trainato da cavalli) attraverso il parco. Come integrare un blocco di verde di 341 ettari in piena metropoli? Era un problema, specialmente all'altezza del Castello del Belvedere, sul suo promontorio scistoso chiamato Vista Rock. Frederick Law Olmsted e Calvert Vaux probabilmente rivoluzionarono la progettazione di Central Park grazie a una soluzione ispirata: far passare gli assi trasversali sotto il parco. È possibile (ed è consigliabile) attraversare tutto il parco senza notare che le principali arterie della città corrono sotto i nostri piedi. Nel 1860, i primi visitatori furono sbalorditi dalla disposizione del parco: nessuno aveva mai visto il traffico se non sul proprio stesso piano.

Oggi, siamo così abituati alle corsie veloci e alle rampe di accesso in mezzo alla città che un traffico veicolato su più livelli non ha nulla di sorprendente. Ma il parco mostra le sfide tecniche del 1850 da un altro punto di vista. All'altezza di Vista Rock, il sentiero si dirama a destra a 50 metri a est delle rocce, sembra verso il nulla. Prendete il sentiero. Scendete la scalea di pietra: emergerete vicino alla strada trasversale della 79a strada, dove i veicoli ruggiscono costantemente da est a ovest. Olmsted e Vaux avevano previsto questo traffico, ma immaginavano la rampa piena di "carri di carbone e carne, segatura e sterco". È difficile da credere oggi, ma venire sotto il promontorio per ammirare il tunnel scavato nello scisto era una delle attività preferite dei primi visitatori del parco. Nel 1869, Clarence Cook descrisse il tunnel con sospettosa sfiducia di fronte a tanta novità: "Dopo un esame rigoroso, il soffitto sembra solido". La roccia scavata divenne così popolare che pochi anni dopo la fine dei lavori del parco fu aggiunta la scala per consentire di guardarla più da vicino.

Il tunnel fu scavato con polvere da sparo. La dinamite non esisteva ancora.

LA STATUA EQUESTRE DEL RE JAGELLONE

Central Park, angolo sud-est della Great Lawn, all'altezza della 80th Street
• Aperto dall'alba all'una di notte
• Accesso: treni linee A, B e C / 81th St – Museum of Natural History; attraversare il parco

> *Un re medievale deposto dalla Seconda Guerra Mondiale*

Le statue di Central Park hanno poco a che fare con la città, ma questo non ha importanza. Ci sono poeti, esploratori, un cane eroico, un Beethoven. New York ama la diversità: c'è posto per tutti.

È tuttavia difficile passeggiare fischiettando nel parco senza trasalire alla vista di questo polacco sanguinario. In groppa a uno scalpitante cavallo da battaglia, armato di due spade sfoderate, incrociate sopra la corona (e una terza alla cintura), il re Ladislao II Jagellone lancia uno sguardo truce sulla Great Lawn.

Bisogna risalire all'Esposizione Universale di New York del 1939, spesso considerata l'ultimo rigurgito di innocenza prima che il pianeta venisse messo a ferro e fuoco: le prime stazioni televisive annunciavano una nuova era di comunicazione, la Società delle Nazioni decantava l'armonia tra gli uomini e la gente si metteva in coda per vedere un robot che fumava sigarette. Gli organizzatori del padiglione polacco sorpresero il pubblico quando installarono la statua del re Jagellone. Questa commemorava la battaglia di Grunwald, nel 1410, quando Jagellone si alleò al granduca di Lituania contro gli invasori dell'Ordine Teutonico. La tradizione vuole che, alla vigilia della battaglia, il comandante tedesco avesse fatto pervenire al re polacco due spade sfoderate ed un messaggio in cui gli diceva che se fosse stato un uomo avrebbe saputo che cosa fare. L'indomani i tedeschi subirono una bruciante sconfitta.

Questa battaglia rappresenta la più grande vittoria della Polonia.

Lo scultore Stanislaw Ostrowski ci mise molti anni per realizzare questo monumento e la decisione di farne l'opera principale del padiglione polacco nel 1939, mentre i nazisti cercavano un motivo qualsiasi per attaccare il paese, fu prova di grande coraggio. L'Esposizione fu inaugurata ufficialmente in primavera ed il 1° settembre i nazisti lanciarono un'offensiva coordinata che cancellò letteralmente la Polonia dalla carta geografica. La statua protese simbolicamente il dito medio per quattro mesi soltanto e poi il re leggendario, gli operai e gli organizzatori del padiglione si ritrovarono senza patria.

La maggior parte rimase a New York, a cominciare da Ostrowski. Fiorello La Guardia, il generoso sindaco, si dette da fare per salvare la statua ed il governo polacco in esilio l'offrì nel 1945 alla città di New York. Da allora il re non si è più mosso, eternamente vittorioso.

LA STATUA IN GRANITO DI ALEXANDER HAMILTON

(8)

Central Park
- www.nycgovparks.org/parks/centralpark/highlights/11942
- Sul lato ovest di East Drive all'altezza della 83rd Str., dietro il Metropolitan Museum.
- Aperto dall'alba all'una di notte

Un ricordo del grande incendio

Il fuoco ha rappresentato da sempre una minaccia per la città di New York, e in particolar modo prima del 1842, quando venne installato il sistema principale di distribuzione delle acque (vedere pagina 68).
Le ultime vestigia del periodo olandese vennero un po' alla volta cancellate da una serie di eventi calamitosi verificatisi nel XIX secolo e il Grande Incendio del 1835, in un colpo solo, distrusse più immobili di qualsiasi altra calamità che abbia segnato la storia di questa città. A Central Park, la statua di Alexander Hamilton commemora in modo insolito questa sciagura.

Tutto ebbe inizio, in una gelida notte di dicembre, con un'esplosione di gas avvenuta in una merceria sull'attuale Beaver Street. In poco tempo, il vento sibilante propagò le fiamme mentre la gente formava vere catene umane per passarsi i secchi di acqua e i pompieri tentavano di rompere il ghiaccio nei pozzi. L'acqua nei tubi era gelata, e ne uscivano talvolta schegge di ghiaccio taglienti. L'incendio si propagò rapidamente fino all'edificio del Merchants Exchange, in Wall Street. Al suo interno si trovava la prima scultura di marmo mai realizzata negli Stati Uniti: una statua di Alexander Hamilton alta cinque metri, opera dello scultore Robert Ball Hughes. Questo grande monumento, noto per essere la più bella statua del paese, raffigurava Hamilton avvolto in una toga classica, collocato al centro della grande rotonda dell'edificio.

Eludendo le fiamme, alcuni marinai si precipitarono dentro per salvare la statua; riuscirono a sollevarla dal piedistallo, ma nel momento stesso in cui tentarono di trasportarla fuori, il pavimento crollò e furono costretti a scappare. «L'artista contemplò la scena sopraffatto dalla disperazione», si lesse più tardi in un resoconto. «E quando l'opera preferita del suo genio, alla cui realizzazione aveva dedicato due lunghi anni di lavoro, crollò sotto

le macerie, egli scoppiò in singhiozzi come un bambino».

Un modello ridotto di questa statua è visibile oggi al Museo Civico di New York. Quella in Central Park, opera di Carl Conrad, fu commissionata dall'ultimogenito di Alexander Hamilton, John Church Hamilton. È scolpita nel granito: un materiale utilizzato raramente per le statue pubbliche. Si sostiene che Church abbia scelto questo materiale duraturo perché il monumento dedicato al padre potesse sopravvivere a qualsiasi disastro futuro.

SENECA

Central Park
Il villaggio era delimitato dalla 81st e 89th St e dalle vecchie 7th e 8th Av;
i resti delle fondamenta sono visibili a circa 500 metri ad est del parco
giochi, all'entrata della 85th Street
• Aperto dall'alba all'una di notte

**Un villaggio
scomparso**

In una pagina del *Times* del 9 luglio 1856 si
legge che John Humphries è stato arrestato
per aggressione (due pugnalate); un
nuovo camion dei vigili del fuoco è stato
sperimentato in Franklin Street; il signor
George Armstrong è annegato andando a
pesca e che prima della fine del mese, un'intera comunità dovrà lasciare
l'intero settore ad ovest del vecchio serbatoio. «Entro i confini di Central
Park – precisa l'articolo – c'è un piccolo insediamento noto come *Nigger
Village* [il «villaggio dei Negri»]. Ci auguriamo che si provveda a ridare loro
un'abitazione nelle migliori condizioni possibili».

Del villaggio, chiamato *Seneca,* non rimane che una traccia: la pietra
angolare delle fondamenta all'altezza della 85th St, sul sentiero che porta al
parco giochi. A detta di tutti, Seneca era un luogo eccezionale. Anche l'articolo
del *Times* sottolinea il «piacevole contrasto» con le povere baracche degli
Irlandesi («che vivono con maiali e capre ») più a sud. Fondato nel 1825, il
villaggio aveva tre chiese, alcune case in legno, una sorgente naturale, scuole
e più di 260 abitanti, la maggior parte afro-americani. Non un ghetto, ma un
rifugio agreste, lontano dal caos, dalle malattie e dal bigottismo di Manhattan.
Un luogo in cui i residenti di colore avevano a disposizione ciò di cui, per
legge, avevano bisogno per votare: la loro terra.

Nel 1853, la Città votò un disegno di legge con cui si autorizzava lo
sgombero della zona di Manhattan che sarebbe diventata Central Park. I
proprietari di un terreno furono indennizzati e il villaggio di Seneca fu raso
al suolo. Durante l'estate del 2011, un gruppo di archeologi effettuò degli
scavi nella zona e scoprì stoviglie, utensili da cucina e una scarpa da bambino.
Ashley Anderson, un'insegnante che prese parte agli scavi, trovò una fibbia
di cintura. «C'erano altri villaggi inizialmente afro-americani - afferma - e
questa comunità, appartenente soprattutto alla classe media, si sviluppava.
Era enorme». L'insegnante rivela anche un dettaglio: la pietra angolare delle
fondamenta, l'unica presunta traccia fisica di Seneca, non appartiene, come
si suppone comunemente, a una chiesa, bensì ad una costruzione eretta
successivamente nello stesso punto. In altri termini, quel che resta di Seneca è
un'eco dell'architettura, tralasciando quel che è ancora nascosto sottoterra. E
che fine ha fatto questa prima comunità afro-americana? Anderson scuote il
capo. Nessuno è riuscito a scoprirlo.

IL MONUMENTO A ANDREW HASWELL GREEN ⑩

Central Park
- www.nycgovparks.org/parks/centralpark/highlights/11944
- Da East Drive, girare all'altezza di Central Park Driveway
  (in corrispondenza della 104th St.), poi prendere il primo sentiero verso
  nord e percorrerlo per circa 500 metri
- Aperto dall'alba all'una di notte

> **«Il padre della Grande New York»**

L'1 gennaio 1898, i newyorchesi si svegliarono in una città le cui dimensioni erano quasi raddoppiate: tre milioni e mezzo di abitanti, la seconda metropoli del mondo dopo Londra. Era il risultato dell'unificazione dei *boroughs* –Manhattan, Bronx, Queens, Brooklyn e Staten Island – un progetto concepito da Andrew Haswell Green. Eppure l'unico monumento che gli è stato dedicato è una grande panchina di marmo, collocata all'estremità nord di Central Park, al limitare di una piccola radura in cima a una collina. La creazione dei confini della metropoli gli valse il soprannome di «Padre della Grande New York», un motivo più che sufficiente per commemorarlo. L'influenza di quest'uomo si spinse però oltre. Nel 1895, Green fondò l'*American Scenic and Historic Preservation Society* (Società americana per la tutela del panorama artistico), il cui obiettivo era la protezione degli spazi verdi. All'epoca della realizzazione di Central Park, egli faceva parte della Commissione del parco e si adoperò affinché venisse rispettato lo straordinario piano urbanistico concepito dal paesaggista Frederick Law Olmsted e dall'architetto Calvert Vaux. Ebbe un ruolo fondamentale anche nella creazione della *New York Public Library* e senza di lui non sarebbe mai nata l'idea del prestito bibliotecario di libri.

Per accedere alla panchina di marmo, all'estremità nord del parco, s'imbocca uno stretto sentiero che anche i frequentatori abituali del parco stentano talvolta a trovare. D'estate, l'erba è gialla; d'inverno nessuno spala la neve. Ci sono rifiuti ovunque. Isolato, circondato da alberi, c'è un banco in pietra, ampio e liscio; ci manca solo una targa del tipo I VAGABONDI SONO BENVENUTI.

Green meritava qualcosa di meglio, certo; eppure questo monumento è persino decoroso rispetto alla fine che ha fatto. «Assassinato Andrew H. Green»

titolava la prima pagina del *Times* il 14 novembre 1903. Green, che a quell'epoca aveva ottantatré anni, appena uscito dall'ufficio, venne inseguito da un certo Cornelius Williams che quando gli fu vicino, sulla 40th St., lo freddò con cinque colpi di pistola. «Ha avuto quel che si merita! – dichiarò lo stesso Williams – Mi ci ha portato lui a questo!». Si scoprì in seguito non solo che Green non aveva fatto nulla di male, ma che i due non si erano neppure mai incontrati. L'omicida Cornelius Williams era un malato di mente.

LE PITTURE DELLA CASA DELLE BAMBOLE ⓫
DELLE STETTHEIMER

Museum of the City of New York
1220 Fifth Avenue
- www.mcny.org
- Tel. 212-534-1672
- Aperto da martedì a domenica dalle 10.00 alle 17.00
- Tariffe: adulti $10, studenti $6, gratuito per i minori di 12 anni
- Accesso: treni linee 4 e 6 / 103rd St

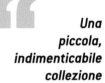

*Una
piccola,
indimenticabile
collezione*

Sul muro della sala da ballo delle Stettheimer è appesa una splendida versione del dipinto *Nu descendant un escalier* di Marcel Duchamp. Per apprezzarla meglio è necessario accedere alla sala attraverso la porta nord e proseguire verso destra.

È una delle numerose opere visibili in una delle più improbabili collezioni d'arte di New York, la casa delle bambole delle Stettheimer i cui quadri e disegni, raramente più grandi di un francobollo, non sono riproduzioni ma *vere e proprie* opere d'arte, eseguite da artisti famosi. Le Stettheimer – Carrie, che realizzò la casa delle bambole, e le sue sorelle Ettie e Florine – erano figlie di un ricco banchiere tedesco che le aveva abbandonate quando erano ancora bambine. Dopo aver attraversato l'Europa, le sorelle e la madre andarono a vivere a New York nella lussuosa Alwyn Court, sulla West 58th Street. Le Stettheimer erano provocatoriamente «moderne»: fumavano sigarette, disprezzavano l'amore, il matrimonio e i bambini e avevano una passione teatrale per parrucche vistose, collier di diamanti e costumi alla veneziana. Il loro appartamento divenne un salotto celebre tra gli artisti e gli intellettuali dell'avanguardia newyorchese. Florine, la pittrice, era la forza trainante; Ettie, scrittrice, brillava nella conversazione; Carrie, miniaturista, era la padrona di casa. Aveva quasi 50 anni quando iniziò la realizzazione della casa delle bambole, per cui costruì a mano una gran parte dei piccoli, dettagliatissimi mobili. Molti dei celebri artisti che frequentavano il salotto offrirono le minuscole pitture. La sala da ballo in modo particolare ospita opere di Duchamp, Albert Gleizes e Alexander Archipenko, oltre a due disegni ed una statua in alabastro di 15 cm di Gaston Lachaise.

Dopo la morte di Carrie avvenuta nel 1945, Ettie donò la casa delle bambole al museo. Secondo quanto raccontava Florine Stettheimer, Carrie adorava questa casa (a cui si dedicò minuziosamente per trent'anni) perché la consolava della sua frustrazione di non essere potuta diventare scenografa cinematografica. Forse il lettore dirà che l'intero salotto bohémien delle Stettheimer era per le tre sorelle una consolazione della loro incapacità di crescere. In ogni caso, il solo dipinto *Nu descendant un escalier* vale la visita.

IL MUSEO DEI RIFIUTI

343 East 99th Street
- Non sarebbe aperto al pubblico: tentate la sorte!
- Trasporti: treno 6 /96th Street

> *"Perché qualcuno lo ha buttato via?"*

Quell'album dei più grandi successi di Billy Joel che per qualche ragione avete buttato via nel 1995 sopravvive da qualche parte. Potrebbe trovarsi a galleggiare nell'oceano, o sotto 20 metri di terreno in decomposizione in una discarica, o essere cenere al vento. O, se è stato fortunato, potrebbe trovarsi in una cassetta pulita, insieme ad altri oggetti buttati via, in un deposito del Dipartimento della Nettezza Urbana, sulla 99th Street: una delle migliaia di "opere" esposte al Museo dei Rifiuti.

Il museo non è riconosciuto ufficialmente, e non lo troverete in nessuna guida della città. Ciò che raccoglie non è neanche destinato al pubblico. Si tratta di un'ampia serie di oggetti che un collezionista di spazzatura ha raccolto durante i suoi giri di ronda e che lo hanno portato a porsi una domanda, che è venuta in mente a tutti in città, prima o poi: "Perché qualcuno l'ha buttato via?" Il vecchio deposito è una riserva degli oggetti recuperati, e i curatori sono gli operai che combattono le maree di miscellanea eliminata, che altrimenti ci sotterrerebbe. Loro sono gli arbitri supremi del valore a New York, e di tanto in tanto salvano qualcosa. È quasi una sorta di potere di sopravvivenza. Giocattoli dimenticati, tecnologia antiquata, poster in cornici economiche, dipinti di artisti senza alcun talento evidente, orologi a cucù silenziosi, trofei di bowling da secondo classificato. Molti degli oggetti rientrano nella categoria molto ampia del "in buono stato": vecchi libri e album, utensili da cucina e attrezzatura sportiva. Altri sono un vero mistero, come un cane vero, enorme, muscoloso, imbalsamato come un trofeo di caccia.

Come per la maggior parte delle grandi cose, l'esistenza del Museo dei Rifiuti è dovuta all'eccentricità di un uomo, Nelson Molina. Operaio della nettezza urbana dal 1981, ha cominciato con il raccogliere oggetti dalla strada per decorare il suo spogliatoio. Lentamente la collezione si è ampliata, man mano che altri operai aggiungevano i propri oggetti recuperati. "Non importa di che cosa si tratta" ha detto Molina al Times. "Se mi piace, posso appenderlo oppure gli trovo un posto".

Ciò che contiene il Museo dei Rifiuti magari non è ciò che sceglierete voi, e questo è il suo bello. Anche se non verreste probabilmente cacciati fuori ("Non sta a me dirvi dove potete andare e dove no," dice uno degli operai sul marciapiede appena fuori), non saranno certo molto accoglienti. Questa gente ha creato un'esposizione del nostro senso del valore collettivo: è fatto da noi, ma non per noi.

SQUADRON A ARMORY

Madison Avenue, tra la 94th e la 95th St
• Solo la facciata su Madison Av. è originale; quella di Park Av. è stata aggiunta di recente nello stesso stile.
• Accesso: treni linee 4 e 6/96th St

> **Il castello di Madison Avenue**

I
l turista che visita per la prima volta l'Upper East Side sarà molto felice di scoprire, in Madison Avenue, un edificio che pare un castello medievale. Sulla strada si affacciano due torri in mattone rosso e una serie di torrette, feritoie per il lancio delle frecce e mura merlate. Oggi, la fortezza è occupata da una scuola. Sbirciando attraverso una fessura del portone, al posto del ponte levatoio che ci si aspetterebbe di vedere, c'è un parco giochi pieno di bambini che si divertono.

Un tempo era la sede di Squadron A («lo squadrone A»), gli «Ussari newyorchesi», un club riservato all'elite che, nel cortile interno, organizzava esercitazioni militari. L'edificio risale al 1894. Lo squadrone, che all'origine era un gruppo sportivo o d'apparato, divenne nel 1889 un'unità della *New York State National Guard* e prese parte alla guerra ispano-americana e alle due Guerre Mondiali. Al muro è appesa una targa di bronzo con il motto: *BOUTEZ EN AVANT (CARICA!).*

Il castello è stato definito di stile «feudale normanno», ma potrebbe anche essere in stile Camelot. Periodicamente, l'edera si arrampica sugli spigoli dei muri, come fosse l'opera di un meticoloso decoratore. Sempre che si riesca ad apprezzare l'assurdità di un castello feudale visto dal finestrino di un taxi newyorchese, è probabile che lo si apprezzi ancora di più dopo aver saputo che le torrette, le torri e tutto il resto hanno rischiato la demolizione. Quando lo Squadron A Armory fu trasformato in una scuola, c'era l'idea di sostituire le torri con costruzioni post-moderne alte 16 piani. Ma la città, ancora sotto shock per la distruzione della Penn Station (s.v. pag. 169), nel 1966 pose l'edificio sotto tutela.

NEI DINTORNI:

DI TRAVERSO SULLA PIANTINA, MA ISLAMICAMENTE PERFETTO

A tre blocchi di distanza dallo Squadron A Armory, verso est, c'è un immobile che occupa la famigerata griglia di Manhattan, senza alcuna deroga. La maggior parte delle moschee newyorchesi ritengono che la Mecca stia semplicemente ad Est. Come abbiamo detto altrove (vedere pagina 117 e 185), la griglia urbana è inclinata in modo tale da coincidere con l'isola. Gli architetti dell'Islamic Cultural Center of New York, al 1711 della 3rd Av., tuttavia, hanno risolto ogni dubbio sulla vera direzione della prima città santa dell'Islam, orientando la loro moschea in base all'asse geodesico – la linea più corta tra due punti di una sfera. Sulla piantina sembra di traverso, ma è *islamicamente* perfetto.

LA TESTA DEL TEATRO ZIEGFELD

52 East 80th St
• Accesso: treni linee 4, 5 e 6 / 77th o 86th St

> *Quel che resta di un teatro leggendario*

Forse perché in genere associamo la statuaria all'antichità, ci rattrista lo spettacolo delle sculture, provenienti da immobili demoliti, gettate nella spazzatura. Uno spettacolo deplorevole, frequente a New York più che in qualsiasi altra città americana. Il movimento per la conservazione degli edifici storici è nato, in parte, in seguito alla scoperta fatta da un fotografo di un angelo di pietra della Penn Station, demolita poco tempo prima (s.v. pag. 169), in una discarica del New Jersey. Quando, due anni dopo, il leggendario teatro Ziegfeld fu venduto per essere raso al suolo, i newyorchesi cercarono di opporsi ma la commissione per la salvaguardia dei monumenti storici, impotente, non riuscì ad impedirne la demolizione. Tutto quello che resta del teatro si trova nella 80th Street, dietro un'inferriata, davanti all'entrata di uno scantinato e, ironia della sorte, accanto ai rifiuti.

Progettato dall'architetto e decoratore viennese Joseph Urban, il teatro Ziegfeld fu concepito per «traghettare» gli spettatori in un altro mondo. «A differenza del comune mortale, che vede l'arte nei termini banali del suo ambiente – scrisse il *Times* per l'inaugurazione avvenuta nel 1927 – Urban ha voluto dipingere quanto c'è di più tangibile, i sogni». L'interno del teatro aveva la forma di un uovo, con i muri concavi intorno al palco; all'esterno, un proscenio modernista in pietra calcarea era fiancheggiato da gigantesche colonne le cui scanalature ricordavano le pieghe di una tenda. Di notte, la facciata bianca veniva illuminata dai riflettori che proiettavano motivi cangianti in chiaroscuro sulla 54th Street. Nella parte superiore dell'entrata si scorgevano delle maschere stilizzate da commedia dell'arte, ricurve e striate come le corna di un ariete. Sopra di loro, avvolta in un drappeggio, si ergeva la protettrice del teatro dagli occhi ipnotici.

La crisi del 1929 rovinò la carriera dello Ziegfeld. Fu trasformato in sala cinematografica, poi in studio televisivo. Chiuse definitivamente i battenti nel 1966 e fu venduto per essere demolito e cedere il posto ad una torre senz'anima. Poco tempo dopo la vendita, il produttore del teatro, Jerry Hammer, passò davanti all'edificio in limousine, in compagnia del promotore immobiliare. Dopo essere stato informato dell'imminente demolizione, Hammer disse scherzando che gli sarebbe piaciuto recuperare uno dei guardiani giganti dell'entrata. Quattro mesi dopo, sentì un gran rumore davanti alla porta di casa, sulla 80th Street. «Era un camion con la gru e una testa – disse al *Times* – volevano sapere dove collocarla.» La testa è ancora là.

MURALE AL BEMELMANS BAR

35 East 76th St
- www.thecarlyle.com
- Tel. 212-744-1600
- Aperto tutti i giorni dalle 12.00 alle 0.30
- Accesso: treni linee 4 e 6/77th St

*Murales
come affitto*

Il Bemelmans Bar del Carlyle Hotel è un ambiente particolarmente tranquillo e caloroso con un'atmosfera da anni Trenta. Il bancone in granito levigato è bordato di cuoio, il piano dei tavolini è in vetro nero, il soffitto a foglia d'oro ha riflessi diafani e la luce così soffusa che non si notano subito le pitture murali e i loro strani personaggi: un canguro dalla lunghe zampe, seduto al tavolo di un caffè con un piccolo nel marsupio; una giraffa, con pantaloni a righe e due paia di scarpe con i lacci, che si toglie il cappello per salutare un passante; un coniglio che fuma un sigaro. Dal 1947 questo bar allieta la clientela con un'atmosfera particolare in cui si combinano l'alcool e illustrazioni per l'infanzia.

L'autore di queste pitture ha dato il suo nome al bar: Ludwig Bemelmans, scrittore e artista austriaco che si stabilì a New York ancora adolescente. Per anni lavorò come aiuto-cameriere al Ritz-Carlton Hotel: si nascondeva dietro le palme del ristorante per fare degli schizzi dei clienti sul dorso dei menu. Nel 1939 pubblicò il primo di una serie di libri che raccontavano la storia di una piccola francese birichina, Madeleine, che viveva in un collegio. Le storie di Madeleine lo resero celebre.

«Queste pitture murali - osserva Tommy, il barman - illustrano le quattro stagioni a Central Park». Tommy lavora al Carlyle da anni e ha un dono particolare per la chiacchierata rapida, ma discreta. Mentre vi racconta un aneddoto, apre una bottiglia dopo l'altra, senza neppure guardare quel che fa. «Le quattro stagioni di Central Park con gli *animali* e non le persone - precisa – è stato molto tempo fa». Alcuni monumenti, Belvedere Castle, Cleopatra's Needle (l'obelisco), sono riconoscibili ma sono inseriti in un universo fantastico dove i bassotti portano delle pagliette e i conigli fanno dei conigli di neve. La cosa più strana è che non c'è nulla di ridicolo. Il disegno di Bemelmans non è ricercato; il tratto è piuttosto indeciso ma ha stile e una sua logica.

Bemelmans amava viaggiare e vivere in albergo. Anziché farsi pagare per la decorazione del bar, chiese di vivere, gratuitamente, insieme alla sua famiglia, per 18 mesi al Carlyle. In realtà, pare che Bemelmans già ci vivesse e che avesse proposto di dipingere le pareti perché era al verde. «Lavoro qui da 53 anni - aggiunge Tommy - e, detto tra noi, è tutto quello che so».

DIMORE IN MADISON AVENUE 🔢

942 Madison Avenue
• Accesso: treni linee 4 e 6/77th St.

*Rovine
in miniatura*

Sul davanzale di una finestra, al secondo piano del vecchio immobile della Mortgage & Trust Company, c'è una specie di nido in argilla: un basamento rosso sormontato da una misteriosa costruzione. Con l'aiuto di un teleobiettivo si può vedere che la costruzione è composta di mattoncini e che stranamente ha la forma di un'abitazione. Una casa abbandonata per indiani del sud-ovest – Hopi o Zuni?- Indiani appena più grandi di un pollice, però.

Queste rovine in miniatura sono opera di un artista, Charles Simonds. «Da tre anni percorro le strade di New York – dichiarò in un filmato del 1972 sulla sua opera – per costruire queste dimore destinate a un gruppo immaginario di Piccoli Uomini che si spostano attraverso la città. Ognuna racconta una parte della storia di questo popolo». La costruzione che si vede in Madison Avenue è una delle tre realizzate in questo quartiere; la seconda è rannicchiata sotto il tetto piramidale di un caminetto, dietro il Mortgage & Trust Building, e la terza è esposta al Whitney Museum. Il museo rende sicuramente omaggio al grande artista americano Simonds, ma il suo progetto, realizzato a sud di Manhattan, appartiene al mondo della strada: la sicurezza, la comunità, gli stravolgimenti urbani e gli interrogativi che solleva, sono temi cari alla gente di strada. Il rapporto dell'artista con New York consiste nell'incastrare costruzioni in argilla agli angoli degli edifici o sui bordi dei marciapiedi – all'esterno, sotto gli occhi degli abitanti. Nel film, si vede l'artista che afferra con delle pinze mattoncini grandi quanto un granello di riso per costruire un minuscolo muro su fondamenta in cemento nel Lower East Side, sotto lo sguardo attonito dei passanti che cercano di capire cosa stia facendo. «Ma lo pagano per fare questo?» si domanda uno di loro.

Simonds realizza ognuna di queste costruzioni in rovina con l'idea che un giorno la città finirà col distruggerle: un rifugio in meno per i Piccoli Uomini. L'opera sulla Madison Avenue, intitolata *Dwellings* («Dimore»), è protetta perché sta in alto: gli edifici che ospitano la finestra e il camino sono rimasti inalterati dal 1981. Il Mortgage & Trust Building è occupato attualmente dalla gioielleria David Webb; seduti nel loro piccolo angolo cottura, gli impiegati possono esaminare attentamente la rovina posta sul davanzale della finestra, ossia muri di mattoncini grezzi rinforzati da bastoncini. L'addetta alle vendite Alma Continanzi si gusta questo piccolo segreto: «In questa metropoli - dice - c'è ancora perlomeno un piccolo angolo remoto che nessuno conosce».

LE CONFERENZE DELL'EXPLORERS CLUB

46 East 70th St
Per le conferenze consultate il sito, di solito sono il lunedì sera
- www.explorers.org
- Telefono: 212.628.8383
- Trasporti: treni 4 e 6 /68th St-Hunter College

Dove gli esploratori di oggi raccontano le loro avventure

La città di New York può essere considerata la più grande concentrazione al mondo di cemento, vetro e acciaio. C'è però un luogo dove si incontrano le persone a cui piace usare un machete o essere in grado di costruirsi un rifugio nella neve. L'Explorers Club, nell'Upper East Side, è il loro posto di ritrovo, e attrae gente dal forte spirito di avventura da tutte le parti del mondo. Il posto emana energia virile, con un forte richiamo al passato: i membri dei tempi lontani, pionieri dell'esplorazione, guardano con occhi di sfida dai ritratti appesi alle pareti; il legno trasuda odori e storie di fumo di pipa, olio motore, sudore e assideramenti. È esposto un campionario di oggetti curiosi, tra cui un paio di vecchi stivali da neve, un'elica di aeroplano, un orso polare imbalsamato. Le storie raccontate sono molte ed è probabile che verrete catturati dal loro fascino. C'è il mappamondo che Thor Heyerdahl ha usato per preparare il suo mitico viaggio sulla zattera Kon-Tiki. Ci sono anche le slitte che Robert Peary ha trainato fino al Polo Nord.

Potete diventare membri del club facendone richiesta, ma sarete sicuramente avvantaggiati se avrete qualche storia straordinaria da raccontare. Ogni lunedì sera presso il club si tengono conferenze con speleologi, meteorologi, astronauti, naturalisti: è un posto dove i curiosi esploratori del pianeta Terra vengono a condividere le proprie conoscenze. Il giornalista specializzato in avventura Peter Potterfield ha raccontato delle sue più grandi escursioni; quando ha citato il nome del potente farmaco contro il mal di mare, che ha preso nel corso di una terribile navigazione verso l'Antartide, alcuni membri del pubblico annotavano il nome sul proprio taccuino (se vi servisse, si chiama "meclizina".) "Potete camminare per giorni" ha detto Potterfield a proposito dell'Artico Svedese, "e trovarvi sempre in spazi sconfinati." Sono racconti che suscitano entusiasmo e curiosità tra il pubblico.

"Da noi vengono persone che sono state in luoghi insoliti," dice Robert Ashton, uno degli organizzatori degli incontri, "dalle vette delle montagne alle profondità oceaniche, e che in quei luoghi hanno rischiato la vita." L'esperienza di Ashton è quella della navigazione ininterrotta intorno al mondo per una decina di anni. Egli fa notare le bandiere colorate esposte alle pareti: alcune di esse hanno accompagnato spedizioni importanti. Ma i racconti più interessanti all'Explorers Club si sentono al bancone del bar. "I membri del club hanno un'infinità di storie incredibili da raccontare", dice il gestore Will Roseman, pilota di aerei nelle foreste africane. "È semplicemente magnifico. Secondo me è questa la vera linfa vitale del Club".

MOUNT VERNON HOTEL MUSEUM

421 East 61st St
• www.mvhm.org
• Tel. 212-838-6878
• Aperto da martedì a domenica dalle 11.00 alle 16.00
• Tariffe: adulti $8, studenti e più di 65 anni $7, gratuito per i bambini
• Accesso: treni linee N, R, 4, 5 o 6 / 59th St – Lexington Av; linea F / Lexington Av

> *Le ultime vestigia della New York pastorale*

Alcune abitazioni di Manhattan del XVIII e XIX secolo paiono vetrine storiche: Dyckman House, Morris-Jumel Mansion, Merchant's House. Hanno tutte il pavimento scricchiolante, un odore di cera e polvere e tavoli carichi di alimenti finti.

Il Mount Vernon Hotel appartiene a questa categoria, ma con una differenza: «Gli storici dell'architettura hanno stabilito che questa dimora era in assoluto l'ultimo "day hotel"» afferma Carol, una guida.

Se non sapete cosa sia un «day hotel», Carol vi dirà di pensare ad un *country club*. La parola country è quella più adatta. Malgrado oggi si trovi davanti al Queensboro Bridge e sia offuscato dall'inquietante One Sutton Place North (un blocco di vetro nero di 40 piani chiamato *2001 Monolith*), quando era in attività, l'hotel Mount Vernon, si trovava in campagna. La città arrivava circa all'altezza della 14th Street. Quelli che ne avevano la possibilità, raggiungevano la Boston Post Road in carrozza o risalivano l'East River in barca per rilassarsi in questo elegante fabbricato in pietra. Al primo piano, le donne cucivano e cantavano mentre al piano terra gli uomini giocavano a carte e bevevano. Il museo rivela alcuni aspetti curiosi dell'epoca. I romanzi erano riservati al salone femminile mentre gli uomini preferivano i giornali. L'acqua, generalmente inquinata, era assente dai pasti. L'hotel non era solo un luogo di evasione ma anche un rifugio per fuggire dal colera e dalla febbre gialla che infieriva in città.

I cambiamenti si fissano nella storia e Mount Vernon è il luogo ideale per osservare in che modo Manhattan si sia trasformata brutalmente in una metropoli. Le sedie del soggiorno annunciano già la monotonia della produzione di massa. In cucina c'è un caminetto tradizionale ma anche un forno ad energia solare più moderno. Nel salotto ci sono un'arpa, un pianoforte e un flauto e, in un angolo, un organetto di Barberia con un repertorio di canzoni popolari (n. 7: «Yankee Doodle»). Negli anni '20 del XIX secolo, la 61st Street (Est) era una strada particolarmente fangosa. Una generazione dopo venne annessa al piano urbanistico.

Il fabbricato fu costruito nel 1799 e, dal 1827 al 1833, funse da «day hotel». Originariamente il terreno apparteneva al colonnello William Smith e a sua moglie Abigail Adams Smith, figlia del padre fondatore John Adams.

UPPER MANHATTAN

LE PORTE DEL PARADISO

Cathedral Church of St. John the Divine
Amsterdam Av e 112nd St
• www.stjohndivine.org • Tel. 212-316-7490
• La cattedrale è aperta dal lunedì al sabato dalle 7.00 alle 18.00 e la
domenica dalle 7.00 alle 19.00
• Accesso: treni linea 1 /110th St – Cathedral Pkwy

> **New York:
> l'Apocalisse**

L a cattedrale di St. John the Divine è
incompiuta ma è già la più grande del
mondo. «Per essere esatti» precisa
Al Blanco, uno dei volontari all'entrata
«diciamo che è *più o meno* la più grande del
mondo». La cattedrale di Colonia è la più
alta, quella di Siviglia la più larga mentre San Paolo fuori le mura a Roma
non è una cattedrale bensì una basilica. Non importa. St. John the Divine è
gigantesca e, camminando lungo la navata principale, si prova una delle più
intense emozioni architettoniche che New York possa offrire. «I visitatori
sono letteralmente rapiti dalla sua immensità, -continua Al Blanco-, e
dall'emozione che essa suscita». E le spaventose sculture che decorano il
portone che emozioni volevano suscitare?

Le Porte del Paradiso, un insieme di sculture in pietra calcarea che
incorniciano la porta d'ingresso alla cattedrale, furono completate nel 1997.
Tra i numerosi personaggi biblici figurano sette profeti: Isaia, Geremia,
Ezechiele, Daniele, Amos, Osea e Giona, tutti accomunati da un gusto per la
carneficina. Ezechiele si erge su crani beffardi, un'allusione alla sua «Visione
della Valle delle ossa secche»: secondo il catalogo della cattedrale, rappresenta
la «distruzione assoluta». Sul capitello sopra il quale stanno Amos e Osea, si
intravede un autobus pieno di poveri pendolari che precipitano da un Ponte
di Brooklyn spezzato. Ma è soprattutto la scultura che si trova tra i due che fa
venire la pelle d'oca. «New York – si legge nel catalogo – e le Twins Towers
ritratte sotto un fungo atomico». Le Torri gemelle sono cadute e sono state
divorate dalle fiamme.

Spaventare la gente perché vada in chiesa è un espediente vecchio quanto
l'esistenza di Dio. Non si dimentichi, tuttavia, che la cattedrale è dedicata
all'autore del libro dell'Apocalisse. Per questo motivo molti attribuiscono
sinistre intenzioni alla cattedrale di St. John the Divine. La chiesa è stata
definita massonica, pagana, satanica e in effetti ci sono molti elementi che
paiono giustificare simili sospetti. Questo edificio mette talvolta qualcuno
a disagio; ciò non è dovuto tanto ad una cabala malevola quanto piuttosto
all'inevitabile conflitto che provoca la costruzione di un colosso medievale nel
XX secolo, e a maggior ragione ora nel XXI.

LA BENEDIZIONE DELLE BICICLETTE ❷

Cathedral Church of St. John the Divine - Amsterdam Av e 112nd St
- www.stjohndivine.org
- La benedizione ha luogo all'inizio della primavera
- www.blessingofthebikes.com
- Tel. 212-316-7490
- La cattedrale è aperta da lunedì a sabato dalle 7.00 alle 18.00 e la domenica dalle 7.00 alle 19.00
- Accesso: treni linea 1 / 110th St – Cathedral Pkwy

Una buona azione

La cattedrale di St. John the Divine ospita, durante l'anno, diversi eventi che alcuni ritengono poco cattolici. Non si tratta di un'accusa bensì della conferma che, in occasione di eventi speciali, la cattedrale attira i newyorchesi: amanti di zombi che partecipano alla processione dei vampiri durante Halloween, proprietari di animali domestici che portano alla benedizione annuale cani, gatti, uccelli, furetti, lama, elefanti, ecc., e ciclisti che a primavera vengono per la benedizione annuale delle biciclette.

Nel 1998, Glen Goldstein, l'organizzatore della Benedizione delle biciclette, chiese alle autorità di St. John the Divine il permesso di celebrare una funzione per la sicurezza dei ciclisti. La chiesa accettò volentieri la proposta e accolse in chiesa le biciclette per benedirle con l'acqua santa. Un accordo che irritò i meno tolleranti: la cattedrale è episcopale, Goldstein è ebreo e i partecipanti alla funzione possono credere in ancora qualcos'altro (l'evento è annunciato sul sito web: «Siate i benvenuti, qualunque sia il vostro credo religioso, e anche se non ne avete alcuno»).

La manifestazione attira sempre più persone. Accompagnati dal suono di tre cornamuse, centinaia di ciclisti entrano, spingendo le loro biciclette sotto il portico della cattedrale, e le dispongono in file nella navata centrale. L'atmosfera è più conviviale che solenne. Raramente si vedono così tante biciclette tutte insieme sotto uno stesso tetto, e ancor meno sotto il tetto di una chiesa. La cattedrale è così grande che riesce ad ospitare comodamente questa originale assemblea presieduta dal reverendo Tom, le cui parole riecheggiano tra le navate. «Che pedaliate per divertimento o per andare al lavoro, – intona dall'altare – a prescindere dal motivo che vi spinge a spostarvi senza l'ausilio di un motore, voi fate una buona azione». La fine dell'omelia è acclamata da un coro di ciclisti che, ad un tacito segnale, fanno suonare all'unisono i loro campanelli.

Il primo incidente stradale nella storia degli Stati Uniti ebbe luogo a New York. Henry Wells perse il controllo del suo «carretto», a nord di Broadway, e questo andò ad urtare Evylyn Thomas che stava passando in bicicletta (l'incidente non fu mortale).

LA «PEACE FOUNTAIN»

❸

Cathedral Church of Saint John the Divine
112nd Street e Amsterdam Avenue
• www.stjohndivine.org
• Tel. 212-316-7540
• Accesso: treni linea 1 /110th St

*La statua
pubblica
più strana
di New York*

Non è per nulla sorprendente che la cattedrale di Saint John the Divine – già di per sé molto particolare – ospiti la statua pubblica più strana di New York. La «Peace Fountain», alta 12 metri, è un'accozzaglia di figure stravaganti: fiamme vorticose, crostacei giganteschi, un'elica di DNA, una luna compiaciuta, giraffe in estasi amorosa, una testa tagliata ed il sistema nervoso di Satana. Al centro, uno scarno arcangelo Michele tiene in mano un gladio.

Due turisti azzardano un'interpretazione:

«Essenzialmente si tratta di un tipo con le ali che palpa una giraffa. E Lucifero si fa staccare la testa, non si sa come, da… cos'è questo?

– Una specie di astice. A dire il vero sembrano denti di squalo. Immagino che, se sono raffigurati in una fontana pubblica, si tratti di un'opera d'arte.

– È un'opera d'arte, caro mio.»

La statuaria cristiana ha sempre amato i messaggi cifrati: le chiese francesi del Medioevo, a cui si ispira in parte Saint John the Divine, grondavano di demoni e dannati. La «Peace Fountain» è stata criticata per il suo lato vagamente pagano, ma va ricordato che il Cristianesimo ha riciclato una gran quantità di motivi pagani e a New York, poi, nessuno si offende se viene trattato da «pagano». Perciò, anche se molti non ne sono entusiasti, la scultura si trova al posto giusto.

Osservando attentamente, si noterà una targa in bronzo che ne spiega il significato, forse in un modo un po' troppo semplicistico. La fontana illustra la continuità della vita nel cosmo in relazione al trionfo del bene sul male. Le giraffe, «animali tra i più pacifici», rappresentano il bene. L'astice «ci ricorda che il mare è l'origine della vita » e il DNA è la «molecola fondamentale» della vita. Greg Wyatt, lo scultore in residenza a Saint John the Divine, realizzò la «Peace Fountain » nella cripta. Fu eretta nel 1985 e da allora non ha mai cessato di entusiasmare, sorprendere e sconcertare le persone.

A fare da contrappeso, tutt'intorno, si trova una miriade di sculture più piccole – realizzate dagli scolari del quartiere - che danno mostra dei più svariati messaggi mistici: da Esopo a John Lennon passando per Gandhi.

LA GROTTA DELLA CHIESA DI NOTRE-DAME ❹

405 West 114th St
• www.ndparish.org
• Tel. 212-866-1500
• Accesso: treni linea 1/Cathedral Parkway o 116th St – Columbia University; linee A, B e C / Cathedral Parkway o 116th St

Una grotta francese e i suoi vantaggi

Se amate l'architettura religiosa con un tocco di «parco tematico», Notre-Dame, nei pressi di Morningside Park, possiede le caratteristiche che cercate: dietro l'altare, il muro è stato interamente scolpito come una grotta. E non come una grotta qualunque, ma come quella di Lourdes, con la roccia sporgente, l'edera rampicante e la nicchia per la statua della Vergine.

È normale che questa chiesa sia caratterizzata da un'influenza francese: Notre-Dame è stata progettata come cappella dei Fathers of Mercy (Padri della Misericordia), una comunità di missionari cattolici francesi. Il legame con Lourdes è opera di Estelle Livingston Redmond; questa celebre donna di religione cattolica, che apparteneva ad una delle più vecchie famiglie di New York, acquistò il terreno e finanziò la costruzione della chiesa a condizione che fosse dedicata a Nostra Signora di Lourdes, dove la Vergine apparve per la prima volta a Bernadette Soubirous nel 1858. Estelle Redmond era persuasa che la fonte naturale di Lourdes avesse guarito suo figlio. Nel 1913, la parrocchia fu ufficialmente affiliata al santuario francese e i fedeli – secondo un processo che pare essere compreso solo dalla Chiesa Cattolica – poterono in questo modo «ottenere gli stessi vantaggi spirituali dei pellegrini che compiono il viaggio fino a Lourdes».

L'affiliazione si estende più di quanto si possa pensare: fino all'aldilà. Nel 2008, in occasione del centocinquantesimo anniversario dell'apparizione della Vergine, il papa Benedetto XVI decretò che un pellegrinaggio a Lourdes, nell'anno del Giubileo, avrebbe avuto il valore di un'indulgenza plenaria, una specie di salvacondotto per il Paradiso. Ai devoti che, durante la settimana che corrisponde a quella della prima apparizione della Vergine (2-10 febbraio), fossero riusciti a contemplare «la sacra immagine della Vergine di Lourdes, esposta solennemente per essere adorata in una qualsiasi chiesa, grotta o altro luogo dignitoso » sarebbe stato annullato il soggiorno in Purgatorio. In quella stessa settimana, senza allontanarsi dalla città, era possibile assistere ad una partita di baseball, vedere il *Re Leone* e salvarsi l'anima.

Oggi, la chiesa di Notre-Dame continua ad essere ancora spiritualmente legata alla grotta di Lourdes, e distribuisce la famosa acqua benedetta. «Vorrei ___bottiglie di acqua di Lourdes» è scritto sulla matrice di un buono d'ordine nell'opuscolo della chiesa. «Accludo un'offerta di $___per le spese di trasporto». Ci spiega un impiegato: «L'acqua giunge dalla Francia in grandi recipienti ed è poi travasata in queste bottigliette».

LA TORRE DI GUARDIA DI HARLEM

Marcus Garvey Park
• Aperto dall'alba all'una di notte
• Accesso: treni linee 2 e 3 / 125th St

> *L'ultimo dei primi grattacieli*

In cima ad una collina, nel punto più elevato di Marcus Garvey Park, sorge una vecchia costruzione di metallo. Chi abita nel quartiere ha diverse teorie sulla sua reale funzione: faro, fortificazione militare, mercato degli schiavi. «Tutto quello che so è che là in alto c'è una grande campana» dice un uomo.

La grande campana in questione pesa quattro tonnellate e mezza e per capire a cosa servisse bisogna immaginare Manhattan disseminata di edifici in legno che non superavano i cinque piani.

La torre di guardia degli incendi di Harlem, sulla collina di Mount Morris, dominava un tempo l'ampia distesa di campi circostanti. Fino alla metà del XIX secolo, quando il Croton Acqueduct iniziò a fornire acqua dolce a Manhattan (s.v. pag 68), gli incendi erano frequenti e drammatici. Le vecchie torri di guardia erano in legno e avevano la prerogativa di andare a fuoco facilmente, insieme a tutto il resto. Intorno al 1840, fu trovata una soluzione che avrebbe fornito la chiave architettonica dell'espansione verticale di Manhattan. Durante un viaggio in Italia, l'ingegnere ed inventore John Bogardus ebbe l'idea di applicare tecniche antiche a edifici in ghisa. Il metallo era già stato impiegato per costruire dei piccoli ponti e costruzioni più basse ma il costo rimaneva proibitivo. Bogardus sfruttò una lega più economica e la robustezza delle travi in ghisa. Il sistema che aveva ideato per le torri di guardia ripartiva i carichi attraverso una struttura portante in metallo; con questo sistema fu possibile costruire i moderni grattacieli.

La prima torre che Bogardus fece costruire nel 1851, tra la 33rd Street e la Ninth Avenue, rappresentava l'unica costruzione negli Stati Uniti ad avere una struttura in acciaio. Subito dopo fu realizzata una seconda torre in Spring Street. Bogardus sperava di realizzare la torre di Mount Morris ma fu battuto da un rivale che, con buonsenso, imitò l'innovativa struttura. A Manhattan furono realizzate in totale circa una dozzina di torri di guardia in acciaio. La città andava crescendo intorno a questi prototipi che ben presto divennero obsoleti. La torre di guardia di Harlem è l'unica rimasta.

L'ALBERO VOTIVO

Apollo Theater
253 West 125th St
• www.apollotheater.org
• Per le visite chiamare il 212-531-5337
• Accesso: treni linee 2, 3, B, C e D/125th St

Accarezzate il tronco

Sono molte le star salite sul palco dell'Apollo Theater ma anche illustri sconosciuti, per non parlare delle eterne speranze e degli ex talenti promettenti. Da più di 70 anni, il mercoledì il teatro ospita una *Amateur Night* («Notte dei dilettanti»), che permette a chiunque di esibirsi davanti a un pubblico rumoroso. Accanto alle quinte, su un piedistallo, c'è un oggetto insolito: un pezzo di tronco. Secondo la tradizione dell'Apollo, chi lo accarezza prima di esibirsi sul palco avrà fortuna. Il ceppo brilla per la quantità di superstiziosi che l'hanno accarezzato. Il tempo di entrare in scena e prendere il microfono e, pochi minuti dopo, alcuni si trasformano in Whitney Houston, Ella Fitzgerald, James Brown. Altri rimangono quel che erano: persone normali. Il tronco è però rimasto impregnato dei loro sogni.

La storia dell'Apollo riflette quella di Harlem. Inizialmente era una sala per spettacoli burleschi, poi, diretta da soci ebrei, fu la prima a far scoprire artisti di colore al pubblico bianco newyorchese. «Il modo dei neri - racconta Billy Mitchell, lo storico che fa visitare il teatro -, la nostra musica, il nostro teatro, la nostra poesia, il nostro spirito, il nostro attivismo, la nostra *spavalderia*, come dicono, ecco quello che volevano vedere i nostri fratelli e sorelle bianchi». E quando iniziarono a prendervi gusto, lo reclamarono: la cultura americana cambiò definitivamente. L'immenso successo della cultura nera ispira ancora gli sconosciuti dell'Amateur Night che, prima di entrare in scena, accarezzano il ceppo.

L'origine di quest'albero votivo è anteriore all'Apollo e alla rinascita di Harlem: è una tradizione che risale ai primi neri newyorchesi. Il tronco proviene da un grande olmo che stava sulla 131st St, di fronte al vecchio Lafayette Theater, la scena afro-americana più in vista negli Stati Uniti agli inizi del XX secolo. Gli artisti pensavano che avrebbero avuto fortuna o avrebbero trovato lavoro se fossero passati sotto l'albero votivo, ne avessero toccato la corteccia o avessero tenuto con sé una foglia o dei rametti. Quando, nel 1934, fu abbattuto, i pezzi furono venduti come souvenir o come legna da ardere.

L'ORSO E IL FAUNO

Morningside Park
Tra la 110th e la 123rd St (West), Manhattan Avenue e Morningside
Avenue; la fontana è all'altezza della 114th St
• www.nycgovparks.org/parks/morningsidepark
• Accesso: treni linea 1/Cathedral Parkway o 116th St – Columbia
University; linee A, C e B/Cathedral Parkway o 116th St

*Un parco
per predatori*

Grazie alle statue cittadine, chiunque può diventare uno storico dilettante: queste figure pubbliche fanno riflettere sugli atteggiamenti del passato. Ma spesso accade che qualcosa ci sfugga. Nel Morningside Park c'è un caso estremo: da circa un secolo i frequentatori del parco si chiedono quale sia il messaggio di una fontana di bronzo a nord del laghetto delle anatre.

«È un bambino» dice una ragazza di otto anni con in mano una tazza gocciolante sotto il rubinetto della fontana «E l'orso lo divorerà».

Questa è l'interpretazione classica e la collocazione della statua non ha fornito ulteriori chiarimenti. Morningside Park, che oggi è un parco abbastanza grazioso, è stato per molto tempo il terreno preferito di drogati e scippatori. Tutti quelli che abitano nel quartiere da più di vent'anni si ricordano di avere evitato di frequentarlo ma la sua cattiva reputazione risale alle gang degli anni '20, e la vicinanza della Columbia University - il parco è sostanzialmente una striscia verde tra l'università e le catapecchie di Harlem – ha dato luogo, negli anni, ad appassionanti conflitti. Verso il 1960 il *Times* dichiarava che Morningside era il parco meno frequentato della città, un luogo che anche i poliziotti preferivano evitare. Un articolo descrisse una fontana di bronzo asciutta su cui c'è «un enorme orso che guarda avidamente dall'alto di una roccia sporgente, sotto la quale si nasconde un fauno terrorizzato».

Se mai ci sarà stato un momento in cui questa fontana non ha evocato minaccia e terrore, è di certo durato poco. Inaugurata nel 1914, fu offerta alla città dal banchiere Alfred Seligman. L'artista, Edgar Walter, allievo di Rodin e noto pittore animalista, aveva un debole per gli orsi. Scolpì orsi con fauni, ninfe, cacciatori ed anche, secondo una recensione pubblicata in occasione di una sua esposizione, «un orso molto seducente nell'atto di gustarsi una razione di carne di maiale salata». La fontana di Morningside descrive una scena che, in un altro parco, potrebbe essere divertente: il fauno (non può essere un bambino perché porta gli stivali e ha un flauto), trovato riparo dalla pioggia, è sorpreso dal padrone dell'anfratto mosso non dalla fame bensì da interessi di proprietà.

Mitch, che viene qui spesso a portare a passeggio il cane, è felice che il parco sia diventato più sicuro ma non ha ancora capito il significato della statua. «Mi domando chi possa trovarla affascinante. Sembra che il bambino stia per morire».

IL GUFO NASCOSTO DELL'*ALMA MATER*

Low Memorial Library, Columbia University
116th Street and Broadway
• Accesso: treni linea 1 /116th St– Columbia University

> *Lo scultore
> che amava
> gli uccelli*

Sulla scalinata della Low Library, al centro del campus della Columbia University, si erge una statua che molti conoscono bene. Da più di un secolo, l'*Alma Mater* è il simbolo di questa istituzione. Alta cinque metri, la testa cinta di alloro, solleva il braccio dal suo trono massiccio e controlla il cortile con il suo potente sguardo di bronzo, come inebriata dal terrore che incute. Tale solennità è gradevolmente controbilanciata da un dettaglio appena visibile: un gufo che, nascosto, sbircia attraverso le pieghe della toga dell'*Alma Mater*.

Questo gufo racchiude una logica tematica. L'*Alma Mater* simbolizza la cultura dello studente (dal latino «madre nutrice»), tuttavia la figura allegorica è Minerva, dea romana della Saggezza e della Guerra, il cui compagno mitologico è il gufo Glauco. Il gufo ha la capacità di vedere di notte ed è per questo un vero saggio: il suo sguardo fende l'oscurità. Quest'opera è ricca di simboli: la toga rappresenta l'insegnamento, le lampade che volteggiano dai braccioli hanno nome *Doctrina* (l'apprendimento) e *Sapientia* (la conoscenza), e lo scettro che l'*Alma Mater* tiene nella mano destra è sormontato dalla corona del King's College, a rammentare che l'università Columbia era originariamente un'istituzione reale (1754).

Si può giungere a pensare che l'altra mano sarebbe un ottimo supporto per un gufo che veda di notte. Ma in questo modo sarebbe al servizio dell'istituzione. Invece, è così difficile individuarlo che è da mettere in relazione con la personalità dello scultore, Daniel Chester French. Quando ci si accorge di lui è come ricevere una segreta stretta di mano che risale nel tempo. French era affascinato dagli uccelli: la sua passione principale non era l'arte, ma la tassidermia. Si diceva che da giovane avesse «un temperamento solare, brillante e pieno di spirito … ma per nulla determinato in merito al suo futuro». Ottenne il suo primo successo artistico scolpendo gufi e divenne indubbiamente il più grande scultore americano del suo tempo (basti ricordare il Lincoln Memorial).

> Daniel Chester French ha lasciato decine di opere a New York, tra cui i Four continents sulla scalinata della Customs House (ex-servizi doganali, attuale sede del National Museum of the American Indian, s.v. pag. 59).

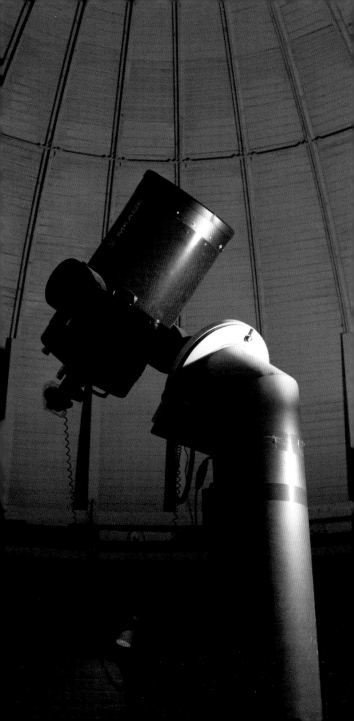

OSSERVATORIO RUTHERFORD ❾

Pupin Physics Laboratories, Columbia University
116th Street e Broadway
• www.outreach.astro.columbia.edu
• Tel. 212-854-7393
• Aperto il venerdì, a settimane alterne
• Entrata libera
• Accesso: treno/116th St- Columbia University

Stelle nel cielo di Manhattan

L a metropoli non è il luogo ideale per installare un telescopio. Tuttavia, nella relativa oscurità del nord di Manhattan, l'osservatorio Rutherford della Columbia University, collocato sui tetti dei laboratori di fisica di Pupin, gode di uno dei migliori punti di vista astronomici della città. È aperto al pubblico una volta al mese.

La serata inizia con l'intervento di uno studente o di un professore: una relazione di trenta minuti su un argomento preciso di astronomia. Quel che si apprende è che gli astronomi sono decisamente simpatici. Quel che segue dipende dalle condizioni meteorologiche: se il cielo è nuvoloso ci sarà una proiezione, se è sereno si salirà in ascensore sul tetto dove è collocata la cupola verde scuro del telescopio.

«È interessante quello che l'atmosfera produce sulla luce delle stelle», afferma Neil Zimmerman, dottore in scienze del dipartimento di astronomia. «È bello. In realtà l'atmosfera deforma l'immagine, quindi vedrete poco più di un punto luminoso nel cielo». Questa sera il grande telescopio è puntato su Sirio, la stella più brillante (a parte il Sole) visibile dalla Terra. La vedete già, è quel punto che brilla nella breccia del cielo aperto, molto più luminoso delle pareti striate della cupola. Nell'occhio del telescopio, la stella diventa una grande macchia brillante che tremola e sfugge, contornata di colori impalpabili e misteriosamente liquida, come se luccicasse attraverso l'acqua di una vasca da bagno.

Sul tetto ci sono anche due telescopi più piccoli: uno con cupola, puntato sulla nebulosa di Orione e la sua costellazione; l'altro, aperto, è puntato su Saturno.

«L'astronomia è la mia *passione*», dice un signore con un binocolo al collo e, a giudicare dal suo sguardo, non scherza. «Vi dispiace se dò velocemente un'occhiata verso il New jersey? – chiede – No?» E punta bruscamente il telescopio verso il fiume Hudson.

FISSIONE DEL PRIMO ATOMO
Nei laboratori di fisica di Pupin è stato fissato il primo atomo. Il ruolo che ha avuto New York nell'elaborazione della bomba atomica è all'origine del nome in codice: «Manhattan Project».

IL CARILLON DI RIVERSIDE CHURCH

490 Riverside Drive
- Tel. 212-870-6700
- www.theriversidechurchny.org
- Aperto tutti i giorni dalle 7.00 alle 22.00
- Accesso: treni linea 1 / 116th St.– Columbia University

La campana più pesante della storia

Riverside Church, la chiesa più alta degli Stati Uniti, fu progettata e costruita come un grattacielo: le pietre sono sospese e appoggiate a una gabbia d'acciaio. La sua edificazione iniziò nel 1927, per volere di John D. Rockefeller, e terminò tre anni più tardi. La robusta struttura metallica sostiene tonnellate di muratura decorata e ospita anche il più grande carillon del mondo. Il campanone che scandisce le ore – il *bourdon* - è il più pesante che sia mai esistito.

Da quel fatidico 11 settembre, il campanile e il belvedere non sono più accessibili al pubblico; tuttavia, rivolgendosi al centro visitatori e con qualche insistenza, è sempre possibile organizzare una visita individuale. La soluzione migliore comunque è quella di accompagnare Ralph, il tecnico addetto alla manutenzione, durante il suo giro di controllo giornaliero. Ralph è un uomo forte e sempre di buon umore: fa rumore quando cammina (tra uno sferragliare di chiavi e un gracchiare di walkie-talkie), ma avanza con scioltezza tra scale e corridoi, come fosse a casa sua. «Amo questa chiesa. – dichiara – Sono fiero di lavorare qui e sono sicuro che Mister Rockefeller vorrebbe che tutti potessero apprezzarla».

L'ascensore si ferma al ventesimo piano; una piccola scala conduce al carillon, all'aperto. Le campane sono sospese in un mare di suoni indefiniti: rumori lontani del traffico che salgono dalla strada, raffiche di vento che soffiano da nord, fragore delle persiane metalliche che sbattono. Il « bourdon » (venti tonnellate di bronzo, accordate da esperti) si trova al livello inferiore, mentre tutt'intorno e nella parte superiore sono disposte settantatré campanelle di grandezza decrescente. L'insieme pesa oltre 100 tonnellate. Grazie a un sistema di leve e pulegge, le campane sono collegate a un dispositivo simile a una tastiera che le aziona quasi contemporaneamente, nonostante la loro dimensione. «Ascoltate» dice Ralph mentre preme i tasti più alti e fa subito vibrare note pure come il cristallo. «Adesso premete questo» continua, indicando il tasto più basso (la campana più grande) – «Con più forza!».

John Witkowiak è l'accordatore ufficiale del carillon. «Sono le migliori campane che io conosca», dichiara con tono sicuro da esperto (già il padre e il nonno facevano questo mestiere). Osserva la dimensione del campanile: «Travi enormi – dice – È tutto rivettato». Ma improvvisamente è l'una e tutte le campane si mettono in moto, facendo vibrare ogni parte del corpo. Imperturbabile – o mezzo sordo – Witkowiak fa il giro e si rimette all'opera.

IL LABIRINTO DI RIVERSIDE

490 Riverside Drive
• Tel. 212-870-6700
• www.theriversidechurchny.org
• Aperto tutti i giorni dalle 7.00 alle 22.00
• Accesso: treni linea 1 /116th St.– Columbia University

Un mistero millenario

Sul pavimento del coro nella chiesa di Riverside s'intravedono ancora i segni delle origini medievali dell'edificio: un labirinto di pietra. Benché di origine anteriore, i labirinti fecero la loro prima comparsa sui pavimenti delle chiese cristiane attorno all'anno Mille. Secondo una certa teoria, percorrendo i tortuosi meandri disegnati per terra, i fedeli che non potevano recarsi a Gerusalemme finivano col fare un pellegrinaggio per procura. Se andando a sbattere contro le pareti di un labirinto avete più probabilità di diventare scemi che non di vivere un momento di ascesi spirituale, ricordatevi che i labirinti sono disegni e non enigmi. Tutti quelli che vi si avventurano, seguono lo stesso inevitabile percorso: ce n'è uno solo.

Realizzata nel 1930, la chiesa di Riverside è stata progettata sulla falsariga della cattedrale di Chartres, dalla quale ha mutuato il labirinto e

l'architettura. Il labirinto di Chartres è il più celebre al mondo: con i suoi dodici metri di diametro riempie la navata. Il disegno sul pavimento di Riverside è essenzialmente simbolico: ottenuto con marmi levigati in colori contrastanti, ha un diametro di soli tre metri e i bordi non sono percorribili. Eppure, a partire dagli anni '90, questa chiesa ha richiamato un gran numero di

Il labirinto di Chartres

appassionati di labirinti, attratti da una versione «portatile» più grande, che può essere aperta e stesa sul pavimento. Fu Richard Butler, un fedele della chiesa, a inaugurare questa consuetudine, partecipando per la domenica di Pasqua alla realizzazione di un labirinto di carta, che in seguito si sarebbe dovuto dipingere su tela. «Percorrendolo, ho l'impressione di ossigenarmi la mente», dichiarò allora al *Times*. I labirinti rappresentano un fenomeno di più vasta portata. Diana Carulli, un'artista che ha disegnato grandi labirinti pubblici, in particolare a Union Square, sostiene che la gente chiede sempre più di camminare in tondo, disegnando dei cerchi. «I labirinti ci aiutano ad attraversare certi periodi drammatici di ricerca spirituale. – afferma – Aiutano misteriosamente a rafforzare lo spirito».

Ogni tre mesi circa, la parrocchia di Riverside organizza dei percorsi nel labirinto ai quali tutti possono partecipare.

LA STATUA DI BUTTERFIELD

Sakura Park
Riverside Drive, tra Claremont Avenue e West 122nd Street
• Aperto dall'alba all'una di notte
• Accesso: treni linea 1 / 125th St

**Un caos
monumentale**

Sakura Park, a nord di Riverside Church, ospita il monumento del generale nordista Daniel Butterfield. Il generale divenne famoso per aver composto il motivo suonato con la tromba che segnalava alle truppe americane la fine dei combattimenti («*Taps*») oltre ad essere il brano musicale suonato per i funerali dei veterani. Pare semplice, in realtà è molto più complicato.

Il generale in questione probabilmente non ha mai composto questo famoso motivo. Durante la guerra di secessione, Butterfield diede ordine al suo trombettista di suonare quest'aria, al posto dei soliti colpi di fucile, per indicare la fine dei combattimenti e la pratica si diffuse tra i Nordisti ed anche i Sudisti. Fu dunque Butterfield ad imporre questa regola, tuttavia la melodia s'ispirava ad un motivo vecchio di decine d'anni (da molto tempo gli storici dei motivi suonati con la tromba si scontrano su questo punto). A parte «*Taps*», pare che il generale portasse sfortuna. Mentre era Vice-segretario del Tesoro degli Stati Uniti sotto la presidenza del generale Grant, fu coinvolto in un piano che prevedeva la "manipolazione" del mercato dell'oro per ottenerne vantaggi personali. L'effetto scatenò un tale panico che il 24 settembre 1869 è noto come il «venerdì nero».

La storia di questa statua non è meno complicata. Lo scultore Gutzon Borglum fu citato in giudizio dagli esecutori testamentari e dalla vedova di Butterfield perché il monumento non era abbastanza «colossale». E inoltre non assomigliava per niente al generale! La vedova voleva che la testa si ispirasse ai bronzi esistenti; Borglum aveva preferito utilizzare una foto di Butterfield in cui, secondo la vedova, non traspariva «la forza che

sprigionava il suo volto». Come indennizzo, a Borglum fu chiesto di pagare più della metà della sua commissione. Fece ricorso e vinse il processo. Sul lato della statua si legge che Bogardus era talmente disgustato da questa faccenda che appose la sua firma sulla testa della statua «l'unica parte che non mi hanno chiesto di modificare».

L'«AMIABLE CHILD MONUMENT»

Riverside Drive, all'altezza della 123rd St
• Accesso: treni linea 1 / 125th St

> *Per sempre nel suo recinto sacro*

Il più piccolo cimitero di New York ha una sola tomba. Su questo monumento in granito, circondato da una rete metallica, si può leggere l'iscrizione: «Eretto alla memoria di un bambino gentile, St. Claire Pollock, che morì il 15 luglio 1797 nel suo quinto anno di età». L'amara dolcezza di questa tomba continua a commuovere i passanti che la onorano adagiandovi pietre, fiori selvatici e persino giocattoli.

Capita spesso che chi passeggia lungo la Riverside Drive si accorga per caso della tomba del «bambino gentile».

Questa parte di litorale era un tempo la residenza di campagna di un mercante di tessuti in lino, George Pollock, il cui figlio annegò nel fiume Hudson. Quando, due anni dopo la morte di St. Claire, vendette la proprietà, la tomba non rientrò nella transazione. Pollock quindi chiese al nuovo proprietario di «accordarmi un favore particolare autorizzando[mi] la cessione del piccolo recinto in modo tale che [lei] possa considerarlo come parte della [sua] tenuta e a condizione che [lei] lo mantenga per sempre nel recinto sacro». Ed è così che è conservato dal 1797.

Non lontano, la tomba dell'ex presidente generale Grant, rimane la principale attrazione del quartiere (anche se un recente sondaggio ha rivelato che solo il 10% dei newyorchesi l'ha visitata). La sua costruzione fu ritardata per anni, per questioni di collocazione, fondi e stile: New York voleva impressionare le future generazioni con questo monumento ma gli americani, indignati, si rifiutarono di versare un solo centesimo per la «millionaire city». All'inaugurazione, avvenuta nel 1897, anno del centenario della morte di St. Claire, sfilarono 60.000 soldati e civili e un milione di spettatori prese parte alla cerimonia.

Originariamente in marmo bianco, l'urna fu sostituita da una copia, una prima volta nel 1897 e successivamente nel 1967. In alcune foto, vecchie di cent'anni, accanto alla tomba, sul fianco ovest, ci sono delle panchine che godono di una bella vista sul fiume Hudson (ora nascosta dagli alberi), il luogo dove si presume sia morto il bambino.

IL FREEDOM TUNNEL

- Accesso più comodo: St Clair Place (129th St), lato ovest, verso la rampa esterna della Henry Hudson Parkway; seguire la recinzione fino alla prima apertura
- Accesso: treni linea 1/125th St.

Mutanti, in fuga nelle fognature e nei tunnel della metropolitana, urlano tra i ratti nella penombra umida, preparano le loro armi in vista dell'imminente

La vita sotto la città

Apocalisse o si divorano tra loro come belve. Gli abitanti dei sotterranei newyorchesi sono al centro di incubi ripugnanti. Alcune delle leggende, però, sono vere. Si può infatti facilmente visitare un luogo che per anni ha ospitato una comunità allargata che decise di rifugiarsi qui per vivere non ai margini ma al di sotto del territorio urbano: il Freedom Tunnel.

Il tunnel passa sotto Riverside Park, tra la 122nd e la 72nd St. Dopo l'età d'oro della ferrovia (s.v. pag. 169), dichiarato fuori servizio, si trasformò progressivamente in bidonville: agli inizi degli anni '90 fu occupato da centinaia di persone. Per molti il riparo, l'intimità e la sicurezza della vita sotterranea, fatta eccezione per i roditori e il freddo, rappresentavano una buona alternativa ai pericoli della strada o alla continua ricerca di un ricovero temporaneo. Nel documentario intitolato *Dark Days*, un abitante del tunnel dice: «Quando si dorme su una panchina, chiunque può colpirvi senza un particolare motivo. Nel tunnel, almeno, non si ha questo tipo di preoccupazioni. Chi ha il coraggio di avventurarsi nei sotterranei?». L'oscurità ha rappresentato un richiamo fatale: alcuni hanno trascorso molti anni nel tunnel e sono riemersi in superficie solo malati o morti.

Nel 1991 l'Amtrak riaprì il tunnel; il risultato furono delle lunghe e amare espulsioni. Oggi si possono percorrere i 50 blocchi sotterranei senza incontrare anima viva. Questa passeggiata sotterranea è una delle più memorabili che offra la città. Avviso agli esploratori: è illegale. Vi si accede dall'entrata nord, passando sopra, sotto o attraverso la recinzione che separa la rampa esterna della Henry Hudson Parkway, tra la 129th e la 122nd St, dai binari a ovest. Arrivando, l'entrata rettangolare pare spaventosamente buia ma il tunnel gode di una luce che proviene dall'alto: ad ogni incrocio, c'è una griglia da cui si diffonde un chiarore – spesso arancio o verdastro, filtrato dal fogliame – che illumina una zona di graffiti che paiono la successione di opere in un museo. Le rotaie brillano di luce fosca in entrambe le direzioni. L'ambiente è fresco, polveroso e silenzioso, a parte i rumori insignificanti che giungono dal mondo in superficie.

Il tunnel deve il suo nome a Chris «Freedom» Pape, un tagger che operò in questo ambiente tra gli anni '80 e '90.

LA CHIESA «OUR LADY OF LOURDES»

472 West 142nd StTel. 212-862-4380
• Accesso: treni linea 1 / 137th St— City College o 145th St

*Gotica,
imponente,
vintage*

Quando la chiesa Our Lady of Lourdes (Nostra Signora di Lourdes) venne inaugurata nel 1903, un critico scrisse: «si rimane a bocca aperta e con gli occhi sgranati». Si riferiva all'aspetto dell'edificio ma anche alla sua tecnica costruttiva. A quell'epoca, l'atteggiamento newyorchese nei confronti di un'architettura superflua era semplice: demolire, frantumare, rimuovere. Il personaggio lungimirante che si occupava di questa chiesa optò invece per la salvaguardia e il riciclaggio. Il risultato fu un ibrido geniale, alla Frankenstein, composto da altri quattro edifici.

Quando il reverendo Joseph McMahon ricevette l'incarico di erigere una nuova chiesa cattolica sulla 142nd Street, questa parte di Manhattan era una zona arretrata: il budget non prevedeva decorazioni gotiche e marmi sontuosi. Anziché lesinare sulla spesa, McMahon si recò a sud di Manhattan per vedere le costruzioni in demolizione. Decise quindi di acquistare dai proprietari degli immobili demoliti una gran quantità di materiale dal valore inestimabile: finestre e travi di acciaio da un orfanotrofio, pietre provenienti dal palazzo del magnate dei grandi magazzini, A. T. Stewart (s.v. pag. 115), il muro posteriore della cattedrale St. Patrick's, demolito per fare spazio alla costruzione della Lady Chapel, ma soprattutto quasi l'intera facciata della gloriosa National Academy of Design. Considerata uno degli edifici più belli degli Stati Uniti, l'accademia, nei pressi di Madison Square, era il tempio newyorchese della pittura e della scultura: i marmi di Tuckahoe risaltavano sulle arcate gotiche ispirate al Palazzo Ducale di Venezia.

Oggi la chiesa non è che un immobile schiacciato tra altre costruzioni della 142nd Street. Il personale dell'amministrazione non sembra conoscere la singolare storia dell'edificio: la liturgia e il tempo hanno cancellato le sue origini. Uno degli impiegati propone una visita sul retro: i raggi del sole filtrano attraverso lo stretto passaggio, accarezzano le belle pietre del lato sud e si posano su una fila di bidoni ricolmi di spazzatura. Nella grotta sotterranea (*la gruta* se si assiste alla messa in spagnolo) c'è una cappella decorata con pesanti strati di gesso che ricordano il santuario di Lourdes, a cui la chiesa deve il suo nome. Qui sotto l'atmosfera è cupa, fresca e leggera. Dopo aver acceso i lumi che circondano la Vergine nella sua nicchia rocciosa, la guida esclama: «Bello, vero?».

Per una ricostruzione ancora più ambiziosa della grotta di Lourdes, s.v. pag. 299.

HAMILTON GRANGE

414 West 141st St
- www.nps.gov/hagr
- Tel. 646-548-2310
- Visitor center aperto tutti i giorni dalle 9.00 alle 17.00; visite guidate alle 11.00, 12.00, 13.00, 14.00 e 16.00
- Accesso: treni linea 1/137th St (West); linee A, B, C e D/145th St

La residenza newyorchese di un Padre fondatore

Tra tutti i Padri fondatori, Alexander Hamilton è il più ostinato, il più ottimista, il self-made-man: il vero Newyorchese insomma. Nato nelle Antille, povero ed orfano, a soli vent'anni divenne l'aiutante di campo di George Washington. Era dotato di un sesto senso per la finanza, e il privilegio che concesse a Thomas Jefferson di trasferire la capitale politica della nazione a Washington D. C. mantenendo le attività bancarie a New York riecheggia ancora. Lasciò decisamente la sua impronta in città. Si può brindare alla sua salute alla Fraunces Tavern, sede dei suoi primi uffici di Segretario del Tesoro, o visitare il sito della banca più vecchia degli Stati Uniti, di cui fu il fondatore. Dalla West 42nd Street si vede Weehawken, sull'altro lato dell'Hudson, dove Hamilton duellò con Aaron Burr, e la sua tomba nel cimitero di Trinity Church. Un numero sorprendente di newyorchesi – tra cui soprattutto quelli che considerano un retroterra esotico tutto quello che sta a nord della 110th Street – ignorano che anche la sua ultima e unica residenza si trovi a Manhattan. Hamilton la chiamò «the Grange» («la fattoria») in ricordo della proprietà del nonno in Scozia. Uno dei motivi per cui non è conosciuta è il lungo restauro che si concluse solo alla fine del 2011. Per non parlare dell'instabilità stessa dell'edificio: fu spostato (interamente) in due riprese, una prima volta di quattro isolati verso ovest per incastrarlo a fianco alla chiesa episcopale di Saint Luke (dove esiste ancora una statua in bronzo di Hamilton), e, in tempi più recenti, sulla West 141st Street, dove fu riorientato per inserirlo meglio rispetto al Saint Nicholas Park. Hamilton fece costruire questa casa di campagna per motivi famigliari. Quando venne ad abitarvi nel 1802, aveva sette bambini e la distanza da New York, che all'epoca si concentrava in quello che oggi chiamiamo Downtown,

li metteva al riparo da malattie quali il colera e la febbre gialla. Un'abitazione piccola ma dotata di tutte le comodità: Hamilton la chiamava il suo «dolce progetto» e probabilmente pensava che qui sarebbe morto, vecchio e contento. Invece, all'alba dell'11 luglio 1804 si alzò per andare incontro al vicepresidente degli Stati Uniti, per mano del quale morì nel più famoso duello della storia del paese.

O ALL YE FOWLS OF
THE AIR, BLESS YE THE
LORD, PRAISE HIM AND
MAGNIFY HIM FOR EVER.

AUDUBON.

I BASSORILIEVI DELLA TOMBA DI AUDUBON

Trinity Mausoleum and Cemetery
770 Riverside Drive
• www.trinitywallStreet.org/congregation/cemetery
• Tel. 212-368-1600
• Aperto tutti i giorni dalle 9.00 alle 16.00
• Accesso: linee A e C / 155th St.; linea 1 / 157th Str.

> **Assassino (e pittore) di uccelli**

Anche se non mancano gli indizi – Audubon Terrace, Audubon Av. – molti ignorano che il «più grande naturalista americano» visse nel quartiere di Washington Heights. Audubon potrebbe peraltro essere anche un mito: pare sia vissuto in un'oasi di armonia e colori, abitata solo da uccelli. In realtà morì banalmente a New York. Nato a Santo Domingo, cresciuto in Francia, cittadino americano, Jean-Jacques Audubon dedicò anni di duro e ingrato lavoro alla creazione di un capolavoro pittorico: una descrizione completa degli uccelli d'America. Quando il progetto gli portò infine la meritata fama, acquistò una proprietà nella parte alta della 155th St., dove visse fino a quando morì.

Un tempo, il terreno del cimitero di Trinity faceva parte della sua tenuta. Per questo la tomba di Audubon è una delle più monumentali: una croce celtica del peso di sette tonnellate, scolpita in un blocco massiccio e alto sei metri, ricoperta di uccelli. Ad osservarla attentamente, vi si scopre un aspetto della carriera del naturalista che mai si sarebbe immaginato: su uno dei lati del piedestallo, un bassorilievo raffigura gli strumenti del pittore – tavolozza, pennello e poggiamano – incorniciati da foglie e fiori. Sull'altro lato, invece, sono raffigurati un corno contenente della polvere da sparo, un carniere e fucili da caccia incrociati. Prima ancora che artista, Audubon era un ottimo cacciatore: uccideva quasi tutti gli uccelli che dipingeva. In ogni suo ritratto compare sempre un fucile. Uccideva gli uccelli e, utilizzando del filo di ferro, li disponeva come se fossero vivi, li inquadrava in una griglia per correggerne le proporzioni e poi, con calma, li dipingeva.

BIRDS OF AMERICA

Birds of America d'Audubon, stampato per la prima volta nel 1827, contiene i disegni di almeno 500 uccelli, alcuni appartenenti a specie oggi estinte: il grande pinguino, l'urogallo d'America. Quando Audubon morì, lasciò in eredità alla moglie la proprietà che costei aveva peraltro curato mentre egli girovagava per gli Stati Uniti. Trovatasi a sua volta in difficoltà, la vedova dovette vendere gli acquerelli originali del libro per la somma di 2000 $ alla New-York Historical Society. La maggior parte delle tavole in rame inciso finirono così con l'essere fuse presso un ferrivecchi. Nel 2010, in una vendita all'asta da Sotheby's a Londra, l'edizione completa di Birds of America venne venduta al prezzo record di 11,6 milioni di dollari: il libro stampato più caro della storia.

IL PORTOLANO HISPANIC SOCIETY OF AMERICA ⓲

Broadway, tra West 155th Street e West 156th Street
• www.hispanicsociety.org • Tel. 212-926-2234
• Biblioteca aperta dal martedì al sabato dalle 10.00 alle 16.30
(Stessi orari del museo che è aperto anche la domenica dalle 13.00 alle 16.00)
• Ingresso libero
• Accesso: linea 1 / 157th St; linea C / 155th St

America
terra incognita

Cosa c'è di più affascinante di una vecchia carta geografica in cui i territori sono ancora irregolari e strani e dove i margini dei continenti *terra incognita* sono nebulosi? *The Hispanic Society of America Museum* ne possiede una nella sua biblioteca: un'immensa *mappa mundi* del 1526, su pergamena, attribuita a Giovanni Vespucci, nipote del grande esploratore fiorentino Amerigo e contrassegnata come "Portolano".

Realizzate per scopi commerciali, le carte nautiche o portolani, sono le primissime mappe del mondo conosciuto a non essere frutto di fantasia. Quella dell'*Hispanic Society* passa per essere stata la carta d'esplorazione ufficiale spagnola chiamata *padrón real* o «registro reale». «Quando i marinai ritornavano in Spagna - ci dice il conservatore della biblioteca - avevano l'obbligo di stilare una relazione in cui definivano i contorni delle coste che avevano visto». La carta realizzata sulla base di queste descrizioni era regolarmente aggiornata ed era coperta dal segreto di Stato: nell'immaginazione delle potenze rivali europee, il Nuovo Mondo brillava come un'immensa distesa d'oro puro. La persona incaricata di aggiornare il registro spagnolo si chiamava *piloto mayor*, cioè «navigatore capo». Il titolo rimase ad Amerigo Vespucci fino alla sua morte, avvenuta nel 1519, e poi fu trasmesso al nipote Giovanni. Il *piloto mayor* aveva un compito molto delicato dal punto di vista politico: doveva annotare correttamente le ultime scoperte e non diffondere la notizia. Un giorno Giovanni fece un passo falso e fu immediatamente allontanato.

Da sempre avvolta nel mistero, la carta nautica Vespucci continua ad affascinare. Per prima cosa, non si trova nella biblioteca principale, ma nel deposito. Dovrete sussurrare lo scopo della vostra visita ad un bibliotecario, che vi condurrà fino ad una tenda che aprirà, in maniera vagamente teatrale. Davanti a voi si presenterà il mondo quale veniva raffigurato cinquecento anni fa. L'Europa è ben definita. Anche l'Africa, anche se gli elefanti sono stati disegnati da qualcuno che non li aveva mai visti. La cosa più sorprendente è l'accuratezza con cui sono state riportate le Americhe: il Golfo del Messico e le Indie occidentali sono raffigurati con straordinaria precisione; la Florida è già una penisola e non l'isola fino allora immaginata. Logicamente le carte realizzate da marinai abbondano di dettagli relativi alle coste. Il retroterra rimane impreciso, un paesaggio indefinito, con colline dal tenue colore blu che sfuma nel nulla: l'immagine stessa del mondo sconosciuto.

BRUSH STAIRWAY E OLD POLO GROUNDS

Coogan's Bluff all'angolo di Edgecombe Avenue e West 158th Street
• Accesso: treni linea 1 / 157th St; linee A e C / 155th St

> *Le ultime tracce del baseball a Manhattan*

L a scalinata in metallo realizzata sui fianchi della collina di Coogan's Bluff dominava un tempo il campo di baseball – i *Polo Grounds* - dei New York Giants. Nascosta dietro un cancello mal ridotto, mezza sepolta dalle foglie, la «Brush Stairway» non conduce in nessun luogo ed è eloquente quanto una tomba: da molto tempo ormai non si gioca più a baseball a Manhattan.

Eppure questo sport è nato qui. La geometria stessa del baseball si è adattata alla forma di Manhattan: il «diamante», o campo interno, è nato negli anni '40 dell'Ottocento in Madison Square dove gli impiegati avevano iniziato a giocare all'uscita dall'ufficio. Agli inizi, il gioco (chiamato *rounders*) era composto da cinque basi, ma il quadrato che queste formavano era troppo piccolo e quindi una base fu eliminata. Nel 1845 la prima squadra di New York, i Knickerbockers, stabilì le regole del gioco e immediatamente scoppiò la follia del baseball: in meno di dieci anni divenne l'hobby nazionale.

Durante il primo incontro ai Polo Grounds, non tutti i tifosi riuscirono a trovare posto. James D. Hardy scrisse nel *The New York Giants Baseball Club* che: «Si arrampicavano sui fianchi della collina di Coogan per guardare la partita e ben presto quel luogo è stato chiamato la collina degli scrocconi». Un posto ideale per gli spettatori non paganti, usato fino a quando lo stadio fu demolito nel 1964. Oltre che per i Giants, i Polo Grounds erano stati il campo di gioco anche degli Yankees e dei Mets per periodi più brevi, e fu il luogo dove avvenne "The Shot Heard 'Round the World", l'indimenticabile tiro di Bobby Thomson contro i Brooklyn Dodgers.

Oggi, di questo celebre stadio, non rimane che una scalinata sui fianchi della collina e una targa che il proprietario dei Giants, John T. Brush, ha posto sul pavimento in cemento. Da questo punto si possono vedere le auto su Harlem River Drive, dove i taxisti dominicani parcheggiano vicino a un furgoncino che vende da mangiare. Il più anziano ricorda di avere visto delle partite dalla collina. «Quando non avevamo i soldi per il biglietto - afferma sorridendo - ci arrampicavamo lassù». «Era tanto tempo fa» aggiunge sospirando.

In realtà si tratta del secondo campo da gioco, infatti il primo si trovava sulla 110th Street e originariamente vi si giocava a polo.

I PETROGLIFI DI MANHATTAN

Highbridge Park
Metropolitana linea A e C / 163rd St - Amsterdam Av
Per arrivarci: su richiesta dell'artista, non possiamo indicare il luogo
esatto. I petroglifi sono scolpiti nella parete nord di una sporgenza di
scisto nell'Highbridge Park, tra Edgecombe Avenue e Harlem River Drive,
a sud della 165th

L'anti-Instagram

Un petroglifo è un'immagine incisa in rilievo su una superficie di pietra. Un uomo paleolitico che incide la sagoma di un cavallo in una grotta con la costola di un orso 30.000 anni fa? È un petroglifo. Un laureato d'arte del Minnesota che incide un elicottero su uno sperone roccioso di Manhattan? È ... un po' diverso. Sapete perché? L'arte dei petroglifi è passata di moda con l'invenzione della scrittura. Non ci aspettiamo di vederne di recenti, specialmente non qui, e ancor meno che rappresentino aerei, mongolfiere, missili e satelliti ... Il risultato è enigmatico, confuso. Tutto il merito va a Kevin Sudeith, autoproclamatosi "petroglifista", forse al limite del vandalismo.

Commesse o arte pubblica, le opere di Sudeith spaziano dalla California alla Nuova Scozia. I petroglifi di Manhattan sono un'iniziativa personale e, per trovarli, dovrete scalare delle rocce ed evitare delle piante velenose. Fa parte dell'esperienza. Andare a vedere le incisioni, spesso poco più grandi di una mano, è una piccola via crucis. Questa forma d'arte non rende bene nelle foto. Se non andate fino alla roccia, anche la roccia non verrà da voi. Potremmo chiamarlo anti-Instagram.

Abile disegnatore, Sudeith ha visto il potenziale dei petroglifi durante un viaggio in Australia. Su una parete di roccia, i motivi millenari erano in parte coperti dal disegno di un Europeo a cavallo. Questa sovrapposizione di storia ha fatto effetto e da allora l'artista ha vissuto solo per creare opere senza tempo, ma interessanti per i locali. "Il vantaggio dei petroglifi", dice Sudeith, "è che esistono isolati. Una volta creati, non hanno bisogno di un microcosmo artistico per trovare un pubblico. È il pubblico che viene da loro. Quando esattamente, non importa; ora o tra un secolo, tutto mi va bene. E se non succede nulla, il petroglifo rimane tranquillamente nel suo angolo. Ma comunque esiste, indipendentemente da me, dalla mia carriera. E questo mi basta."

IL PICCOLO FARO ROSSO

Fort Washington Park
Riverside Drive all'altezza della 179th St, sotto il George Washington Bridge
• www.nycgovparks.org/parks/fortwashingtonpark/highlights/11044
• Accesso: treni linea A/181st St; seguire Henry Hudson Greenway da Riverside Drive

*Il padrone
del fiume*

Durante l'estate del 1951, il traffico sulla Riverside Drive, all'altezza del George Washington Bridge, improvvisamente rallentò: gli automobilisti staccavano il piede dall'accelleratore per rivolgere lo sguardo verso un faro di colore rosso ciliegia. Avevano a poco annunciato che questa costruzione, la cui sagoma familiare era visibile da trent'anni sull'Hudson River, sarebbe stata smantellata. Il coro di proteste riempì le pagine di tutti i giornali.

Furono i bambini a prendere l'iniziativa. Dal 1942 avevano con il faro un rapporto affettivo grazie ad un libro molto popolare, *The Little Red Lighthouse and the Great Gray Bridge* ("Il piccolo faro rosso e il grande ponte grigio"), di Hildegarde Swift e Lynd Ward. Il libro racconta la storia di un faro «rosso, rotondo e allegro» che salva le imbarcazioni dalla nebbia e dalle correnti su un tratto insidioso dell'Hudson. Lui stesso si meraviglia: «Allora, disse, io sono IL PADRONE DEL FIUME.» Ed era vero: erano accaduti così tanti incidenti in quel punto – dove emerge uno spuntone di terra chiamato Jeffrey's Hook – che nel 1889 furono collocati dei fari di segnalazione. Dall'epoca della sua costruzione, avvenuta nel 1921, questo faro alto 12 metri, con la sua potente lampada e il corno da nebbia, aveva salvato molte vite e molte navi da carico.

Dieci anni dopo, fu inaugurato il George Washington Bridge. Accanto a questo mostro metallico illuminato, il piccolo faro da eroico diventò semplicemente tenero. Il vero soggetto della storia è la crisi di identità. «Forse non illuminerò più – si disse – e divenne MOLTO, MOLTO TRISTE.» Se pensate che l'immagine di un faro in lacrime sia troppo sciocca per essere commovente, cercate di procurarvi una copia di questo libro.

La storia finisce bene. L'enorme ponte metallico fa sì che le imbarcazioni abbiano sempre bisogno del piccolo faro e un temporale conferma che il ponte ha ragione. Ma nella città, enorme e fredda, non fu la stessa cosa. Il faro divenne obsoleto: quando la guardia costiera annunciò il suo smantellamento i bambini impazzirono. Uno psichiatra della Commissione pubblica per l'infanzia dichiarò che il faro era un simbolo di sicurezza: «Mostra che il mondo, per quanto sia grande, non spaventa i piccoli». I bambini scrissero lettere, alcuni inviarono addirittura dei soldi. La città ascoltò queste lamentele e si dimostrò clemente. Il Parks Department acquistò il faro, gli diede un nuovo lustro e l'aprì al pubblico. È l'ultimo faro di Manhattan.

AMERICAN REDOUBT MARKER

Fort Washington Park
Dalla strada: prendere la 181a fino a Parkway, quindi attraversare il ponte. Camminare lungo il sentiero che porta al fiume. Trovare il percorso a sinistra e seguire il cartello "American Redoubt Marker". Dalla pista ciclabile che passa lungo il fiume: dopo il ponte George Washington, la strada è sulla destra. Se attraversate la ferrovia significa che siete troppo lontano
• Metropolitana linea A e 1 / 181st Street

> *Dove gli americani persero Manhattan*

Questo non è l'unica volta che questa guida fa questa constatazione (s.v. pag. 23 e pag. 399), New York è stranamente scollegata dalla guerra d'Indipendenza americana. Tutti conoscono Brooklyn, ma lo stesso non si può dire della battaglia che porta lo stesso nome. Forse perché i monumenti militari di New York mostrano le battaglie perse? Qui, nel 1776, gli americani provarono più volte l'amara esperienza della sconfitta (Brooklyn fu la prima grande battaglia dopo la dichiarazione d'indipendenza). Washington trovò rifugio a Manhattan oltre l'East River, prima di ritirarsi a nord di fronte al nemico, portando le sue truppe sopraffatte a Westchester. Gli inglesi occuparono Manhattan fino alla fine della guerra. Il sito dell'ultima sconfitta americana sull'isola è segnalato su un promontorio all'ombra del ponte George Washington. Da più di un secolo, una roccia oblunga, su cui è inciso "American Redoubt 1776" (Fortificazione americana, 1776) le rende omaggio.

Il generale Howe, comandante in capo delle forze britanniche, fu colpito dall'ultima possibilità difensiva su questa riva rocciosa; egli osservò come fosse stata "estremamente ben fortificata dai ribelli". In un universo parallelo, gli americani avrebbero potuto battere gli inglesi, prendere il sopravvento e porre termine alla guerra dei sette anni. È questa altra ipotesi che affascina tanto nei tributi agli sconfitti. È impossibile non immaginare il momento in cui scompaiono tutte le certezze, dove gli attori srotolano il filo della Storia. È una rete di speculazioni che viene tessuta a partire da questo monumento.

La struttura delle fortificazioni facilita questo lavoro di immaginazione. A un passo da una stazione della metropolitana, con il rumore delle macchine

sul ponte in sottofondo, il paesaggio è quasi bucolico. La megalopoli è visibile ma, attraverso gli alberi, a volte si scorgono le scogliere nude della riva opposta: il New Jersey, dove gli americani trovarono rifugio, soffrirono, gelarono, imprecarono e si rifiutarono di arrendersi.

IL CINEMA LOEW'S

4140 Broadway, all'altezza della 175th St (West)
• www.revike.org; verificare gli orari degli uffici
• Tel. 212-307-7171
• Accesso: treni linea A / 175th St; linea 1 / 168th St

> **Bizantino-romanico-indo-indù-sino-moresco-persiano-eclettico-rococò-decò**

Nel momento d'oro di Hollywood, i newyorchesi andavano a vedere i film in cinema maestosi. La maggior parte di questi sono stati demoliti, alcuni stanno cadendo a pezzi e di altri non è rimasta che la facciata. Il più grande di tutti è ancora in piedi, sulla 175th Street, fiero ed enigmatico.

Quando lo si vede per la prima volta, si capisce subito che è unico e dallo stile imprecisabile: è stato definito «indocinese», «maya neo orientale», «neoclassico cambogiano». Il critico David Dunlap, appropriandosi dell'intero linguaggio architettonico, lo definì: «bizantino-romanico-indo-indù-sino-moresco-persiano-eclettico-rococò-decò». All'esterno pare vagamente un tempio. L'interno è una profusione di dorature: dee, amorini, elefanti, divinità.

È considerata l'opera più straordinaria dell'architetto Thomas W. Lamb. «Fino al 1927 i suoi edifici erano piuttosto disadorni» afferma Craig Morrison della *Theater Historical Society of America* «Poi improvvisamente: wow!». Lamb non era l'unico: per gli architetti delle sale cinematografiche, l'eccesso era la regola. «Vendiamo biglietti di teatro non di cinema», diceva Marcus Loew, proprietario di una catena di sale da teatro. Nel 1924 Loew acquisì la partecipazione di maggioranza negli studios della Metro-Goldwyn-Mayer: in altre parole, i film dovevano far girare le sale cinematografiche e non il contrario. Le sale divennero illusioni di un affascinante esotismo che, secondo Lamb, «devono ammaliare lo spettatore e trascinarlo in una misteriosa avventura».

Oggi si può ancora visitare il Loew's, sulla 175th Street, ma non si possono vedere film. Nel 1969 l'edificio fu acquistato da Frederick «Reverend Ike» Eikerenkoetter che lo ribattezzò «United Palace Theater» e ne fece la sede della radio e della televisione del suo ordine sacerdotale. Secondo il reverendo, che guidava una Mercedes di colore diverso ogni giorno della settimana, la povertà è la fonte di tutti i mali. Si arricchì caldeggiando un metodo piuttosto corrotto: *Thinkonomics,* ma fu riscattato dagli ammiratori del vecchio cinema. «Un restauro splendido» sostiene Morrison.

Ike è morto nel 2009 e, ogni domenica pomeriggio, nella chiesa viene celebrata una messa in suo onore. Il pastore fa una predica falsamente rasserenante ai primi quattro o cinque banchi, mentre intorno, i muri e le gallerie, riccamente decorate, e il soffitto ispirato ad un sogno orientale scintillano nella penombra.

IN CIMA ALLA TORRE DI HIGH BRIDGE

High Bridge Park
Tra la 155th St (West) e Dyckman St, Edgecombe e Amsterdam Av
• www.nycgovparks.org/parks/highbridgepark
• Visite una volta al mese. Per informazioni chiamare il 212-304-2365
• Accesso: treni linea A/175th St; linea 1/181th St

> *Una volta*
> *al mese,*
> *una visita guidata*
> *fino in cima*

La maggior parte dei newyorchesi ha visto High Bridge Park solo dal finestrino della macchina. Una torre in pietra alta 60 metri che appare ad intermittenza tra gli alberi mentre si percorre l'Harlem Drive. Molti l'hanno vista soltanto sulla cartina e quasi nessuno sa che è possibile visitarla e anche salire fino in cima. Una volta al mese, le guardie forestali del parco organizzano una visita guidata fino in cima all'edificio.

Dopo avere salito la scala a chiocciola che porta all'osservatorio, la vista spazia su tutta la valle del fiume Harlem e, più in là, nel Bronx, sorprendentemente verde. In basso, il fiume è attraversato da quel che resta dell'acquedotto di Croton: una fila di mattoni rossi che costituiscono l'High Bridge. Il ponte più vecchio della città è l'ultimo arco di un acquedotto di 65 chilometri (s.v. pag. 68), rimasto chiuso per decine di anni. «Quelli tra voi che sono nati prima degli anni '70 forse ricorderanno che da questo ponte venivano lanciati i sassi sulle macchine che passavano sotto» ci ricorda Jerry Seigler, una guardia forestale. Indossa il copricapo regolamentare, ha un walkie-talkie, un manganello e, alla cintura, delle manette. Quelli che ricordano, se ne stanno zitti. Jerry fa scendere il gruppo dei visitatori e li conduce nel punto in cui il vecchio ponte incontra il pendio roccioso di High Bridge Park.

La visita guidata prosegue lungo gli argini, particolarmente selvaggi, del fiume: una fitta vegetazione di piante rampicanti, rocce coperte da muschio e grandi alberi. La visita risulta molto piacevole tanto più che Jerry è un pozzo di informazioni: conosce la storia del parco, la sua geologia, la flora e i trucchi di caccia degli Indiani (spingevano i cervi verso il fiume perché annegassero).

Il gruppo percorre un sentiero ombreggiato dal fondo argilloso. Se non fosse per le schegge di vetro di cui è disseminato, parrebbe di essere negli Appalachi. «Ecco uno dei miei alberi preferiti. – dice Jerry, indicando un platano gigantesco con il tronco traforato – Un giorno, ho scoperto che era abitato». Tutti pensano che l'inquilino sia un adorabile procione. Jerry invece si sta riferendo ad una persona in carne ed ossa: un senzatetto con il materasso messo di traverso, un televisore a batteria e un carrello della spesa incatenato ad un albero.

THE HIGHEST
NATURAL POINT
ON MANHATTAN
265.05 FEET
ABOVE SEA LEVEL
U.S.C.&G.S. DATUM

BENNETT PARK

Fort Washington Avenue e West 183rd Street
• www.nycgovparks.org/parks/bennettpark
• Accesso: treni linea 1 / 181st St

L o *skyline* di New York è pura
architettura: si dimentica facilmente
che i grattacieli di questa metropoli
in verticale non sono che la ciliegina su
una gigantesca torta rocciosa sottostante.

> *Il punto
> più elevato di
> Manhattan*

Il terreno sui cui sorge Manhattan è composto essenzialmente da due tipi
di rocce: lo schisto – una pietra color cenere che affiora luccicante a Central
Park – e il marmo, presente solo nella parte settentrionale, a Inwood. Lungo
la penisola, la roccia è ondulata. La mancanza di grattacieli tra *downtown* e
midtown è dovuta al fatto che qui lo strato roccioso è profondo più di trenta
metri e quindi è impossibile scavare per costruire delle fondamenta. A
Washington Heights, invece, raggiunge il culmine: una piccola sporgenza al
centro di Bennett Park. Una targa indica l'altezza esatta: 80,8 metri sul livello
del mare. Un tempo, tuttavia, la collina aveva dei vantaggi strategici. Nell'estate
del 1776, George Washington perlustrò il sito e ordinò la costruzione di una
fortificazione, «una specie di cittadella». Nel parco si possono ancora vedere
le tracce, delimitate dalle pietre, di un'opera a cinque bastioni battezzata Fort
Washington, in onore del generale (che diede il suo nome anche a Washington
Heights e Fort Washington Avenue). Dopo una serie di contrattempi e
combattimenti ravvicinati, gli americani furono circondati da svariati
reggimenti britannici, quattro volte più numerosi. Il comandante delle truppe
inglesi, il generale Howe, segnalò agli americani il vantaggio numerico, ma
questi non indietreggiarono, preparandosi all'assalto. La battaglia iniziò il 16
novembre. Accampato sull'altra riva del fiume Hudson, Washington poteva
vedere con il cannocchiale i soldati britannici passare al filo della baionetta
i soldati americani. «Sono in una situazione così difficile - scrisse – che se
dovessi augurare la peggiore delle maledizioni al nemico su questo lato della
tomba, lo metterei al mio posto e nel mio stato d'animo». La battaglia fu
cruenta e decisiva: gli inglesi occuparono Manhattan fino alla fine della guerra.

LA PRIMA DONNA-SOLDATO DEGLI STATI UNITI

Al momento di andare in pensione Margaret
Corbin, «l'eroina di Fort Washington» fu
dichiarata prima donna-soldato degli Stati
Uniti. Durante la battaglia aiutò il marito
artigliere. Quando questi morì si mise a
tirare cannonate al suo posto. Non lontano, a
Holyrood Church, c'è una targa in suo onore.

Per le sue caratteristiche geologiche, questa parte di Washington Heights è
anche attraversata dal tunnel più profondo della metropolitana. La stazione
più bassa è quella della 181th St, lungo il percorso della linea 1/9.

IL SANTUARIO DI SANTA FRANCESCA CABRINI

701 Fort Washington Avenue
- www.mothercabrini.org/ministries/shrine_ny.asp
- Tel. 212-923-3536
- Aperto da martedì a domenica dalle 9.00 alle 17.00
- Accesso: treni linea A / 190th St

> *La prima santa americana*

Francesca Saverio Cabrini, la prima cittadina americana ad essere canonizzata dalla Chiesa cattolica, riposa in un santuario a Washington Heights. La vista delle sue spoglie mortali in un sarcofago di vetro potrebbe impressionare le persone più sensibili.

«Certo, alcuni visitatori sono terrorizzati. – dice Rose, la segretaria del santuario – Si vedono lo scheletro e la pelle. Ma non è per questo che si diventa santi. Per diventare santi bisogna fare *miracoli*.»

Il santuario di Madre Cabrini si occupa di immigrati ed è dunque naturale che si trovi a New York. Francesca poteva capire i loro problemi perché lei stessa era un'immigrata. Dopo aver fondato una congregazione religiosa in terra natia, l'Italia, giunse a Manhattan nel 1889 con un gruppo di consorelle. La piccola comunità andò a vivere nella squallida abitazione di Five Points nel Lower East Side, un ambiente sporco, rumoroso e infestato di parassiti; di notte una delle religiose faceva la guardia per proteggere le altre dai ratti. A quell'epoca, gli italiani erano spesso considerati una sottospecie. «Ci sono talmente tante cose da fare per i nostri poveri italiani, derisi e abbandonati – scriveva Madre Cabrini – Gli Americani non sopportano la nostra vista». Francesca Saverio Cabrini si occupava soprattutto di scuole ed orfanotrofi. Quando le venne chiesto di occuparsi anche di ospedali rifiutò ma, continua Rose, la Vergine Maria le apparve in sogno con le maniche rimboccate per «fare quello che non vuole fare». Rose sbarra gli occhi dal terrore all'idea che la madre di Gesù abbia potuto rimproverarla personalmente. «Va bene, lo farò» disse Francesca.

Francesca fondò più di 60 istituti, tra cui un centro medico sulla 22nd Street (oggi chiuso). Nel 1909 ottenne la cittadinanza americana e nel 1946 fu canonizzata. Nella bolla papale, la santa è formalmente riconosciuta come «celeste patrona degli immigrati». Rose si mette a frugare in una cartellina e alla fine trova la recente lettera di una dominicana che implora di essere liberata anticipatamente dalla prigione per poter raggiungere i suoi figli. La lettera è direttamente indirizzata alla santa, in tono famigliare, ma ovviamente sarà Rose a scrivere la risposta.

Il corpo di Madre Cabrini non è interamente nel santuario: la Chiesa, infatti, non esitò a ripartire le reliquie. Il cuore è a Roma e la testa a Codogno.

IL BUSTO DEL CRISTO DI LAVAUDIEU

The Cloisters Museum
99 Margaret Corbin Drive, Fort Tryon Park
• www.metmuseum.org/cloisters
• Tel. 212-923-3700
• Aperto da martedì a domenica dalle 9.30 alle 17.15 (da marzo a ottobre), e dalle 9.30 alle 16.45 (da novembre a febbraio)
• Offerta consigliata: adulti $20, oltre i 65 anni $15, studenti $10
Come arrivare: treni linea A / 190th St

Un vecchio spaventapasseri

Sullo spoglio muro dell'ala romanica dei *Cloisters* è appeso un modesto busto di Cristo. Incompleto, mutilato e sporcato dal passare dei secoli, è tra le opere meno notate del museo. La scultura ha una storia stravagante che riassume, con comica precisione, l'intera storia e la funzione dei «Chiostri» quali istituzione culturale.

«Se siete alla ricerca di luoghi curiosi e lugubri – afferma un volontario che garantisce le visite guidate dei Cloisters – questo museo sarà il primo della lista». Moltissime opere d'arte medievali suscitano un sentimento di paura, ma la caratteristica singolare di questo museo (senza eguali tra gli altri musei americani) è la loro disposizione. La visita dei *Cloisters* è una passeggiata attraverso un ingegnoso assemblaggio di architetture monastiche: tonnellate di blocchi di pietra furono importate dall'Europa per la loro realizzazione. Questo spazio espositivo dedicato all'arte medievale è stato progettato da George Grey Barnard, uno scultore americano che durante i suoi studi a Parigi accumulò molte opere d'arte europee, che oggi rappresentano il cuore della collezione. Aveva un profondo interesse per la scultura medievale, cosa rara a quell'epoca.

Gli Stati Uniti, contrariamente alla Francia, non sono mai stati diffidenti nei confronti del Medioevo. Durante la Rivoluzione Francese, l'Assemblea Nazionale si appropriò dei beni ecclesiastici e li vendette ai cittadini. Le abbazie divennero fattorie, le cappelle granai e le sculture servirono a tamponare i muri. Fu così che la statuaria religiosa europea creò una collezione oltreoceano: bastava servirsi.

La guida si accosta al busto e rimane un attimo in silenzio prima di soffermarsi sul fascino particolare dell'opera, già assaporando la conclusione della sua presentazione. «Si noti la delicatezza dell'anatomia del corpo umano: le ossa, i muscoli, la pelle strappata. Una scultura eccezionale per il XII secolo. Per molto tempo è stata considerata una scoperta rarissima». Barnard aveva scovato questo busto nell'abbazia di Lavaudieu, in Alvernia. «L'ha acquistata a dei francesi che l'avevano vestita e piantata nei campi come spaventapasseri!».

THE DYCKMAN FARMHOUSE

Broadway e West 204th Street
• www.dyckmanfarmhouse.org
• Tel. 212-304-9422
• Aperto da mercoledì a sabato dalle 11.00 alle 16.00 e domenica dalle 12.00 alle 16.00
• Tariffa: $1
• Accesso: treni linea A / Dyckman Street o Inwood – 207th St; linea 1 / 207th St

L'ultima fattoria di Manhattan

All'angolo tra Broadway e la West 204th Street, dove gli alberi adombrano i lampioni e le uscite di sicurezza, c'è la fattoria dei Dyckman, l'ultima testimonianza della vita agreste nel XVIII secolo. A nord di Manhattan, c'erano solo aziende agricole, tranquilli ruscelli e quel che rimaneva di qualche villaggio indiano. Per oltre due secoli, questa semplice casa bianca, l'ultima fattoria di Manhattan, è stata risparmiata dalla modernità. Costruita nel 1784 da William Dyckman, non fu mai ammodernata perché avrebbe potuto essere demolita da un giorno all'altro. Agli inizi del XX secolo, fu addirittura ipotizzato di trasferirla non lontano, ad Isham Park, ma i discendenti di Dyckman intervennero perché non venisse spostata, ma aperta al pubblico.

Oggi il personale del museo è molto impegnato nella sua manutenzione. Al piano superiore non è cambiato nulla dopo che, nel 1915, è stata trasformata in museo. Al piano terra, invece, il salone e la cucina, ricavata in un abbassamento del terreno, sono stati oggetto di una minuziosa ricostruzione. «L'idea che ci si fa del passato - spiega Susan De Vries, la direttrice del museo - è in continua evoluzione. Qualsiasi edificio storico racchiude molte testimonianze di svariati periodi ed ogni epoca è importante».

All'esterno la casa permette di intravedere il passato, mentre quando si entra si torna proprio indietro nel tempo. I mobili sono stati meticolosamente restaurati e più li si osserva da vicino più i dettagli sembrano reali: sul tavolo un mazzo di carte è aperto accanto a un bicchierino di Madeira; il lavoro a maglia della signora è adagiato sulla sedia nell'angolo; al muro, la pendola fa tic-tac e batte l'ora come in passato. Sul tavolo della cucina ci sono una pagnotta e delle carote tagliate a dadini, pronte per essere messe in padella. Il tempo si è fermato. Mancano solo i Dyckman. L'unico dettaglio che stona è il visitatore, strano fantasma del futuro.

Nella cantina si intravede una parte delle fondamenta: un pezzo di roccia dove è stato inciso una specie di ideogramma: due quadrati sovrapposti e collegati da linee. Si tratta di un gioco di società – il gioco del mulino – probabilmente inciso per i bambini dei Dyckman.

LA PIETRA MILIARE N. 12

Isham Park, entrata sud
Broadway e 211th Stwww.nycgovparks.org
• Accesso: treni linea 1 / 207th St

C'è uno strano blocco di arenaria incastrato nel muro all'entrata di Isham Park. Si distingue dal granito circostante per la forma regolare ed il colore di terra della sua superficie porosa. Milioni di persone, a piedi o in bicicletta, ci passano davanti senza fermarsi. Per questi è una pietra anonima, per gli storici di New York è un reperto noto come pietra miliare n.12.

La sentinella silenziosa

Le pietre miliari sono monumenti particolari e suggestivi. Sono semplici pietre che racchiudono un messaggio di una serie ma in un attimo possono evocare cavalli al galoppo, il passaggio di una diligenza e nubi di romantica polvere. È anche possibile collezionarle. Manhattan si estende su 14 miglia e molti studiosi si sono smarriti sui bordi delle strade, nei sotterranei abbandonati, o negli archivi e tra le mappe delle biblioteche alla ricerca delle 14 pietre miliari originali della penisola.

Le prime 14 pietre originali vennero piantate nel 1769, nell'ambito di un progetto per la regolarizzazione delle tariffe postali proposto dal vice ricevitore postale Benjamin Franklin. Con l'odometro da lui inventato, misurò di persona la distanza del tratto di strada tra New York e Boston. Questa arteria, che veniva chiamata la Boston Post Road, era già in uso da cento anni ma non era mai stata delimitata con cippi. «Una strada degna di rispetto – scrisse allora Richard J. Koke, responsabile della Historical Society ed esperto di pietre miliari – deve essere punteggiata di cippi ben tagliati.»

Con l'evoluzione del piano cittadino e l'allargamento e lo spostamento delle strade, le pietre miliari furono tolte e dimenticate. Alcune sparirono per sempre; altre furono ritrovate in giardini privati, nelle discariche o incastrate in scalinate. La n. 10 fa parte della collezione della New York Historical Society, la n. 11 si trova nella residenza Morris-Jumel e si ignora dove siano andate a finire le n. 13 e 14.

La n. 12 si trovava originariamente in Post Road, all'angolo della 190th Street. Le distanze furono ricalcolate nel 1813 quando fu definito il «miglio zero» a City Hall, recentemente inaugurato, e la pietra miliare fu rimossa (e forse tagliata). L'iscrizione incisa – *12 MILES FROM N.YORK* – fu probabilmente danneggiata da vandali a colpi di pistola. Solamente nel XIX secolo fu inserita nel muro dove si trova ora: consumata, muta, ignorata, è la più vecchia che si possa trovare a Manhattan.

L'ARCO DEI SEAMAN-DRAKE

5065 Broadway e 216th Street
• Metro 1 / 215th St

Rovine
a Manhattan

Manhattan sa bene come far sparire ciò che non le piace più. Senza dubbio, fin troppo bene, come già si lamentavano i primi difensori del patrimonio urbano (s.v. pagina 169). Qui, il presente non si appoggia sul passato: ci passa sopra con il bulldozer. Ma Manhattan nasconde ancora rovine degne di questo nome, a nord dell'isola. Un battito di ciglia e rischiate di perdervele. È tutto lì: le vecchie pietre, il profumo di un'altra epoca e persino il dettaglio che completa ogni rovina che si rispetti: un albero che cresce a filo di roccia. Questo edificio abbandonato, l'arco dei Seaman-Drake, un tempo conduceva a una dimora sulle colline di Inwood e non è stato modificato sin dalla sua costruzione, avvenuta intorno al 1850.

La famiglia Seaman era una dinastia di ricchi mercanti le cui radici newyorkesi risalivano al 1650. Tutta la terra apparteneva a loro, fino al fiume a nord. Il castello dei Seaman, la loro villa di marmo sulle colline, è scomparso da tempo, è sopravvissuto solo questo ingresso. L'Arco dei Seaman-Drake ora si apre su un garage, con un'insegna a lettere rosse sul muro: AUTO BODY. Dei cavi e dei tubi pendono dal soffitto. Dietro il plexiglass di una porta di garage, dei macchinari gemono e le macchine aspettano di essere riparate. Costruito in marmo di Inwood (proveniente da una cava vicina), ma ridipinto più e più volte, il monumento si erge come un arco di trionfo: guardate in alto e vedrete cornici eleganti e cesti romani, con motivi di foglie di acanto. Appena sotto, pneumatici, filo spinato e pastiglie di freni arrugginiscono tra le foglie morte. Questa cornice sembra spingere all'eccesso i temi del decadimento e della vanità che si trovano nell'edificio. "A volte gli studenti vengono a fare delle foto", spiega Carlos, uno dei meccanici. Ci pensa un momento, osservando i murales. "Non così spesso, in realtà."

Un po' più avanti si trova un negozio di liquori, l'Inwood Hills Spirits & Wine, la cui insegna è ispirata all'arco dei Seaman. Sulla vetrina, una dozzina di foto in bianco e nero. "Sono i vicini che me le danno", dice il proprietario

Norberto Duran, alzando le spalle. "Ne ho ancora circa una cinquantina. Questa è la nostra storia. Mi piace esporle. È meglio di un poster con la pubblicità di un whisky, giusto?"

L'ULTIMA PALUDE DI ACQUA SALATA

Inward Hill Park, a nord di Manhattan
• www.nycgovparks.org/parks/inwoodhillpark
• Accesso: treno linea A (Inwood - 207th St.); treno linea 1 (215th St.)

> *L'ultima testimonianza della Manhattan primitiva*

Se guardiamo su una mappa la punta settentrionale di Manhattan, noteremo una piccola rientranza: è proprio lì, a Inwood Hill Park, che si trova l'ultima palude d'acqua salata. Questa palude è una testimonianza, miracolosamente conservata, di ciò che New York era prima che la città diventasse uno dei luoghi più raffinati e meglio organizzati al mondo.

L'essenza di una palude d'acqua salata è il cambiamento. Con l'alta marea, la baia non offre nulla di eccezionale: uno specchio d'acqua delimitato da erba e pietre spaccate. Ma, con la bassa marea, lo stesso posto diventa uno specchio fangoso luccicante, in cui emergono innumerevoli piccoli corsi d'acqua, tutti diretti verso Spuyten Duyvil. Gli uccelli curvi beccano nel fango, sondano in profondità alla ricerca di granchi violinisti e fundulidi.

Non si tratta di un'oasi emersa dalla preistoria: la marea è il movimento d'orologeria della terra e della vita animale, che non si preoccupa del nostro sviluppo e se ne va tranquillamente per i fatti suoi. E anche se, chiudendo gli occhi, avrete la sensazione di trovarvi immersi in una natura primordiale ... ascoltate gli aerei che vi sorvolano senza sosta!

I guardiani del parco - che troverete sul lato nord dell'ingresso - vi parleranno di maree, piante e animali. Per molto tempo, i *birdwatcher* hanno scelto questo sito per le loro osservazioni: è sempre possibile avvistare garzette, aironi blu, pivieri, oche e anatre. In una giornata di sole, la Ranger Sunny Carroa, dando un'occhiata agli appartamenti circostanti, mi ha detto la sua opinione: "Le persone che vengono qui apposta, conoscono il luogo. Altri lo vedono solo come un posto tranquillo. "

Sebbene sia ancora possibile, con l'alta marea, remare in canoa, l'acqua era più profonda negli anni '30, quando fu costruita la maggior parte di questo parco. Decennio dopo decennio, il limo si deposita e rende la navigazione più difficile. Di tanto in tanto, uno squadrone di oche prende il volo, lasciando alcune tracce nel fango. Si lasciano alle spalle un piccione (sebbene sia stato installato un cartello "NON DARE DA MANGIARE AI PICCIONI"), una sorta di impostore, che si sente altrettanto a proprio agio in questo paesaggio primitivo che in una grondaia.

LE CAVERNE INDIANE DI INWOOD HILL

Inwood Hill Park
Tra Dyckman St, l'Hudson River e il canale di Harlem
• www.nycgovparks.org
• Accesso: treni linea A / Dyckman St o Inwood – 207th St; linea 1 / 207th o 215th St

> ## L'ultima foresta di Manhattan

Aparte le mandrie di mastodonti (cf. pagina 251), è difficile immaginare che Manhattan fosse un territorio in cui le comunità di Nativi americani cacciavano (orsi, cervi, tacchini), pescavano (soprattutto ostriche) e, come hanno suggerito gli storici, attraversavano l'isola a bordo di canoe, utilizzando una rete di fiumi tra loro collegati. A partire dal 1620, lo sviluppo urbano di Manhattan può essere figurativamente immaginato come una polveriera scoppiata a Battery Park e gradatamente propagatasi fino alla punta nord-occidentale dell'isola. In questo punto si trova Inwood Hill Park, l'ultima foresta di Manhattan, l'unico luogo che ancora possa far pensare all'ambiente in cui vivevano i primi newyorchesi, i Lenapi.

La principale attrazione di quest'area della Manhattan preistorica sono le caverne indiane. Sul fianco roccioso che scende fino al fiume, alcuni strapiombi naturali fungevano da riparo temporaneo agli accampamenti dei Lenapi e in un certo punto queste caverne, che un tempo erano più profonde di oggi, attraversavano enormi rocce da una parte all'altra. Il primo studio archeologico di quest'area fu effettuato alla fine del XIX secolo da due entusiasti dilettanti (l'unica categoria di archeologi a quel tempo): William Calver e Reginald Bolton, che perlustrarono il nord di Manhattan alla ricerca di oggetti fabbricati. In seguito, Calver scrisse che il pesce e la selvaggina, e naturalmente i ripari rocciosi naturali, rendevano la parte settentrionale dell'isola un «territorio con caratteristiche uniche per la vita primitiva» – un'opinione che non è mai stata contestata.

Può sorprendere che la frenesia dello sviluppo urbano abbia risparmiato un pezzo della storia amerindia ed anche il suo ambiente originale: tulipifere di altezza sbalorditiva, colline alberate popolate da uccelli di ogni specie (passeracei, cardinali rossi, falchi e, in inverno, aquile dalla testa bianca) e, in alto, nei sentieri serpeggianti, nessuna traccia del mondo moderno, a parte il rombo lontano di un aereo nel cielo.

La parola Manhattan è di origine lenape, ma il suo significato non è noto. Robert Juet, collaboratore dell'esploratore inglese Hudson, trascrisse il termine Manna-hata nel 1609 e, un anno dopo, il nome comparve per la prima volta su una cartina. Può essere tradotto con «isola» (menatay in lenape), «luogo in cui raccogliere la legna per costruire archi» (manahatouh) o anche «luogo di ebbrezza generale» (manahactanienk).

BRONX E QUEENS

WEST 230TH STREET

• Accesso: treni linea 1 / 225th St – Marble Hill o 231st St

La West 230th Street nel Bronx serpeggia sotto il fragore del metrò aereo a Broadway, costeggia la parte nord di Marble Hill e, dopo una squallida distesa di cemento, si trasforma magicamente in una scalinata che scompare tra gli alberi.

Una scalinata verso la periferia

Sulla piantina, la scalinata pare una strada e spesso è indicata come tale, in base ai criteri del Dipartimento dei trasporti. In realtà sono gradini e riservati solo ai pedoni. Nel Bronx ci sono strade di questo tipo ma la 230th è la più lunga. Le scale iniziano in Irwin Avenue ed attraversano altre due avenue – che sono come pianerottoli – prima di sbucare su Netherland Avenue, dove si appiattiscono per diventare una strada normale.

La 203th Street non si accontenta di sparire nel verde: questa curiosa scalinata racconta molte cose sulla vita variopinta del Bronx, smentendo la sua fama di quartiere malfamato e dedito alla droga. Il rumore assordante del metrò non è che un aspetto della 230th Street. Sull'altro lato, in cima alla collina, si trova il quartiere di Riverdale. Una straordinaria cartolina della periferia: residenze private, giardini curati, Suv. La scalinata in realtà conduce dal caos alla bella vita.

Ma ritorniamo sulla Irwin Avenue. Ci sono due stazioni di rifornimento, un garage in cui si effettuano riparazioni di pneumatici, un giovane sul suo skateboard («Non sono mai andato lassù» dice, indicando Riverdale) e un mare di asfalto. Due muretti di mattoni fiancheggiano l'inizio della scalinata. Salite fino al livello di Johnson Avenue: ultima uscita di sicurezza. Ancora un livello, fino a Edgehill Avenue: ecco il primo garage privato. Poco prima di raggiungere Netherland Avenue si iniziano a intravedere cortili, case in mattoni con intelaiatura a traliccio e tetti in ardesia. Siete arrivati in cima: muri in pietra grezza, ciliegi in fiore sul prato di casa, papà che gridano ai loro bambini di salire in auto e cani felici.

Vi siete spostati di appena 150 metri ma è come se aveste percorso chilometri. Una signora ammette che Riverdale è «il quartiere più caro del Bronx» e si lamenta perché talvolta «li» vede salire la scalinata. Un'altra signora con la borsa della spesa dice di aver salito la scalinata tutti i giorni per 22 anni. Quando le viene chiesto qual è il momento migliore per visitare il quartiere, risponde: «In qualsiasi momento, a parte la notte. Pericoloso? Non ho mai sentito nulla di strano ma non vorrei essere la prima.»

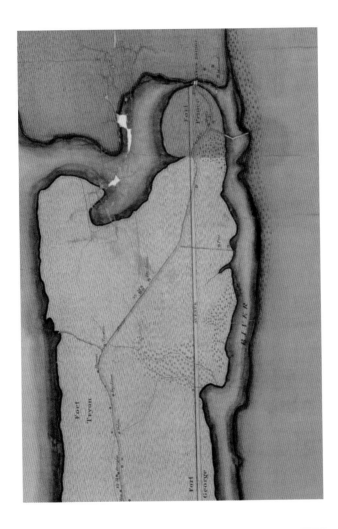

Il nome Marble Hill deriva dal marmo di Inwood che affiora a nord di Manhattan. È visibile negli spuntoni di roccia vicino alle rive del fiume. Questo marmo ispirò anche gli Indiani che chiamavano questa zona Saperewack: «il luogo luccicante».

MARBLE HILL

• Accesso: treni linea 1 / Marble Hill – 225th St

> **Un pezzo di Manhattan a nord del fiume**

Se chiedete agli abitanti della piccola comunità di Marble Hill se si considerano residenti di Manhattan o del Bronx, vi daranno tutti delle risposte diverse: «Come? – risponde un uomo alle prese con il lavaggio della macchina in Ft. Charles Street – Siamo nel Bronx, chi vi ha detto il contrario?» Una donna a passeggio con il cane sulla 225th Street sostiene di sentirsi «tecnicamente a Manhattan» ma di dire ai suoi amici che vive nel Bronx. Tre adolescenti sulla scalinata di un immobile: «Bronx!» gridano due, mentre il terzo che parla solo spagnolo sorride titubante. «Per me è semplicemente Avalon – afferma un signore flemmatico che indossa un paio di Ray-Ban sgangherati – Ma chiamatela come volete».

Da più di un secolo lo statuto di Marble Hill è oggetto di controversia. Se si guarda la cartina, ci si accorge che il quartiere segue una curva: Terrace View si piega sulla 228th Street che a sua volta vira verso sud a Broadway. Queste strade ripercorrono il letto del vecchio fiume Spuyten Duyvil. Marble Hill rappresentava un tempo la gobba sulla punta settentrionale di Manhattan. Nel 1895, l'Harlem River Ship Canal venne scavato direttamente in questa gobba e Marble Hill divenne un isolotto. Successivamente lo Spuyten Duyvil fu interrato e il quartiere collegato al Bronx e, da qui, al continente.

Non tutti conoscono questa storia. Da qui nasce la confusione: amministrativamente, Marble Hill appartiene a New York e non alla contea del Bronx; i residenti votano nella circoscrizione di Manhattan, ma gli uffici si trovano a nord del fiume. Il prefisso telefonico è il 718 (Bronx), ma i numeri di telefono figurano sia nell'elenco telefonico di Manhattan che in quello del Bronx.

In un campo da gioco a nord del quartiere c'è una pietra inserita nell'asfalto: un cippo che delimita inutilmente la frontiera tra il Bronx e Manhattan.

Un anziano signore, intento a giocare a scacchi, ha trovato la soluzione: «Manhattan – dice – Quando ci convocano come giurati nel Bronx adottano il sistema del codice postale: basta rispedire la lettera al mittente». E se l'amministrazione insiste? Si riaggiusta in testa il berretto da baseball e borbotta: «Non lo farà».

LA GARABEDIAN HOUSE

1605 Pelham Parkway, Bronx
• Accesso: treni linea 1/207th St, poi autobus BX12-SBS direzione SBS;
scendere a Pelham Parkway e Eastchester Road

*I divi
a Betlemme*

Durante il periodo di Natale, il viale che costeggia il lato est di Pelham Parkway è scarsamente illuminato sul lato destro; si riesce a vedere solo una lunga distesa d'erba, la strada e in lontananza, le finestre luminose degli appartamenti. Il lato a ovest, invece, è denso di stradine residenziali con le facciate delle case illuminate da luci intermittenti dove i residenti fanno a gara in fatto di lusso e di decorazioni. Appena si arriva in Westervelt Av., si capisce subito chi la spunta a Pelham Parkway. La Garabedian House, al numero 1605, è talmente stravagante da essere ormai entrata a fare parte della leggenda. Da quando Nelly Garabedian, la matriarca della famiglia, inaugurò questa tradizione negli anni '70, la sua casa è stata visitata da migliaia di persone. Gli increduli sbarrano gli occhi e si aggrappano alla recinzione, mentre gli automobilisti rallentano per guardare, innescando un concerto di clacson. «Mia madre – affermò Gary Garabedian al *Daily News* – voleva creare un evento che desse l'illusione che i divi di Hollywood celebrano la nascita di Cristo». La rappresentazione è animata da manichini *animatronici* a grandezza naturale. Sulla terrazza panoramica ci sono un gruppo di renne, Topolino, Spiderman e un presepe circondato da palme, asini, cammelli e tre smaglianti Re Magi. Più in basso, attorno a un pianoforte bianco danzano dei volti famigliari: sono Diana Ross, Marilyn Monroe ed Elizabeth Taylor. I personaggi sembrano tutti dei top-model: dalle barbe dei Re Magi spuntano labbra carnose e guance pronunciate, e forse sotto alle tuniche nascondono slip in seta. In generale la Garabedian House sembra illustrare i nessi possibili tra moda, sesso, Babbo Natale, la musica di varietà e Gesù Cristo. Definirla kitsch sarebbe un eufemismo.

Dal suo giaciglio di paglia, il Bambino Gesù solleva contemporaneamente e continuamente le braccia, come il generale de Gaulle. La maggior parte dei personaggi animati si sorridono, in un sorriso stereotipato rivolto anche allo spettatore. Il pavimento, ai loro piedi, è ricoperto da biglietti da uno, cinque e persino dieci dollari. I visitatori si sbracciano oltre il cancello (chiuso da una catena e da una protezione in plexiglas) per gettare monete su quell'incantesimo da fiaba. «Sono anni che veniamo a vederlo» – dice un turista inglese assieme alla moglie, noncuranti del freddo. I due inglesi vengono regolarmente in pellegrinaggio alla Garabedian House. «Noi diciamo che "andiamo a vedere Elvis", perché una volta sulla terrazza c'era Elvis» dice l'uomo inseguendo con gli occhi gli splendidi volti immobili dei manichini. «Al posto di Elvis adesso c'è Michael Jackson».

IN CANOA SUL FIUME BRONX

Da maggio a settembre
• Per prenotazioni: www.bronxriver.org
• La Bronx River Alliance propone giri gratuiti in canoa ma anche tour accompagnati a pagamento

> *Un viaggio in canoa sul fiume attraverso il Bronx*

Il fiume Bronx, stretto, calmo e lungo solo 38 chilometri, scorre in mezzo all'omonimo distretto. Potete uscire dalle ombre della linea ferroviaria sopraelevata, che sfreccia sopra le vostre teste, scendere un centinaio di metri attraverso cemento e asfalto, per arrivare a un ambiente naturale fluviale inaspettato: rive boscose dove saltellano coniglietti dal codino bianco, una moltitudine di uccelli che svolazzano, e l'acqua che scorre lenta passando sotto rami di alberi secolari. Dopo aver visto questo ambiente, sarà difficile convincere gli altri abitanti di New York che esiste veramente. Il fiume, che prese il nome da Jonas Bronck, che fece fortuna da queste parti durante i primi anni della colonizzazione olandese, ha poi dato il nome all'intero distretto. Attraversa il centro storico della città e il modo migliore per vederlo è discenderlo in canoa, anche se è piacevole passeggiare lungo gli argini.

"Non è più come era un tempo," dice Linda Cox, direttore della Bronx River Alliance, che ha scelto di dedicarsi alla protezione del fiume. "Il suo corso è stato modificato, soprattutto per i treni". Mentre pagaiate tranquillamente passando un intreccio di rami di salici e querce, osservando le tartarughe e i pesciolini che nuotano nelle secche, non vi accorgerete che il corso non è sinuoso come un tempo, sarete troppo assorbiti da questo aspetto completamente inaspettato di questa metropoli. "Chi scopre il Bronx River," conferma Cox, "inizia a osservare l'intera città con un occhio diverso."

Alliance propone vari tipi di giri in canoa, alcuni gratuiti e limitati a una sola zona del fiume, altri con un costo contenuto, che risveglieranno il vostro spirito da esploratori: lunghe discese tra gli alberi, attraversamento di quartieri industriali, con arrivo nel Long Island Sound. Come la maggior parte delle associazioni che cercano di rivitalizzare l'interesse naturalistico in città, Alliance è riuscita ad aiutare concretamente la fauna urbana. Pochi anni fa un animale curioso nuotava in queste acque e pareva proprio che gli piacessero: era un castoro. L'ultimo esemplare che aveva costruito la sua tana nel Bronx River era morto duecento anni fa: il motivo principale per cui è stata fondata la città era proprio il commercio delle pellicce. Abbiamo chiesto a Cox se la gente sia più sorpresa dal poter scendere il fiume in canoa o dalla natura che si riconquista il suo spazio. Ha risposto: "Fortunatamente non bisogna scegliere, le due cose avvengono insieme."

IL RITRATTO DI SUPERMAN AL LEHMAN COLLEGE

⑤

Lief Library, Lehman College, Bronx
250 Bedford Park Boulevard West
• Tel. 718-960-7766
• Telefonare per gli orari di apertura
• Accesso: treni linea 4 / Bedford Park Boulevard – Lehman College

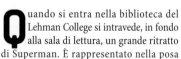

Un tesoro nazionale

Quando si entra nella biblioteca del Lehman College si intravede, in fondo alla sala di lettura, un grande ritratto di Superman. È rappresentato nella posa classica dell'«uomo d'acciaio a proprio agio»: ben ritto sulle gambe, pugni appoggiati contro le anche, mantella rossa al vento e il sorriso rassicurante della persona per bene, ma pronta a tirare un cazzotto nei denti di un fetente. Prima di chiedersi cosa ci faccia un simile ritratto in un college del Bronx («Che nesso c'è con l'istruzione ?» si chiede un bibliotecario), è necessario ricordare che questo è il primo ritratto di Superman in piedi. L'artista non ha copiato questa posa classica: l'ha semplicemente inventata.

Harry Donenfeld, l'editore originale di *DC Comics*, commissionò questo quadro nel 1940, due anni dopo la prima apparizione di Superman in *Action Comics #1*. Avrebbe dovuto servire da modello per le foto dei fans per una trasmissione radiofonica (*The Adventures of Superman*), ma finì con l'essere appeso alla parete dietro la scrivania nell'ufficio di Donenfeld. Quando l'editore nel 1957 se ne andò in pensione, se lo portò via e per cinquant'anni nessuno seppe dove era finito.

Nel 2009, l'artista e scrittore David Saunders si mise in testa di ritrovarlo, ma non era tanto Superman ad interessargli, quanto piuttosto l'illustratore, H. J. Ward. Saunders scrisse persino un libro su di lui e man mano che procedeva nella stesura dell'opera, si rendeva conto della strana influenza esercitata da quest'immagine: «Mi resi conto che era il suo dipinto più importante. Come avrei potuto scrivere un libro senza tenerne conto?». Dopo mesi di ostinate indagini e dopo aver scritto a tutti gli americani di nome Donenfeld, Saunders scoprì un indizio fondamentale: un membro della famiglia Donenfeld ricordava che il dipinto era finito in un college newyorchese. «David non sapeva esattamente in quale college – precisa Janet Munch, conservatore capo presso la biblioteca di Lehman – quindi scrisse a tutti gli istituti. Sono stata io a dirgli che la nostra biblioteca era in possesso di quel quadro». Lasciata in eredità dalla vedova di Donenfeld, la tela era rimasta appesa per anni negli uffici dei vice-presidenti. Quando venne appesa nella sala della biblioteca, nessuno sapeva che quello era un tesoro nazionale.

Il libro di Saunders, *H.J. Ward*, uscì alla fine del 2010. Alla libreria *Midtown Comics* di Times Square, Raphael Soohoo, uno specialista di Superman, confessa di aver ignorato l'esistenza di questo dipinto: «Crediamo spesso di essere onniscienti fino a quando non veniamo a scoprire qualcosa di nuovo, che cambia tutte le prospettive».

THE STRAUS GRAVESITE

Woodlawn Cemetery
Tra Jerome, Bainbridge e Webster Av e la East 233rd St, Bronx
• www.thewoodlawncemetery.org
• Tel. 718-920-0500
• Aperto tutti i giorni dalle 8.30 alle 17.00
• Accesso: treni linea 4 / Woodlawn; linee 2 e 5 / 233rd St

> **«Abbiamo vissuto insieme, moriremo insieme»**

L a spettacolare catastrofe del *Titanic* è stata sfruttata in maniera massiccia per un intero secolo. Nel cimitero di Woodlawn, tuttavia, c'è un sepolcro che rappresenta un momento di dignità in tutta questa frenesia. Ida Straus, la moglie di uno dei proprietari dei grandi magazzini Macy, Isidor Straus, preferì rimanere con il marito anziché salire a bordo di una delle scialuppe di salvataggio. Erano sposati da 41 anni. Il corpo di Isidor venne ripescato, in seguito, da un cargo. Riposa in questo cimitero. Quello di Ida non fu mai ritrovato: questa tomba è anche il suo cenotafio. La storia dei coniugi Straus è incisa in una pietra a forma di galera. Su un lato si legge un passaggio del *Cantico dei Cantici*: «Le grandi acque non possono spegnere l'amore né i fiumi travolgerlo».

Quasi tutto ciò che si sa degli ultimi istanti di Ida e Isidor è frutto di una coincidenza. John Badenboch, un responsabile della gastronomia di Macy, si trovava per puro caso sul *Carpathia*, l'imbarcazione che cambiò rotta per tentare di portare soccorso al *Titanic*. Badenboch era riuscito a parlare con i sopravvissuti e trasmise un rapporto dettagliato a Percy Straus, il figlio della coppia. «Vostro padre e un ufficiale di bordo cercarono di convincere vostra madre a salire su una scialuppa di salvataggio, -scrisse-, ma lei rifiutò e insistette perché il suo posto fosse preso dalla sua donna di servizio». La giovane, da poco tempo al servizio degli Straus, raccontò poi alla figlia maggiore delle vittime che la signora Ida le aveva anche lasciato la sua pelliccia in segno di addio. La coppia rimase a bordo mentre i passeggeri saltavano freneticamente sulle scialuppe. Ida si apprestava a salire, convinta che il marito l'avrebbe seguita ma, quando gli ufficiali impedirono agli uomini di abbandonare la nave, indietreggiò e pronunciò quella frase rimasta famosa nella storia del Titanic: «Nulla mi separerà da mio marito; abbiamo vissuto insieme moriremo insieme».

All'angolo tra Broadway e la 106th West Street, in un piccolo parco dedicato ai coniugi Straus, vi è la statua di una donna che rivolge uno sguardo sognante verso le aiuole. Un tempo in questo luogo c'era uno specchio d'acqua: la statua e il suo riflesso (oggi assente) si chiamano Memory (s.v. pag. 109).

Al suo arrivo a New York, il Titanic avrebbe dovuto accostare al molo 59, sul fiume Hudson.

IL POE COTTAGE

2460 Grand Concourse, Bronx
- www.bronxhistoricalsociety.org/poecottage
- Tel. 718-881-8900
- Aperto sabato dalle 10.00 alle 16.00 e domenica dalle 13.00 alle 17.00
- Ingresso: adulti $5; studenti, bambini e più di 65 anni $3
- Accesso: treni linee B e D/Fordham Road o Kingsbridge Road

> *L'ultima
> residenza
> di Edgar Allan Poe*

Edgar Allan Poe ha lasciato la sua impronta in ogni angolo di New York e, in cambio, la città si è insinuata nei suoi libri. Anche se generalmente associato alla città di Baltimore, dove viveva la sua famiglia e dove morì, Poe si stabilì a New York a 22 anni; vi ritornò più volte e poi acquistò una casetta nel Bronx. Il Poe Cottage è oggi un museo, nel cuore di un quartiere che negli ultimi 150 anni è stato completamente ricoperto di asfalto e cemento.

Poe Square, su cui si affaccia la casa, è il luogo in cui il Bronx come noi lo conosciamo incontra il Bronx come Poe l'ha conosciuto.

Il cottage è sopravvissuto fino ai nostri giorni solo grazie alla fama dello scrittore. Un colpo di fortuna. «Questa casa è unica a New York. – afferma la guida – È l'unica in cui si può ancora vedere come viveva una famiglia modesta verso la metà del XIX secolo». Poe cercava un'abitazione in un luogo tranquillo, lontano dalla città, per la moglie Virginia, malata di tubercolosi (morì in questa casa); rimase sempre povero fino alla fine, quando fu trovato delirante e barcollante per le strade di Baltimore dove era rientrato per un breve soggiorno. L'elenco delle possibili cause della sua morte è lungo: infarto, meningite, colera, rabbia, sifilide, epilessia.

Il cottage fu la sua ultima dimora. Il busto in bronzo, che un tempo si trovava in mezzo alla piazza, è ora in un angolo del soggiorno (dove sono stati collocati una scrivania, dei libri e un calamaio per suggerire lo spirito letterario); la statua ha l'espressione con cui Poe è rappresentato nelle fotografie, un misto tra inquietudine e rimpianto. Amava passeggiare sui bastioni del vecchio Croton Reservoir e, con una straordinaria precisione, predisse le metamorfosi della città in un'epoca in cui si considerava la griglia urbana solo il territorio a nord della 14th St: «Tra una trentina d'anni tutte le belle falesie saranno degli imbarcaderi e l'isola sarà completamente profanata da palazzi di mattoni».

IL PRIMO RACCONTO GIALLO BASATO SU ACCADIMENTI REALI

Uno dei racconti più famosi di Poe, Il Mistero di Marie Roget, è considerato il primo giallo basato su fatti reali. Nel racconto il cadavere di una giovane parigina, Marie Roget, viene ritrovato nella Senna. Il personaggio si ispira a Mary Rogers, bella impiegata di una tabaccheria del sud di Broadway, chiamata la «Beautiful Cigar Girl» che fu ripescata nell'Hudson nel 1841, probabilmente vittima di un tentativo di aborto.

LA HALL OF FAME   **8**

Bronx Community College
2155 University Av, Bronx
• www.bcc.cuny.edu/halloffame
• Tel. 718-289-5100
• Accesso: treni linea 4 /Burnside Av o 183rd St; linee B e D / Tremont Av
o 183rd St

*La
primissima
«hall of fame»*

Il termine *hall of fame* è talmente impregnato di cultura americana che pare non avere origine. La sua genesi invece è qui, nel campus del Bronx Community College. L'idea di erigere un monumento alla memoria degli uomini importanti non era una novità. Tuttavia, quando nel 1901 venne inaugurata come parte di quello che allora era il campus universitario di New York, la *Hall of Fame of Great Americans* divenne subito un modello nazionale.

La «hall» è in realtà un colonnato di 200 metri, progettato da Stanford White, che circoscrive tre immobili neoclassici dello stesso architetto, sul lato ovest del campus. Percorrendolo, si incrocia lo sguardo scolpito nel bronzo di 98 americani celebri. I primi trenta busti furono collocati nel 1901, con l'intenzione di aggiungerne altri ogni cinque anni.

La fama è una vaga conseguenza della grandezza: probabilmente non sorprenderà vedere Thomas Jefferson o George Washington, ma si rimarrà forse un po' perplessi nel vedere il busto del dentista William Thomas Green Morton (il primo ad aver utilizzato l'etere come anestetico generico). I busti sono raggruppati per temi: dirigenti, scienziati, professori. E scrittori: il monumento compensa la disattenzione della sconcertante «Passeggiata letteraria» di Central Park (Colombo, Shakespeare, due scozzesi e l'altrimenti "incelebrabile" Fitz-Greene Halleck): Mark Twain, Edgar Allan Poe, Walt Whitman e Nathaniel Hawthorne hanno il posto che si meritano.

Insieme costituiscono la più bella collezione di busti degli Stati Uniti. Alcuni sono davvero notevoli. Colpisce l'espressione sbalordita di Daniel Webster, la struggente malinconia di Lincoln e lo sguardo ferreo di Susan B. Anthony. Se ne avete abbastanza di sguardi spenti e banali, andate a cercare quello di William Tecumseh Sherman. Realizzato dal grande Augustus Saint-Gaudens (il cui busto si trova nella categoria degli artisti), il suo pare un "ritratto vivente". Sherman, dall'aspetto nobilmente trasandato, pare uscito da un pagliaio. Saint-Gaudens realizzò questo busto nel 1888 come studio preparatorio al monumento equestre della Grand Army Plaza. L'artista chiese al generale della guerra di Secessione se non gli fosse dispiaciuto chiudersi il colletto della camicia e sistemarsi la cravatta ma Sherman borbottò: «Il generale dell'esercito degli Stati Uniti porta l'uniforme come gli pare!».

LA FORESTA VERGINE

New York Botanical Garden, Bronx
2900 Southern Boulevard
• www.nybg.org • Tel. 718-817-8700
• Aperto da martedì a domenica dalle 10.00 alle 18.00
• Tariffe: pass per tutto il giardino: adulti $20, studenti e più di 65 anni
$18, bambini $8; solo parco $6, più di 65 anni $3, bambini $1; l'accesso
al parco è gratuito per l'intera giornata mercoledì e domenica dalle 10.00
alle 12.00
• Accesso: treni linea Nord in partenza da Grand Central: Harlem Local/
Botanical Garden; metropolitana: linee B, D e 4 /Bedford Park Boulevard

*Quel
che resta
della foresta
originale*

Quando si entra nel giardino botanico
si intravede, in basso, la volta formata
da alberi giganteschi. Lungo il
sentiero, un pannello attira l'attenzione del
visitatore: «Siete al limitare di quel che resta
dell'immensa foresta originale che un tempo
ricopriva gran parte di New York. All'interno di quest'area, potrete percorrere
quelli che erano i sentieri di caccia amerindiani, scoprire le tracce dei ghiacciai
e passare sotto alberi che risalgono all'epoca della rivoluzione americana».

La più antica parcella di «foresta originale» di New York si trova al centro
di questo giardino botanico di più di 120 ettari, circondato da altre attrazioni
(«Cherry Collection», «Daffodil Hill») che paiono insignificanti rispetto
all'immensità di questo cuore selvaggio. Si dice che una foresta è vergine se
non è mai stata tagliata, o in qualche modo trasformata, così che i grandi e
vecchi alberi trovano l'habitat ideale per la loro crescita. Le piante gareggiano
per la conquista delle luce. In base alla quantità di luce che captano si possono
distinguere tre zone: la volta, composta dalle cime degli alberi che non
lasciano filtrare il sole; lo stadio intermedio, composta da alberi più piccoli che
aspettano la morte di un vecchio albero per avere un raggio di sole; il terreno
ricoperto di humus con semi e fiori selvatici.

Quello che colpisce in una foresta vergine, a parte la debole luce che
filtra attraverso la volta, è il lento processo naturale di decomposizione dei
vegetali. «Due giorni fa una tulipifera gigante è caduta sul sentiero. – dice una
guardia forestale – Fra poco non vedrete che un cumulo ricoperto di materia
organica». Dopo alcuni minuti, ecco appare il gigante rovesciato le cui radici
esangui, lunghe quattro metri, sono ancora aggrappate alla terra dalla quale
sono state strappate.

La foresta è anche brulicante di fauna. Probabilmente i newyorchesi
avranno notato che i numerosi scoiattoli sui sentieri, che non sono
particolarmente timidi, non hanno mai imparato ad elemosinare. Gli
scoiattoli striati frugano tra le foglie morte, pigolando come uccellini. Alcuni
falchi volano bassi, muovendo l'aria con le loro ali pesanti. In fondo al sentiero
due persone, immobili come statue, a bocca aperta e con gli occhi spalancati,
guardano verso un albero dove sono appollaiate due civette che, con le
palpebre socchiuse, ricambiano lo sguardo.

LORILLARD SNUFF MILL

New York Botanical Garden, Bronx
2900 Southern Boulevard
• www.nybg.org • Tel. 718-817-8700
• Aperto da martedì a domenica dalle 10.00 alle 18.00
• Tariffe: pass per tutto il giardino $20, studenti e più di 65 anni $18,
bambini $8, solo visita del parco $6, più di 65 anni $3, bambini $1,
mercoledì e domenica dalle 10.00 alle 12.00 visita del parco gratuita
tutta la giornata
• Accesso: treni linea Nord in partenza da Grand Central: Harlem Local/
Botanical Garden; metropolitana: linee B, D e 4 /Bedford Park Boulevard

> **La prima
> società del tabacco
> americana**

Sulla piantina che viene offerta all'entrata del giardino botanico c'è la raffigurazione di un «mulino in pietra». Se si riesce a scovarlo, il pannello posto lì accanto informa che l'edificio («uno dei più pittoreschi di New York») fu costruito nel 1840 e la «pietra» di cui è costituito è scisto proveniente da una cava locale. La targa tuttavia non dice a *cosa* serva. Il mulino, classificato monumento del patrimonio nazionale, è stato recentemente restaurato e la sua storia inutilmente modificata. Per anni, la gente l'ha chiamato *Lorillard Snuff Mill*: la più vecchia fabbrica di tabacco del paese. Il tabacco in polvere (*snuff*), che i gentlemen del XVIII secolo fiutavano in modo più o meno beneducato, era più di un semplice tabacco. Una delle varietà vendute da Pierre Lorillard nel suo mulino era composta da foglie di tabacco «Virginia», messe a bagno nel rhum per 12 giorni a 37°, ridotte in polvere e lasciate all'aria aperta per quattro mesi; successivamente venivano aggiunti tamarindo, vaniglia, fave di tonka e camomilla. Si direbbe una crema con cui guarnire un gelato più che una sostanza da fiutare, ma Lorillard sapeva quel che stava facendo: il tabacco da fiuto divenne un affare di famiglia e la società che creò nel 1760 (la prima in America) tuttora vende sigarette. Lo stabilimento commerciale si trovava a Manhattan. Nel 1792, i figli di Lorillard, per soddisfare l'enorme richiesta di tabacco, acquistarono il mulino e la diga adiacente (l'attuale edificio sostituì l'originale nel medesimo sito). È interessante notare che il commercio del tabacco è stato fondamentale per la costruzione dell'America. Gli olandesi, ed anche gli indiani, lo coltivavano a Manhattan. Il Bronx River scorre sommessamente mentre il trenino del giardino botanico si ferma su un ponte vicino al mulino di pietra perché le persone possano ammirare questo elemento compromettente della storia. «Hanno cambiato il nome – dice l'autista – perchè identificava il...» evocando velatamente lo spettro del cancro e dell'infarto. Poi aggiunge: «...ma da quando sono nato, l'abbiamo sempre chiamato lo Snuff Mill e per me sarà sempre così».

La parola tobacco è entrata nella lingua inglese alla fine del XVI secolo attraverso gli indiani Arawak scoperti da Cristoforo Colombo. Il suo esatto significato è ancora incerto ma forse il nome deriva da una pipa a doppia punta che i Nativi utilizzavano per fare entrare il fumo nelle narici e che loro chiamavano tobago.

IL RECINTO DELLE SCIMMIE, ZOO DEL BRONX

⓫

2300 Southern Boulevard, Bronx
• www.bronxzoo.com
• da lunedì a venerdì dalle 10.00 alle 17.00; il fine settimana e i giorni festivi dalle 10.00 alle 17.30
• Autobus BxM11 tra Madison Avenue e lo Zoo; metropolitana linea 2 e 5 / West Farms Sq-East Tremont Av.

Una grandiosità bestiale

N el mezzo di Astor Court, nello zoo del Bronx, c'è una targa di bronzo con questi versi di Lord Byron: "Vi è un incanto nei boschi senza sentiero. Vi è un'estasi sulla spiaggia solitaria. Vi è un asilo dove nessun importuno penetra in riva alle acque del mare profondo, e vi è un'armonia nel frangersi delle onde. Non amo meno gli uomini, ma più la natura."

Questa è sicuramente la targa più approssimativa di New York. Non ci sono boschi senza sentieri qui, ma orde di importuni; il mare profondo lascia il posto a una piscina piena di otarie e foche, e ovunque la natura è piegata alla volontà dell'uomo. Se gli animali selvaggi che sonnecchiano nella loro gabbia si ribellassero un giorno, speriamo che la loro prima vittima sia questa targa. La sede ideale della rivolta sarebbe il recinto delle scimmie, l'unico luogo adatto dello zoo.

Può sembrare strano, ma il terrore di una rivolta popolare è inciso nello zoo. I recinti dei templi greci di Heins & LaFarge sono una perfetta illustrazione del movimento City Beautiful del primo Novecento, che mirava a esporre il crescente numero di poveri agli ideali classici, nella speranza di elevare le loro abitudini, o almeno evitare che bruciassero la città. È un approccio difendibile, ma quello che sta accadendo oggi per l'arte ha nascosto, un secolo fa, delle velleità di controllo sociale.

Il recinto delle scimmie sembra offrire un commento tagliente. Dei primati ornamentali giocano felicemente intorno al cornicione in piastrelle, si dondolano e mangiano piante. Ma su entrambi i lati dell'ingresso, formano un quadro molto nobile: giovani e vecchi oranghi ornano il frontone. Al centro, i più anziani e saggi tengono una canna di bambù come magistrati che impongano l'ordine. In cima, babbuini solenni. Le scimmie sono così simili a noi che tutto ciò che fanno si presta all'ironia, ma il recinto delle scimmie le eleva a un livello innegabilmente umano, in un linguaggio architettonico progettato per lusingarci. Nel frattempo, dentro, dei macachi nevrotici si toccano e lanciano escrementi.

Per i suoi orgogliosi motivi ornamentali, lo scultore Alexandre Proctor fu ispirato da due babbuini viventi. Ironia della sorte, le muse sono diventate prigioniere: quando ebbe finito, Proctor ne fece dono allo zoo.

LE GALLINE DEL BRONX

All'angolo tra la Edward L. Grant Highway e la 169th Street, Bronx
• Metropolitana 4/167 St o 179 St; metropolitana linea B e D / 167 St o
170 St

> *Un paesaggio naturale*

Per una dose di vita rurale in città, dirigetevi verso il parcheggio all'angolo tra la 169th Street e la Edward L. Grant Highway nel Bronx. Per anni, i polli hanno vissuto su un vecchio pioppo che si affaccia sul marciapiede. Questi volatili non sono totalmente selvaggi. Sono ciò che diventano gli animali domestici lasciati a loro stessi in un paesaggio di asfalto e frammenti di bottiglie, tra una grande arteria e il rombo della metropolitana sopraelevata, tenuti in vita da chiunque (forse anche voi) abbia la bontà di dare loro una manciata di riso.

"Por la mañana", dice la moglie del venditore di frutta: al mattino è il momento migliore per vederli. Si dirigono verso il marciapiede con sicurezza. "E la sera," dice Alfredo, un abitante del quartiere proveniente dai Caraibi, seduto su una sedia pieghevole nel parcheggio verso le 18.00, 18.30 - indicando sopra la sua testa - "risalgono sull'albero!"

Questo non è un quartiere turistico e, la maggior parte dei passanti ignora le galline, che fanno parte del paesaggio. I bambini di qui sono probabilmente sicuri che tutti i parcheggi a New York pullulino di galline che beccano sotto gli occhi di un bel gallo biondo. "Fanno parte della vita di tutti i giorni", afferma Eddie Guerrero, impiegato del parcheggio. Non ci facciamo molta attenzione, ma portano un po' di sole". Eddie ha la barba sale e pepe, la coda di cavallo, un maglione a quadretti e una cravatta. La calma e fiducia in se stesso suggeriscono che ci siamo imbattuti nel guru locale. "Vivono su questo vecchio maestoso pioppo", dice. "Dormono lì ogni notte, scendono ogni mattina, mangiano il loro riso, beccano, si riuniscono, bevono, si puliscono le penne. È bello che vivano tra noi, perché portano bellezza e ci ricordano la natura."

Se i polli dormono sul vecchio albero, non è per cedere a un alito di poesia urbana, o semplicemente di poesia: è solo necessario per rimanere vivi. "Devono proteggersi da procioni e topi", dice Eddie. "I procioni mangiano i polli?". "Oh", dice, con gli occhi spalancati, "un procione può smembrare una gallina". Ecco, ora lo sapete.

LA FONTANA DELLA LORELEI

Joyce Kilmer Park
Tra Walton Avenue e Grand Concourse, dalla 161st alla 164th St, Bronx
• www.nycgovparks.org/parks/X028/highlights/11363
• Accesso: treni linee B e D/161th St – Yankee Stadium

> **Da Düsseldorf al... Bronx?**

La 161st St sale a est della metropolitana sopraelevata fino alla Bronx Supreme Court. Davanti al tribunale c'è una piccola statua in marmo. Gli abitanti del quartiere ci fanno così poco caso che nessuno sarebbe in grado dirvi qualcosa in proposito.

La statua rappresenta la Lorelei, una donna di leggendaria bellezza. Ma la leggenda è tedesca e quindi uno dei motivi per cui la statua è ignorata è perché non ha alcuna relazione con gli Stati Uniti e ancora meno con il Bronx.

Lorelei è il nome di una roccia che domina il Reno nel punto in cui la corrente è pericolosa. Ed anche il nome di una tentatrice delle mitologia germanica che, su questa roccia, cantava e pettinava la sua lunga capigliatura dorata, attirando i marinai, inconsciamente ma subdolamente, in una trappola mortale. Questo mito è stato messo in versi dal poeta Heinrich Heine, il cui ritratto è visibile sulla statua di marmo del Bronx. La statua reca il nome del poeta. La figura centrale è circondata da sirene; una di queste è seduta su un cranio. Ancora nessun rapporto con New York.

Heine era originario di Düsseldorf. Nel 1888 la fontana fu realizzata grazie ad una sottoscrizione pubblica ma la città di Düsseldorf rifiutò di esporla con il pretesto che Heine era ebreo. «Per alcuni tedeschi, l'avversione per gli ebrei – si legge in un articolo del *Times* in merito a questo rifiuto – sfiora l'ossessione». Altri fattori avevano contribuito a questo discredito, come le satire feroci di Heine contro le autorità tedesche e il suo amore per la Francia (Heine stesso si descriveva come «un usignolo tedesco che ha fatto il nido nella parrucca di Voltaire»). Un altro collaboratore del *Times* affermò che la scultura era semplicemente brutta e che, se gli abitanti di Düsseldorf erano stati abbastanza stupidi da rifiutare una statua che rappresentava un ebreo, lo erano doppiamente per averne rivelato il vero motivo.

Per anni, nessuno ha chiesto la fontana di marmo. Nel 1893 fu acquistata dall'Arion Society, un gruppo locale tedesco-americano. La stampa trovò il modo di trasformare la bruttezza di questa statua in virtù nazionale: «Non si tratta di un capolavoro - scriveva il *Times* dopo l'acquisto - il suo valore risiede nel fatto che simboleggia il rifiuto, da parte degli Stati Uniti, di accettare i pregiudizi razziali» e di accettare anche la sua collocazione a New York, per quanto strana.

HELL GATE

Le migliori visuali: Wards Island Park o Astoria Park
• Accesso: treni linee 4, 5 e 6 /125th Str., poi autobus M-35 /Charles Gay
Center (Wards Island Park); linee N e Q / Astoria Boulevard (Astoria Park)

*Leggende
indiane e navi
del tesoro*

Sulla punta estrema a nord di Manhattan, è di scena il diavolo. Da un lato c'è Spuyten Duyvil, lo stretto che separa Manhattan dal Bronx, il cui nome in olandese antico significa «Vortice del diavolo» o «Mortificare il diavolo», per allusione a un personaggio della tradizione popolare che attraversò a nuoto lo stretto durante una tempesta e si fece trascinare per la gamba dallo stesso Satana. Dall'altro lato, c'è un passaggio dal nome terrificante – *Hell Gate* – la via navigabile tra Ward Island e Astoria Park. Anche l'origine di questo nome è controversa. Il termine olandese *Hellegat* può significare «passaggio luminoso», ma anche «canale dell'inferno» oppure «buco dell'inferno». È probabile che gli olandesi abbiano mutuato quest'espressione dagli indiani autoctoni che, secondo la leggenda, erano così impressionati dal luogo da ritenere si trattasse dell'entrata per l'Aldilà. Ma potrebbero essere stati gli stessi olandesi a inventare questo termine giacché queste acque erano, in effetti, le più pericolose di New York.

Durante l'occupazione britannica, un capo dell'esercito l'aveva definito l'«orribile vortice, soprannominato *the Pot* ["la marmitta"], che aspira e inghiotte chiunque vi si avvicini». Nel 1780, la fregata inglese HMS *Hussar* affondò nel canale, ma il suo carico di monete d'oro e d'argento continua a risplendere nei sogni dei subacquei sempre alla ricerca di tesori (il relitto non è mai stato localizzato). Attorno al 1850, si calcolava che ogni anno s'incagliassero o colassero a picco nell'Hell Gate circa un migliaio di imbarcazioni. Il Genio militare americano decise di far saltare le rocce pericolose con un cantiere di disgaggio dello stretto che si protrasse fino alla metà del XX secolo.

Il vero pericolo di Hell Gate non sono le rocce nascoste, ma le correnti del mare. L'ipotesi di Antonio Burr, presidente dell'Inwood Canoe Club (la più vecchia associazione di canoa di Manhattan), ci aiuta a capire il motivo per cui gli indiani Lenape videro in queste acque minacciose la porta dell'aldilà: «Vi dirò cosa succede in queste acque anguste» ci racconta Mister Burr, dopo averle affrontate più di una volta con la pagaia. «Il braccio di mare di Long Island non si trova alla stessa altezza degli altri canali e le zone paludose dell'East River, del braccio di mare e dell'Harlem River non coincidono. Queste acque sono un vortice continuo. Se con la canoa vi rovesciate nell'Hell Gate, preparatevi a un inferno!».

LA FABBRICA DI PIANOFORTI STEINWAY

1 Steinway Place, Long Island City, Queens
• www.steinway.com
• Per una visita, chiamare il 718-204-3169
• Accesso: treni linee N e Q/Astoria – Ditmars Boulevard; la fabbrica si trova a dieci minuti a piedi sulla 38th St

La fabbrica più vecchia di New York

Steinway & Sons, fabbricanti di pianoforti da concerto di alta qualità, è probabilmente la più vecchia fabbrica di New York. All'interno dell'area, in alcuni punti, si possono ancora vedere i pali a cui venivano attaccati i cavalli. Le tecniche di fabbricazione dei pianoforti Steinway sono rimaste nel complesso identiche e molti brevetti rivoluzionari aziendali, in uso da più di un secolo, sono scaduti. «Solo ora comincio ad essere considerato come facente parte del personale permanente» afferma la guida, Bob Bernhardt. Ingegnere in pensione, ha lavorato per 33 anni alla Steinway.

La visita della fabbrica è completa; in un percorso di due - tre chilometri si passano in rassegna tutti gli aspetti inerenti la costruzione dei pianoforti. Il fascino di questa azienda è sorprendente: una fabbricazione tradizionale e rumorosa per un prodotto finale tanto sensibile da sembrare vivo. Si ha l'impressione di passare dal caos alla quiete: seghe che urlano, colpi di martello, ronzare di levigatrici e il fruscio della vernice stesa a mano, fino alla sala insonorizzata dove un accordatore, chino sullo strumento assemblato, ascolta vibrazioni così sottili che un comune mortale non può percepire.

"Qui, gli accordatori sono delle primedonne" osserva il signor Bernhardt. Conosce così bene le qualità di questi pianoforti che può fornire, come se niente fosse, una gran quantità di dettagli sorprendenti. Il ponticello viene tagliato a mano perché le macchine non sono in grado di percepire la finezza richiesta, dell'ordine di millesimi di centimetri. Nella sala per l'impiallacciatura c'è legname per un valore di tre milioni di dollari: il valore della materia prima di uno Steinway è spesso superiore al prezzo di mercato. Dopo essere stati messi sotto una pressa per raggiungere un preciso grado di idratazione, i pezzi vengono passati in un forno – "A meno che, naturalmente, il piano non sia destinato ad un paese tropicale. – sottolinea la guida – In questo caso, si tiene conto dell'umidità". Anche i pezzi segati a macchina vengono rifiniti a mano, perché il legno è una sostanza vivente: si modifica in base al tempo e alla temperatura.

SEGNI SEGRETI

L'azienda impiega intere dinastie di costruttori; ognuna lascia i suoi segni segreti, all'interno degli strumenti, per essere riconosciuti nell'eventualità di successive riparazioni (50, 80 o 100 anni dopo).

LE ECOCROCIERE A NORTH BROTHER ISLAND

- www.nycaudubon.org/events-a-adventures
- Disponibili da giugno a settembre. Altre crociere sono disponibili nel corso dell'anno
- Telefono: 212.691.7483
- Costo: $30
- Trasporti per il punto di imbarco al molo 17: treni 2 e 3 /Fulton St o Wall St

Riconquistata dalla natura

North Brother è un'isoletta a sud del Bronx, nella parte superiore dell'East River. Un tempo era la sede di un ospedale dove venivano ricoverati i malati in quarantena o quelli ritenuti inguaribili. Oltre mezzo secolo fa è stata abbandonata, e la natura se l'è ripresa molto rapidamente. Oggi North Brother non è visitabile liberamente, non è controllata ed è invasa dalla vegetazione. Le rovine le conferiscono l'aspetto di totale abbandono, ma solo dal punto di vista dell'uomo. Questa infatti è la casa dei cormorani della città, che nidificano qui. Ci sono tre modi per visitare questo posto un po' sinistro. Il primo è essere un cormorano. Il secondo è entrarci illegalmente. Il terzo è prendere l'ottimo EcoCruise, che dispone di taxi acquatici, e farsi guidare dal simpatico personale della Audubon Society.

I water taxi di New York, che non sono mai il primo mezzo di trasporto scelto dai turisti o dai newyorkesi, sono, oltre che un ottimo modo per vedere la città, il sistema migliore per osservare la natura dell'estuario, che è molto varia. "Acro per acro," dice al microfono la guida dal ponte superiore, mentre la barca risale il corso del fiume sfidando il forte vento, "l'estuario è il secondo ecosistema più ricco del pianeta." Il primo è la foresta tropicale pluviale. I taxi sono catamarani che possono navigare a bassa profondità, consentendo al pilota di avvicinare anche le isole più piccole, come se fossero canoe. Piccoli isolotti che sono come regni dimenticati, dove potete osservare garzette e aironi trasportare pesci nella bocca per nutrire i loro piccoli. Una natura completamente ignorata dalla moltitudine degli abitanti della città, assorbiti dai loro affari nei palazzi di cemento e vetro lungo entrambe le sponde del fiume.

La guida racconta tante cose interessanti. I cormorani possono immergersi alla ricerca di pesce fino a 30 m di profondità, pescando fino al fondale dell'East River senza alcun problema. Nei pressi di Mill Island si può avvistare il simbolo della Audubon Society: l'airone bianco, un uccello dallo splendido piumaggio che era stato portato quasi all'estinzione dai cappellai: un tempo un'oncia delle sue splendide piume valeva più di un'oncia d'oro. Quando l'imbarcazione si avvicina a North Brother, il vento rinforza e il fiume si allarga verso Long Island Sound. "Questo" dice la guida, "è quello che la natura riesce a fare dopo 60 anni di completo abbandono." Le immagini di come era North Brother quando era ancora abitata dalle persone mostrano una distesa di prati attraversati da stradine ben curate. Sembra che siano trascorsi secoli da allora...

IL MARINE AIR TERMINAL

LaGuardia Airport, Queens
- www.panynj.gov/airports/laguardia.html
- Tel. 718-533-3400
- Accesso: diverse possibilità; utilizzare il MTA Trip Planner (pianificatore di viaggio) tripplanner.mta.info

> **Idrovolanti e pitture censurate**

All'interno del complesso aeroportuale LaGuardia, a poco meno di un chilometro dall'aeroporto, c'è un edificio modesto e basso che pare congelato negli anni '40. Il Marine Air Terminal è quel che rimane dei primi periodi del trasporto aereo, dell'epoca in cui il viaggio in aereo era ancora un'avventura originale, chic e romantica. «Marine» e «Air» possono sembrare dei termini opposti ma si riferiscono agli apparecchi ibridi che erano in servizio in questa aerostazione: grandi idrovolanti ad elica che si posavano sull'acqua e avanzavano lentamente su passerelle che partivano dalla costa.

Ogni più piccolo dettaglio ci porta inevitabilmente a confrontare il tempo dei pionieri dell'aria con gli aeroporti odierni – un po' centri commerciali e un po' gulag – che rendono un viaggio aereo un sinonimo di desolazione. Il terminal è piccolo e leggero, con i motivi cromati di un mappamondo alato, un cenno alla Pan American, la compagnia che inaugurò l'età del trasporto aereo internazionale. La sala d'attesa, perfettamente circolare, presenta un pavimento splendente ed è illuminata naturalmente da un lucernario. Si senta la presenza del cielo e del mare.

Al centro della sala due piloti di linea canadesi con i loro bagagli contemplano l'edificio. «I piloti hanno un debole per gli idrovolanti – dice uno dei due – Quante storie sono state scritte su questi piloti che volavano per la Pan Am! Che avventure straordinarie!» Come riparare un aereo in mezzo all'oceano o navigare seguendo le indicazioni delle stelle.

Il terminal è anche uno spazio espositivo: sulle pareti della sala d'attesa si spiegano delle pitture di 4 metri. Lunga più di 70 metri, *Flight* («Volo»), di James Brooks, è la più vasta pittura mai realizzata su iniziativa della Work Projects Administration (WPA), l'agenzia di lavori pubblici di Roosevelt. Quest'opera, che illustra la conquista dell'aria attraverso le epoche, da Icaro a Boeing passando per i fratelli Wright, ha una storia originale. L'amministratore dell'autorità portuale, vittima della paranoia comunista degli anni '50, trovò il tema un po' troppo futuristico e la fece ricoprire. Solo il restauro del 1980 riportò alla luce il dipinto Flight.

Il Marine Air Terminal è l'unico aeroporto che risale all'epoca degli esordi del trasporto aereo ancora in attività negli Stati Uniti.

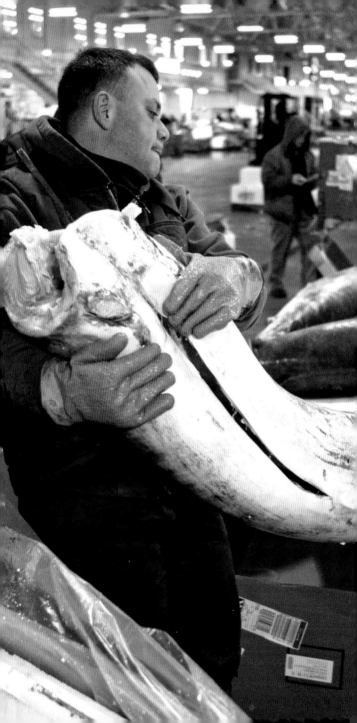

IL MERCATO DEL PESCE DI FULTON

800 Food Center Drive
- www.newfultonfishmarket.com
- 718.378.2356
- Da lunedì a venerdì, dalle 1 .00 alle 7.00
- Bus Bx6 /Food Center & National Food

La più grande pescheria del paese

Il vecchio mercato del pesce di Fulton si trovava sulle rive dell'East River, vicino al ponte di Brooklyn, e per un secolo ha arricchito la vita del quartiere con le sue aste, i suoi odori e la sua mafia. Era l'ultimo grande mercato all'aperto di Manhattan; l'orario di apertura ne faceva una delle attività preferite della vita notturna. Il nuovo mercato del pesce, costruito nel 2005, è ancora più grande, ma dovrete decidere se per soddisfare la curiosità vale la pena di arrivarci. I distretti industriali del South Bronx sono sgradevoli di giorno; nel cuore della notte, sono semplicemente ostili. Ma è in questo momento che il mercato è in pieno svolgimento. I ristoranti e i commercianti di New York inviano una moltitudine di persone per rifornirsi quando la città dorme.

Il mercato si trova in un enorme magazzino: è il più grande mercato ittico all'ingrosso del paese. Ed è anche il frigorifero più grande. Lì fa sempre freddo; i dipendenti indossano stivali da pesca, cappelli e guanti, maneggiano cartoni pieni di ghiaccio e nasello o mettono il pesce spada congelato sui tavoli. Questi operai incutono timore - molti di loro portano enormi ganci d'acciaio sulla spalla - ma esplodono sotto i neon, tanto sembrano appartenere al mare aperto. Il settore della pesca rimane segreto: qui, nessuna tracciabilità, a differenza dei prodotti di una fattoria. "C'era vento lungo la costa", dice il commesso Bobby Weiss davanti al pescato scarso preso questa mattina. "Il vento gioca molto più del tempo: tutto dipende dalla direzione del vento. È 1,75 per lo squalo", dice a un cliente (qui, le discussioni sono simpatiche e vengono tutte interrotte in questo modo).

Attraversare il lungo magazzino è un percorso a ostacoli fatto di casse, pallet, cartoni fradici, cesti e cumuli di ghiaccio tritato. In ogni momento, si incrociano carrelli elevatori, carichi di casse di frutti di mare, oppure li si nota mentre si muovono in fretta per scaricare un camion. Tonno centroamericano. Sgombro del Golfo. Ostriche dalla Nuova Zelanda. È una macchina con milioni di ruote a cui portano le strade di tutto il mondo ... E la sua enormità così ben nascosta all'interno della Grande Mela lo rende ancora più interessante.

LA CASA DI LOUIS ARMSTRONG

34 – 56 107th St, Queens
• www.louisarmstronghouse.org
• Tel. 718-478-8274
• Aperta da martedì a venerdì dalle 10.00 alle 17.00 e il fine settimana dalle 12.00 alle 17.00
• Ingresso: adulti $8, più di 65 anni, studenti e bambini $6
• Accesso: treni linea 7 / 103rd St – Corona Plaza

Quando si ascolta Louis Armstrong cantare o suonare la tromba si percepisce una qualità sovrana che fa supporre che fosse un uomo buono. La visita alla sua casa nella contea di Queens lo conferma.

> *L'umile indirizzo del dio del jazz*

«Armstrong, è il re. – dichiara la guida Al Pomerantz – È la primissima grande star americana». Pomerantz è alto e sorride di continuo: mentre percorre le sale del museo fa fatica a contenere il suo entusiasmo. In questo museo i fan cadono semplicemente in deliquio. In questa casa interamente in mattoni coi soffitti bassi, l'unica che abbia mai posseduto, Armstrong vi trascorse quasi trent'anni e morì nel sonno nella camera al primo piano. Poltrire su un divano, tagliare il tacchino sul tavolo della cucina, guardare la televisione… tutto quello che la leggenda del jazz amava fare quando rientrava a casa, lo fece qui.

La visita dura quaranta minuti. Ne emergono due elementi fondamentali. 1) Un successo sorprendente. Durante i cinquant'anni della sua carriera, Armstrong dominò la scena del jazz: registrazioni, radio, repliche di concerti, film, televisione; tutti volevano Pops (il suo soprannome). 2) Il talento di cui era dotato: godere con leggerezza del suo successo. Nato nel quartiere più povero di New Orleans, crebbe con la convinzione che non avrebbe mai posseduto una casa propria: l'acquistò sua moglie Lucille mentre lui era in tournée. Quando giunse per la prima volta a questo indirizzo, chiese al tassista di non spegnere il motore perché gli sembrava tutto troppo bello per essere vero. E a quell'epoca era già milionario!

«Pops avrebbe potuto vivere ovunque, -aggiunge Pomerantz-, ma preferì un quartiere operaio». Uno dei tesori del museo è rappresentato da una lettera

gioviale del musicista; in essa egli esprime il piacere che prova quando passeggia per le strade del quartiere, quando incontra i vicini e va dal barbiere. Sul muro ci sono due foto: una ritrae Armstrong trionfante quando arriva a Parigi e l'altra mentre fa il pagliaccio con i ragazzini del quartiere. Ecco il jazzman in tutto il suo splendore: «Qui, diceva, sono circondato da neri, portoricani, italiani, ebrei ed il frigorifero è pieno. Cosa posso volere di più?».

IL LUOGO DI CULTO DEI QUACCHERI

137 – 16 Northern Boulevard, Queens
• www.nyym.org/flushing
• Tel. 718-358-9636
• Messa la domenica mattina
• Accesso: treni linea 7 Flushing – Main St

> *Il luogo di culto più vecchio di New York*

Su un viale animato di Flushing, nel Queens, si erge un modesto esempio di architettura dei primi colonizzatori. Il tempio in legno dei Quaccheri fu costruito nel 1694 per permettere agli «Amici» (hanno l'abitudine di chiamarsi così) di riunirsi in pace e continua tuttora ad assolvere il suo compito. È il luogo di culto più vecchio di New York.

Le visite sono possibili la domenica, dopo la messa. La messa stessa rappresenta un'esperienza interessante; i Quaccheri accolgono i visitatori. Dietro la porta è affisso un vecchio cartellone: A TUTTI COLORO CHE PER LA PRIMA VOLTA PRENDONO PARTE AL NOSTRO CULTO, con il seguente consiglio: «Non preoccupatevi se i vostri pensieri sono distratti, ma superateli fino alla pace del centro».

Il culto è curioso. I Quaccheri – non più di una decina – si siedono sui banchi, a testa alta, con gli occhi chiusi, e entrano in quella che pare una trance. La Meeting House la chiama «fiduciosa attesa». Nessuno parla. Tuttavia, in rari momenti, un «Amico» si alza per pronunciare un breve messaggio personale. L'attenzione si sposta su di lui: nessuno è il ministro ed ognuno è il ministro. Questa semplicità è sottolineata dall'assenza significativa di arredamento. I muri della piccola sala di preghiera sono completamente nudi, a parte i candelabri in metallo; i banchi, in legno non verniciato, risalgono alla Rivoluzione americana (gli inglesi bruciarono gli originali). La finestra aperta si affaccia su un prato e alcune ortensie e i lievi rumori che provengono dalla strada – moto, aerei, clacson – non sono i rumori che sentivano i Quaccheri 300 anni fa. Più che distrarre, esaltano il silenzio senza tempo che c'è all'interno della chiesa. Un'ora dopo, gli Amici si alzano e, stringendo la mano a tutti – compresi i visitatori –, augurano un caloroso «Buongiorno!». Nessuna recitazione di testi sacri, nessuna profezia cruenta, nessuna allusione ossessiva all'inferno e al peccato. La materia di discussione è la divinità stessa del Cristo. Peraltro i Quaccheri non definiscono chiesa il luogo in cui si riuniscono.

«È molto democratico» afferma uno degli Amici mentre offre caffè e biscotti dopo la messa. Una visitatrice, una giovane tailandese, afferma che questo le ricorda la meditazione buddista. «Mi pare di sì» annuisce l'Amico, prendendo un altro biscotto allo zenzero.

LA PIETRA DI GEORGE FOX E LA PROTESTA DI FLUSHING ㉑

Marciapiede di Bowne St all'altezza di 36th-40th, Queens
• www.bownehouse.org
• Accesso: treni linea 7/Flushing – Main St

I difficili esordi dei quaccheri

Lo spigoloso blocco in granito che spunta sul marciapiede di Bowne Street è un monumento unico: commemora un paio di alberi. «Due querce immense – ebbe a scrivere Katharine Nicholson nel libro *Historic American Trees* – alla cui ombra George Fox, fondatore della Society of Friends, predicava agli Indiani nel 1672».

Gli Amici, comunemente chiamati Quaccheri, si costituirono in Inghilterra verso il 1650. Quelli che riuscirono a partire per l'America furono accolti in malo modo. A Boston furono impiccati nelle strade; nei Nuovi Paesi Bassi, il primo predicatore quacchero fu bastonato e gettato in prigione. Nonostante fosse loro impedito di riunirsi, i quaccheri si stabilirono a Flushing. Nel 1657 gli abitanti di questo villaggio, amareggiati per le continue vessazioni, decisero di redigere una petizione che è passata alla storia con il nome di «Flushing Remonstrance», la protesta di Flushing. In essa si implorava la tolleranza religiosa e il reciproco rispetto, «la vera legge della Chiesa e dello Stato». Questo nobile documento, considerato il precursore della Dichiarazione dei diritti umani, non intimorì per nulla il governatore dei Nuovi Paesi Bassi, Peter Stuyvesant: per tutta risposta, si sbarazzò dell'amministrazione di Flushing e fece imprigionare l'uomo la cui casa era stata adibita a luogo di riunione dei quaccheri.

John Bowne, l'uomo in questione, a quell'epoca non faceva neppure parte dei quaccheri. La sua casa si trova ancora sull'altro lato di Bowne Street: le querce svettavano nel suo giardino. Leggere che George Fox «predicava agli Indiani» può far pensare che percorresse le oscure foreste, armato di Bibbia e sorriso, perché amava gli Indiani («gentili e affettuosi»), con cui aveva anche vissuto per due anni: il famoso sermone fu proclamato all'aperto, sotto le querce del giardino di Bowne, perché la casa era troppo piccola per accogliere le centinaia di residenti di Flushing che accorrevano per ascoltarlo.

Nel 1863 un temporale sradicò le due querce. Avevano 500 anni. Nel 1907 al loro posto fu collocato, in memoria, il blocco di granito.

NEI DINTORNI:

Dietro la Bowne House, sulla 37th Avenue, si trova il Kingsland Homestead, sede della Queens Historical Society. Accanto, c'è il luogo in cui fu piantato il primo faggio piangente d'America, importato dal Belgio. L'enorme pianta scapigliata, che oggi cresce al suo posto, è una talea dell'originale: con i suoi rami ritorti e le foglie cadenti ha l'aspetto di un mostro marino più che di un albero.

IL TEMPIO DI GANESH

Hindu Temple Society of North America
45-57 Bowne St.
- www.nyganeshtemple.org • Tel. 718-460-8484
- Aperto da lunedì a venerdì dalle 8.00 alle 21.00; il fine settimana aperto dalle 7.30
- Accesso: treni linea 7/Flushing – Main St; poi bus Q45 in direzione di Jamaica alla fermata Main St all'incrocio con Roosevelt Av; scendere alla 45th Av all'incrocio con Bowne St

> *Si prega di non toccare le divinità*

Ci si rende conto che si sta per trascorrere un momento eccezionale in questo luogo di culto non appena si intravede, nel parco, una grande vasca in granito su cui si legge la scritta: COCONUT BREAKING AREA (area adibita alla rottura delle noci di cocco). Originario di Madras, ma residente nel Queens, Gopal è venuto al tempio con la moglie e si sofferma un attimo per spiegare. «È per la *pūjā*, il modo in cui si adora la divinità. La *pūjā* è quando, in piedi davanti a Ganesh, la divinità, si cantano le lodi e gli si offrono fiori e frutta e altre cose». Il tempio è riservato solo ai seguaci di Ganesh, il dio con la testa di elefante del vasto e complesso pantheon indù? Gopal scuote il capo: «Si può entrare in quasi tutti i templi indù. Questo è dedicato a Ganesh ma, filosoficamente parlando, dio non ha forma». Parole seducenti, tanto più che a pronunciarle è un uomo che tiene in mano una noce di cocco gocciolante.

Il tempio di Ganesh si staglia improvvisamente come una montagna scolpita in mezzo alle interminabili strade residenziali di Flushing. Sulla falsariga dell'architettura del Maharashtra, le belle proporzioni e i delicati motivi delle statue nascondono una ferrea logica di base rimasta inalterata nei secoli. È stato il primo tempio edificato negli Stati Uniti nel rispetto di queste antiche regole. Centinaia di artigiani tradizionali hanno lavorato alla costruzione di questo edificio e quasi tutti i materiali, compreso il granito nero di cui è fatto il santuario principale, sono stati importati dall'India.

All'interno sono graditi i visitatori rispettosi; forse l'occidentale vedrà un eccesso di esotismo. Alcuni preti, scalzi, passano lentamente facendo tintinnare delle campanelle, o cantano o conversano in una delle quattro lingue del sud dell'India: tamil, telugu, malayalam, kannada. Al centro della sala grande, il santuario principale si eleva fino al soffitto e la sua punta estrema è illuminata dai raggi del sole che filtrano attraverso i lucernai. Alle pareti sono sospesi dei cordoni. Dietro, alcuni santuari più piccoli. Ognuno ha la propria divinità: sculture fiorite di una trentina di centimetri dai colori sgargianti, ornate di ghirlande, tra le cui mani si scorgono talvolta dei dollari piegati. Su una targa si legge: «Si prega di non oltrepassare questo limite e di non toccare le divinità». Non l'*immagine* della divinità, la divinità stessa. Il tempio indù è una zona effimera dove le frontiere tra l'umano e il divino si dissolvono, anche nel Queens.

LA PIETRA TOMBALE DEGLI INDIANI MATINECOC

Zion Episcopal Church
243-01 Northern Boulevard, Queens
• www.zionepiscopal.org
• Tel. 718-225-0466
• Aperto da lunedì a mercoledì e venerdì dalle 9.00 alle 12.00; messe la domenica alle 8.00 e alle 10.00
• Accesso: treni linea 7/Flushing – Main St; poi autobus Q12 direzione Little Neck, scendere a Northern Boulevard e 243rd St

> *Un popolo scomparso sul Northern Boulevard*

Nel cimitero della chiesa episcopale di Sion, a Douglaston (Queens), c'è una grande roccia, spaccata dalle radici di una quercia. Si tratta di una pietra tombale sotto cui riposano molti corpi. Avvicinandosi, si possono leggere, incise nella pietra, delle parole epiche: HERE REST THE LAST OF THE MATINECOC (qui giace l'ultimo dei Matinecoc).

I Matinecoc erano una tribù indiana e, di tutti i quartieri del Queens, Douglastone è probabilmente quello che maggiormente merita la maledizione degli Indiani. Una cittadina tranquilla e graziosa che non pare avere nessun tipo di preoccupazione (un tempo fece anche domanda per essere inserita nella lista dei luoghi di interesse storico-artistico).

La Chiesa episcopale di Sion è un piccolo edificio bianco ricoperto di scandole e affiancato da un campanile che completa il suo statuto di «chiesa»; tutto intorno, le case sono nello stesso stile o in mattoni. «A destra, verso la caserma dei pompieri» afferma una giovane donna. Dopo queste parole, Manhattan ci appare come un sogno rumoroso. Ma ecco finalmente la pietra tombale di questo popolo scomparso.

Il luogo non è ovviamente maledetto, solo un poco deprimente. Chi si ricorda dei Matinecoc ai nostri tempi? Eppure erano i primi abitanti di Long Island, insieme ad una sfilza di altri Indiani di cui non rimangono che nomi fantomatici sulla cartina: Canarsie, Manhasset, Montauk, Massapequa, Rockaway. I primi coloni europei associarono i diversi gruppi – il termine «tribù» è spesso considerato troppo generico – al territorio su cui vivevano. I Matinecoc vivevano in una serie di baie, sul lato nord-ovest di Long Island, tra cui il settore di Little Neck Bay, dove si trova Douglaston.

Il fatto che questa chiesa custodisca oggi la pietra tombale di un'intera comunità amerindiana, è una delle molteplici conseguenze del riassetto urbano. C'è però un particolare: quel che è stato distrutto e ricoperto d'asfalto erano le ultime vestigia di newyorchesi la cui storia non risaliva di poche generazioni, ma di millenni. Nel 1931, la Città ampliò il Northern Boulevard e distrusse, in un colpo solo, un cimitero di Amerindi. Trenta corpi furono nuovamente inumati vicino alla chiesa, sotto una roccia e una quercia, il simbolo tribale degli indiani Matinecoc.

UNA VISITA ALL'ALLEY POND GIANT

East Hampton Boulevard: il sentiero si trova sulla sinistra, subito prima di attraversare il Long Island Expressway (in direzione Sud)
• Trasporti: bus Q30 /Horace Harding Exp/E Hampton Bl

> *L'essere vivente più vecchio della città*

L'essere vivente più antico di New York City è anche il più alto: un albero di Liriodendro, nella parte orientale del Queens. L'albero, che sembra quasi essere stato dimenticato, si trova nei pressi di un groviglio di superstrade, in un angolo di Alley Pond Park. Se vi sdraierete all'ombra delle sue foglie, sentirete il canto degli uccellini, con il sottofondo continuo e fastidioso del traffico. Secondo noi, però, ne vale comunque la pena. Questa parte del Queens è quasi irriconoscibile come parte della metropoli, caratterizzata da case di mattoni a un piano tutte uguali tra loro. I proprietari cercano di distinguersi con qualche personalizzazione un po' singolare: un cervo in plastica, una cancellata cromata, leoni di cemento. All'incrocio tra East Hampton Boulevard e Long Island Expressway ci sono, da un lato, grandi cartelli stradali, pareti e colonne del grande cavalcavia. La parte più bella è sull'altro lato: un sentiero con cardi, giunchi e farfalle. Tutto il verde si trova al di là di una recinzione nera; dopo pochi passi, però, la palizzata termina e alla vostra sinistra c'è una vera e propria foresta, con grandi alberi che ricordano i tempi degli Indiani. L'Alley Pond Giant si trova a soli 50 metri all'interno. Dopo avere passato un mucchio di rocce, entrerete in un'area molto selvaggia. Il terreno è soffice, ricoperto da uno strato di foglie da cui sbucano fiori di tulipano; felci rare spuntano in piccoli cespugli arricciati, e la corteccia umida si stacca dai rami caduti quando li calpestate. Ci sono tanti alberi giganteschi, ma se non siete sicuri di aver trovato il più alto di tutta New York, osservate bene. L'Alley Pond Giant ha un recinto di protezione; appoggiato al tronco cavo c'è un cartello della Direzione del Parco, tra ragnatele e scarafaggi: "Questo Liriodendro (Liriodendron tulipfera) è stato misurato con precisione ed è l'albero più alto della città di New York: misura 133.8 piedi (40,7 m, ndt). Si tratta probabilmente del più vecchio albero della città, e si stima abbia almeno 400 anni. [...] Questo albero è forse l'ultimo testimone della

trasformazione della città da piccolo insediamento olandese a una delle più grandi metropoli del mondo. [...] È sopravvissuto miracolosamente dai tempi in cui i membri del popolo dei nativi Matinecock gli camminavano intorno, ed oggi gli automobilisti sfrecciano a pochi metri ignari della sua presenza. Se non lo danneggiamo, potrà continuare a vivere tra noi per un altro centinaio di anni o più".

IL LIVING MUSEUM

Creedmoor Psychiatric Center
7925 Winchester Boulevard, Queens
• www.omh.ny.gov/omhweb/facilities/crpc/facility.htm
• Tel. 718-264-3490
• Accesso: linea F/Jamaica – 179th St; prendere poi l'autobus Q43 verso
Floral Park a Hillside Avenue e 179th St; scendere a Hillside Avenue e
Winchester Boulevard

> ## Il primo museo americano dedicato all'arte delle persone con disabilità mentali

Creedmoor è ospedale psichiatrico dal 1912. Generazioni di genitori del Queens hanno detto ai loro figli che, se non si fossero calmati, li avrebbero fatti rinchiudere là dentro. L'edificio principale è il più alto del quartiere, un blocco monolitico di mattoni gialli, austero come un castello stregato. Ma sull'altro lato dell'Union Turnpike, su un delizioso campus universitario, c'è il Living Museum, il primo museo americano dedicato all'arte delle persone con disabilità mentali. Lo spazio fu creato negli anni '80, partendo dal principio che i pazienti fanno progressi quando sfuggono alla loro condizione di pazienti e divengono, ad esempio, degli artisti. Secondo il fondatore del programma, Janos Marton, si tratta di uno slancio naturale: «Non vi è alcuna differenza - sostiene - tra la creatività e la malattia mentale». Marton sembra un paziente che si sforza (un po' troppo) di farvi credere che lui è il vero Dottor Marton: capelli bianchi lunghi, sguardo penetrante, accento austriaco. Quando un gatto tigrato balza sulla sua agenda aperta, arretra sospirando: non cacciarlo, ma neppure carezzarlo. Il suo ufficio è un'oasi di caos amministrativo in mezzo ad un'orgia di caos artistico; i pazienti vanno e vengono incessantemente con i loro problemi, le loro idee, i loro silenzi. Inizialmente il dottore esita a parlare del Living Museum, in realtà per evitare di confermare le dilettantesche generalizzazioni sulle malattie mentali. La sua opinione, se la esprime, è perentoria: «È la più bella collezione di opere d'arte di New York perché qui gli artisti sono autentici. Come ognuno di noi *cerca* di esserlo». Anziché passare del

tempo ad ammirare le opere – due piani, i muri ricoperti di quadri, persino il più piccolo spazio occupato da un'installazione o da una scultura, le tavole stracolme di statuette in argilla o oggetti smarriti – varrebbe forse la pena rimanere un po' con i loro creatori. Alcuni sono estroversi, altri rimangono in disparte; altri ancora sono visibilmente malati o semplicemente eccentrici. La cosa più istruttiva è quando arriva un nuovo visitatore che vi prende per uno dei tanti pazienti e che vi lancia un sorriso un po' troppo ostentato e bonario per una persona sana di mente; un sorriso che vi augurate di non aver fatto qualche minuto prima.

BROOKLYN GRANGE

37-18 Northern Boulevard
www.brooklyngrangefarm.com
Fattoria aperta ogni sabato dalle 10 alle 15
Trasporti: treni E e M / 36th St

> *Una fattoria modello sul tetto di una grande fabbrica*

Brooklyn Grange è una fattoria su un tetto. C'è un caffè, a livello della strada, che serve frutta e verdura coltivate in cima al palazzo... probabilmente un caso unico. Quando un cameriere serve un'insalata mista, il proprietario dice, indicando il soffitto: "Già, tutti gli ingredienti vengono da lassù". L'edificio di sei piani era uno stabilimento industriale, è squadrato e compatto, e occupa una superficie di un acro esatto (quasi mezzo ettaro, ndt), quasi come se la sua futura destinazione agricola fosse stata pensata dall'architetto al momento del progetto. Sul Northern Boulevard ci sono altri edifici simili, resti dei tempi d'oro dell'industria automobilistica. Ma questo è l'unico con 500 tonnellate di terra ben coltivata sul tetto. Ci sono anche un pollaio, alveari, fiori selvatici e un piccolo chiosco dove si possono acquistare i prodotti della fattoria: pomodori, lattuga, cavoli, peperoni, alchechengi, aglio. Non si tratta di una trovata pubblicitaria: questo orto sul tetto, creato nel 2010, è sostenibile e profittevole, un esperimento che funziona bene. "Utilizziamo una mistura chiamata Rooflite," dice Bradley, il manager della fattoria, raccogliendo una manciata di terra cosparsa di roccia durissima. Il peso non è assolutamente un problema: il tetto dell'edificio industriale, preparato con speciale materiale assorbente e canali di raccolta delle acque, può reggere il quadruplo del peso. Il terreno viene arricchito di compost, che la fattoria stessa produce grazie al suo sistema di autosufficienza energetica, che sfrutta la luce solare. Nella stagione produttiva, dalla primavera all'autunno, potete visitare questo sistema complesso, provando l'esperienza unica di poter prendere un ascensore che vi porta a una fattoria. L'orizzonte è dominato dallo skyline di Manhattan; le geometrie della metropoli e le linee ordinate della fattoria riescono a fondersi in un insieme armonioso. La Grange ha un progetto "gemello" sul Brooklyn Navy Yard, e insieme formano la più grande superficie agricola su un tetto del mondo.

Se si è intenti a strappare le erbe infestanti o a raccogliere rapanelli o fragole, ci si potrebbe dimenticare che ci si trova a oltre 30 metri di altezza. "In effetti, è divertente" dice Bradley. "Spesso non guardo tutto questo per tutto il giorno" facendo un cenno a una vista che comprende la Citigroup Tower, l'Empire State e la sede della Chrysler. "Amo il momento della fine della giornata, quando tutti vanno a casa e rimango da solo con le piante, godendomi il magnifico tramonto in silenzio."

TROMA HEADQUARTERS

36-40 11th St, Long Island City, Queens
• www.troma.com
• Tel. 718-391-0110
• Visite gratuite durante la settimana dalle 12.00 alle 18.00;
per prenotazioni, scrivere a tours@troma.com
• Accesso: treni linea F/21st St – Queensbridge

Quarant'anni
di ciarpame

T roma Entertainment è, come l'annuncia, «forse il più vecchio studio cinematografico della storia degli Stati Uniti». Da quarant'anni questa società, fondata da Lloyd Kaufman e Michael Herz, vecchi studenti di Yale, produce e distribuisce una gran quantità di ciarpame. I suoi primi successi furono dei film comici (*Squeeze Play*, *Waitress* – oggi riuniti nel titolo: *Sexy Box*), ma il successo lo raggiunse grazie a *Il Vendicatore tossico* del 1984, una specie di *Citizen Kane* dell'orrore con effetti speciali e a budget ridotto: la storia di un povero spazzino che, dopo essere caduto in un bidone di rifiuti nucleari, ne esce con la forza di un superuomo e l'epidermide a bolle. E decide di *vendicarsi*.

Prendete appuntamento e potrete visitare la sede di Troma a Long Island City. Dal cancello sfondato dell'entrata pende un grande dipinto del mutante *Avenger* («Toxie»). Sopra qualcuno ha imbrattato: WELCOME TO TROMAVILLE – il nome fittizio della città dove si svolgono molti film. La produzione è al primo piano, la distribuzione al piano terra. Come corso intensivo di estetica Troma, leggete i titoli dei DVD : *Poultrygeist. Fat Guy Goes Nutzoid. Klown Kamp Massacre.* «Inizialmente, era il magazzino di un fornitore di ristoranti cinesi», spiega la guida Kyle Corwin. Sorride vagamente guardando, in un angolo, un lavello in acciaio in cui, stranamente, c'è un gancio, una sega per ossi e delle manette. Dopo aver varcato la porta scorrevole da congelatore, la guida vi porta in una stanza dove sono impilate centinaia di bobine e cassette. Il messaggio potrebbe essere: Fate qualcosa. Non necessariamente *Out of Africa*, ma qualcosa. "L'età mentale del nostro pubblico è di circa tredici anni" osserva Crowin. Quando non fa la guida, Crowin fa il regista. Secondo lui, una delle tacite linee direttrici della produzione è che, nei primi dieci minuti di film, bisogna vedere corpi nudi. Anche il sangue e i corpi dilaniati sono elementi positivi.

Si potrebbe dire che Troma sia diventato prigioniero di una formula: un agente segreto il cui potere misterioso proviene dal teatro giapponese (*Sgt. Kabukiman, N.Y.P.D.*), un mostro delle nevi gay (*Yeti: A Love Story*) e *Bloodspit*, fuochi d'artificio di sangue. In quarant'anni, Troma s'è specializzato in quel che gli piace fare. «Abbiamo cominciato nel 1974 – precisa Corwin – Sono rimaste le stesse persone, nessuno ha acquistato l'azienda.»

IL PANORAMA

Queens Museum of Art - New York City Building, Flushing Meadows, Queens
• www.queensmuseum.org • Tel. 718-592-9700
• Aperto da mercoledì a domenica dalle 12.00 alle 18.00
• Aperto per la Giornata dei Veterani, con ingresso libero, chiuso nel Giorno del Ringraziamento, a Natale e a Capodanno.
• Si consiglia di lasciare un'offerta: adulti $8 adulti e ragazzi oltre i 12 anni, $4 studenti e anziani, bambini al di sotto dei 12 anni ingresso libero
• Accesso: treno linea 7 / 111th St

Una miniatura gigantesca

Non sarebbe giusto dire che il Panorama è un modello in scala. Neppure la definizione del «più grande plastico architettonico del mondo» (titolo che ha detenuto per mezzo secolo) è sufficiente. Questa metropoli in miniatura si estende su una superficie equivalente a due campi di pallacanestro e comprende in tutto 895.000 edifici.

Quest'attrazione del Queens Museum of Art risale all'Esposizione Internazionale del 1964-1965. Erano gli anni della conquista dello spazio e lo testimoniano i toponimi di Flushing Meadows: Court of the Astronauts, Promenade of Infinity, Lunar Fountain. Come sempre, la visione del futuro proposta era punteggiata da quelli che poi si sarebbero rivelati insuccessi: in un padiglione si poteva visitare una casa «ultramoderna» interamente sotterranea, a grandezza naturale. «Un ambiente molto intimo» precisava la guida. Il Panorama ebbe un enorme successo: migliaia di visitatori acquistarono il loro biglietto da dieci centesimi per sorvolare il plastico gigantesco a bordo di un simulatore di elicottero.

Al posto di questo plastico gigantesco ci si sarebbe potuti aspettare una sfolgorante New York futurista. L'ipotesi tuttavia non era conforme al progetto originale né alla personalità di Robert Moses, il curatore dell'esposizione. "Questo progetto gli assomiglia. - afferma David Strauss – uno dei direttori del Queens Museum – Era il suo modo di mostrare al mondo il prototipo di una metropoli moderna".

In realtà, Moses, urbanista brillante, prolifico e denigrato, non amava per niente il mondo: a lui piacevano i formati ridotti. Per lui New York era un giocattolo complicato e i newyorchesi degli ostacoli alla circolazione dell'automobile, la sua vera passione. Nel plastico del suo celebre progetto di autostrada, la parte del Greenwich Village è dotata di maniglie con cui è possibile estrarla dalla mappa. Il Panorama rappresentava per lui un'occasione per creare una New York impeccabile, rigorosa, mentalmente controllabile e soprattutto priva di esseri umani.

Senza questo misantropo, tuttavia, il Panorama non avrebbe mai visto la luce. Ci vollero cento artigiani e tre anni per portarlo a termine, ed è così accurato (Moses esigeva che il margine d'errore non superasse l'1%) che negli anni '70 gli urbanisti si recavano nel Queens per confrontare i loro progetti con questo plastico perfettamente in scala. Oggi il Panorama rappresenta un valido motivo per recarsi a visitare il Queens Museum of Art e rimane una delle meraviglie di New York.

LUNGO IL SENTIERO DEL CROTON

Nel Bronx, il sentiero inizia a nord del Van Cortlandt Park, all'incrocio tra Hancock Avenue e Forest Avenue (Yonkers), e scende verso l'Alt Bridge e il fiume Harlem (170th Street)

La civiltà perduta di New York

Intorno al 1830, New York intraprese un imponente progetto di pianificazione urbana: collegando Manhattan, allora afflitta da una carenza di acqua e da tutto ciò che questo comportava (malattie, rischio di incendio e alcolismo) al fiume Croton, circa 65 km a nord. Il percorso del primo acquedotto di Croton è disseminato di rovine: portali, sentieri, torri e persino il ponte più antico della città. Seguitelo e visitate quello che più si avvicina a delle rovine antiche a New York.

La parte più insolita dell'acquedotto è anche la più selvaggia: l'argine del fiume del Van Cortlandt Park (Bronx). Un argine consente di controllare il flusso di un corso d'acqua: qui, l'acqua si versava, l'aria fresca circolava e si accedeva ad alcune gallerie. Questo argine è unico perché piomba nel mezzo di un sentiero, come se ci si ritrovasse nel Tempio del Sole in mezzo alla giungla. Le pietre sono abbastanza vecchie da cadere in rovina in alcuni punti; un olmo vi cresce, e persino i graffiti hanno il fascino desueto dei geroglifici. Con un po' d'immaginazione, si può sentire il peso della storia; altrimenti, c'è sempre abbastanza verde da accontentare un abitante della città. Gli appassionati di acquedotti ne saranno ovviamente entusiasti.

Secondo il sito web del Van Cortlandt Park, il sentiero dell'acquedotto di Croton è "attraversato dalla Major Deegan Highway", che sarebbe come dire che il percorso tra New York e Londra è attraversato dall'Atlantico. Per coloro che osano avventurarsi da queste parti, le strade veloci e assordanti sono il principale ostacolo. Il punto migliore per ritrovare il sentiero è sull'Aqueduct Avenue: da Kingsbridge Road, quella che il dipartimento dei parchi chiama "Aqueduct Walk" si dirige dritta verso la East Burnside Avenue e la sua grande porta d'ingresso.

Nel Bronx, il sentiero finisce vicino al fiume Harlem all'altezza della Sedgwick Avenue e della 170th Street - fate un passo in avanti e capirete perché. Qui si estende il ponte più antico della città, l'High Bridge, costruito appositamente per questo progetto titanico: portare l'acqua dalla terraferma verso l'asciutta Manhattan.

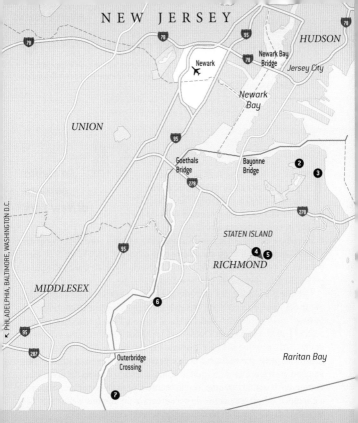

STATEN ISLAND

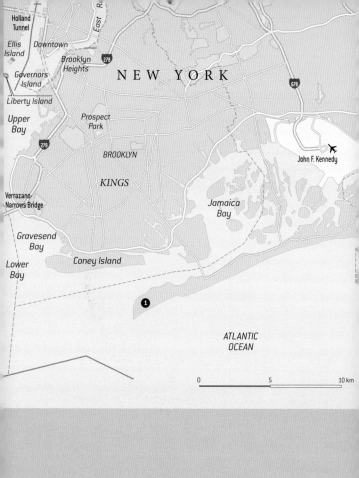

BREEZY POINT

❶

Queens
• www.nyharborparks.org/visit/brpo.html
• Accesso: linea 2 /Flatbush Av., poi autobus Q-35 / Fort Tilden; linea A / Rockaway Beach, poi autobus Q-22 / Fort Tilden. In auto, parcheggio a pagamento nella 222nd St. Ferry. Con ferry-boat: NY Water Taxi / Riis Landing

> *Segreto, splendido, ma poco pratico*

S ulla carta è facile individuare Breezy Point: è la punta della penisola del Queens che si estende sotto Brooklyn e racchiude la Jamaica Bay. Arrivarci invece non è per nulla facile. «È il segreto di cui sono in assoluto più gelosi, da queste parti» racconta un avventore di un bar di Rockaway Beach.

La penisola fa parte della *Gateway National Recreation Area* e appartiene quindi al governo. Le strade di accesso sono pubbliche, come la spiaggia; il resto è come un'enorme residenza di condomini. Per gli "esterni" esistono solo tre possibilità di accedervi: 1) camminare o risalire la spiaggia partendo da un punto più a est; 2) arrivare dal mare; 3) imbrogliare un pochino i residenti.

Ma una volta giunti qui la ricompensa è grande: barche a vela e a motore, pronte a salpare per l'Oceano Atlantico. Breezy Point è uno dei bracci di mare che racchiude la rada del porto di New York; l'altro, Sandy Hook, si trova sul lato opposto. A nord si estende la Lower Bay e dalla punta si distinguono all'orizzonte Staten Island, la parte meridionale di Brooklyn, Jersey City e Manhattan, in una sorprendente successione di quinte sovrapposte. Con un po' di fortuna si riescono anche a vedere le attrazioni del Luna Park di Coney Island. Manhattan spunta dietro i ciuffi di erba gialla delle dune, ma il suo *skyline* è così esile che, sfumato a distanza in tenui gradazioni pastello, da qui sembra persino commovente.

La punta estrema di Breezy Point è una banchina in granito. Non c'è più nessuno qui oggi, fatta eccezione per questo signore russo corpulento, vestito da sommozzatore, che osserva un pesce bianco e aggrotta le sopracciglia. Il pesce ha un foro da cui esce del sangue. «Una botta di fortuna. – dice il russo – Questo è il problema della pesca con la fiocina: se il pesce è troppo piccolo o troppo grande, bisogna ributtarlo in mare, ma in ogni caso morirà». (La fortuna è pescarlo di almeno 50 cm, come da regolamento).

I rumori della città qui sono attutiti dal fruscio della risacca, mentre gli aerei in decollo dall'aeroporto JFK sfrecciano silenziosi nel cielo. Pivieri e sterne sfiorano radenti le onde: questi uccelli, appartenenti a una delle quattro specie locali protette, nidificano tra le dune, lontano dalla gente, e la loro presenza è la conferma di quanto gli uomini abbiano saputo rispettare la pace di questo luogo.

IL GIARDINO DELL'ERUDITA CINESE

1000 Richmond Terrace, Staten Island
• www.snug-harbor.org • Tel. 718-448-2500
• Aperto da martedì a domenica, dalle 10.00 alle 16.00
• Tariffe: $ 5 per gli adulti, $ 4 per ultra 65enni e studenti, gratis per i bambini sotto ai 5 anni.
• Accesso: terminal ferry di Staten Island, S-40 bus (Porta D) / Snug Harbor

Staten Island: il luogo di New York dove ti sembra di essere in Cina

A New York, il luogo in cui ci si sente più vicini alla Cina non è Chinatown, bensì Staten Island. Il *Chinese Scholar's Garden* (il giardino dell'erudita cinese), a Snug Harbor, è un'area di appena mezzo ettaro disseminata di corsi d'acqua, rocce e alberi: sembra di essere in Oriente. Incorniciato dalle grondaie ricurve dei tetti dei padiglioni, qui anche il cielo sembra diverso.

All'atmosfera del giardino contribuisce anche la singolarità dei dintorni: si acquista il biglietto d'ingresso in un negozio di souvenir del giardino botanico e ci si avventura lungo un sentiero che attraversa un canneto di fruscianti bambù. I giardini dei seguaci del confucianesimo erano molto diffusi nel XV secolo a sud della Cina; questo venne costruito alla fine degli anni '90 del secolo scorso da quaranta esperti provenienti dalla provincia di Suzhou. Ogni più piccolo dettaglio è stato pensato per suscitare la contemplazione. Ovunque è nascosto un messaggio. I pruni fioriti d'inverno richiamano il concetto di lealtà nei momenti difficili. L'acqua e le rocce sono disposte volutamente in contrapposizione: *yin* e *yang*, orizzontale e verticale, morbido e duro. Una passerella scavalca una cascata sotto alla quale si forma una grotta: secondo la poesia cinese classica, questo tipo di disposizione aiuta il mistico a trovare la sua strada verso il mondo spirituale. In basso, tra i vortici dell'acqua, una gru sembra quasi in posa su una roccia: fotogenica, silenziosa, paziente.

«La gru vuol dire vita lunga» dice un tale William, turista originario di Taiwan -«Vederla porta fortuna». William conosce bene l'entroterra cinese e la provincia di Suzhou; sembra che sia stato mandato qui per controllare che tutto sia in regola. Il luogo l'ha molto colpito: «È quasi perfetto» afferma. Di fronte a un padiglione, il sentiero è ornato da un mosaico di pietre irregolari e da un alternarsi di gru e pini: un abbinamento che è presagio di perenne felicità. «Che faccia caldo o freddo – spiega – il pino rimane sempre verde». Tutt'attorno alcuni cerchi riprendono la forma delle vecchie monete cinesi. «Se siete in buona salute – osserva William – è buon segno. Se avete denaro …». Qui s'interrompe e sorride: a che serve interpretare l'universale?

> Il Confucian Scholar's Garden è unico negli Stati Uniti. La sua progettazione durò quattordici anni e gli artigiani cinesi che lo realizzarono vissero sul posto per sei mesi.

THE
WATERING PLACE

NEAR THIS SPOT EARLY
COLONIAL NAVIGATORS
REPLENISHED THEIR SHIPS'
SUPPLY OF WATER FROM
A SPRING WELL KNOWN
TO THOSE ANCHORING
INSIDE THE NARROWS
BEFORE THE YEAR 1600.

THE RICHMOND COUNTY CHAPTER
DAUGHTERS OF
THE AMERICAN REVOLUTION
PLACE THIS TABLET TO MARK
THE EARLIEST HISTORICAL SPOT
ON STATEN ISLAND.
1922

LA PIETRA DEL *WATERING PLACE*

Tompkinsville Park, Staten Island
• www.nycgovparks.org/parks/tompkinsvillepark/
• Accesso: al terminal del ferry di Staten Island, seguire Bay St. verso sud
fino a Tompkinsville Square (dieci minuti)

> **Il luogo in cui gli europei sbarcarono a New York**

L'anno 1525, in prossimità di Staten Island, ebbe luogo la scena seguente: «Vennero allegramente verso di noi, lanciando grida d'ammirazione, mostrandoci dove potevamo attraccare la nostra barca in sicurezza. Noi risalimmo il corso d'acqua verso l'entroterra per circa mezza lega, prima di trovare un lago ameno…».

Il lago ameno era Upper Bay, l'allegro comitato di benvenuto erano gli indiani Lenape e il cronista era Giovanni da Verrazzano, il primo europeo a posare gli occhi sulla lingua di terra che più avanti sarebbe diventata New York. Diffidando del canale, il marinaio toscano ancorò la sua imbarcazione nei Narrows, lo stretto che separa Brooklyn da Staten Island, attraversato ora da un ponte che porta il suo nome. Non lontano da lì, nell'entroterra, sgorgava una sorgente naturale: se dovette rifornirsi di acqua dolce, lo fece senz'altro in questo punto.

Oggi ci sono una pietra e una targa a segnalare questo "punto d'acqua". Di certo si sa che lo utilizzarono gli Olandesi, come testimoniano le loro prime descrizioni, suggestive quanto quelle degli italiani: riferimenti continui alla sicurezza e alla fertilità, ricchezza, armonia e colori. I primi resoconti su New York suggeriscono un raffronto con la città attuale. La pietra del *Watering Place* è delimitata attualmente, su un lato, dalla luccicante Upper Bay in cui il timido da Verrazzano non osò addentrarsi (oggi il ferry da Staten Island l'attraversa 50 volte al giorno) e sugli altri lati, da tutta una serie di fast-food. Il parco retrostante attira uno strano pubblico promiscuo di barboni e bambini. Sorpresi dalla scoperta di questa pietra, due uomini discutono sul punto esatto in cui avrebbe dovuto trovarsi la fonte originale, mentre sorseggiano una birretta. Alzandosi e aggrottando le sopracciglia, uno di loro dice:

«Perché ci fa questa domanda? La gente di qui non ne sa niente. Vada a controllare in una *biblioteca*».

Trattenendo un rutto, l'altro borbotta tra sé e sé: «A me non serve la biblioteca, io ho una fottuta memoria fotografica».

Il nome del Verrazano-Narrows Bridge contiene un errore di ortografia ufficialmente riconosciuto: Verrazzano ha perso una z, pare per un errore di trascrizione.

LA MOSES MOUNTAIN ❹

Greenbelt Park
• www.nycgovparks.org/park-features/virtual-tours/greenbelt/moses-mountain
• Telefono: 718.667.2165
Imbocco del sentiero, mappa e parcheggio ad High Rock Park, alla fine della Nevada Avenue, Staten Island

Una delle meraviglie meno note della città

Greenbelt Park, come già detto in un altro capitolo, nel cuore di Staten Island, è una delle meraviglie da scoprire della città. Robert Moses, il più importante ma anche il peggior commissario dei parchi di New York, non ha fatto molto per preservarlo, ritenendo che le sue bellezze naturalistiche non fossero così importanti. Moses era un uomo molto convinto delle sue decisioni e avrebbe ricoperto di asfalto la città. Arrivò quasi sul punto di distruggere la Greenbelt. Il punto più elevato del parco, la Moses Mountain, è divenuta un ricordo e un "tributo" del suo operato. La collina è formata infatti dalle macerie di un progetto lasciato a metà di un viale che avrebbe dovuto attraversare Staten Island.

Si è trattato dell'unico caso in cui un progetto di Moses è stato bloccato dai cittadini, che hanno rifiutato l'idea di traffico e caos anche in quella zona. Sono stati bocciati i progetti del commissario per ampliare un parcheggio lungo Central Park e costruire un grande viale sotterraneo sotto Washington Square e il West Village; la protesta della Greenbelt ebbe l'importante appoggio del governatore dello Stato Nelson Rockefeller. La costruzione del viale della Greenbelt fu abbandonata alla fine degli anni Sessanta: erano state fatte esplodere grandi rocce, effettuati scavi ed erano già stati rasi al suolo molti edifici. Terra e detriti vennero portati qui e accumulati fino a raggiungere l'altezza di 80 metri; dà l'idea di essere ancora qualcosa di incompiuto, anche se nel frattempo la

collinetta si è ricoperta di verde. Salendoci si possono ancora vedere i pezzi del vecchio asfalto sporgere dalle macerie o i grossi tubi in cemento delle vecchie fogne sradicate. La cosa bella della Moses Mountain è la vista che si gode arrivando sulla cima. Invece di una lunga fila di auto rumorose che attraversano il bosco potete vedere i gabbiani che volteggiano su un paesaggio verde smeraldo. È una vista selvaggia, e si potrebbe quasi immaginare di vedere spuntare il lungo collo di un dinosauro tra gli alberi. È l'unico posto a New York dove potete stare su una sommità formata da terra e osservare un orizzonte formato solamente da alberi.

IL PUNTO PIÙ ISOLATO DI NEW YORK

- www.sigreenbelt.org
- 718.667.2165
- Inizio dei sentieri, mappe e parcheggio presso l'High Rock Park alla fine di Nevada Avenue, Staten Island

Selvaggiamente affascinante

Nonostante New York possa sembrare un formicaio, ci sono ancora ampi spazi vuoti: parchi, spiagge, terre desolate ... Ma c'è un posto ancora più selvaggio degli altri: il punto più isolato di New York. Secondo lo scrittore Bruce Kershner, si trova a Staten Island. Qui, nel mezzo del poco conosciuto Greenbelt, uno dei parchi più grandi della città, c'è un punto a 453 metri da qualsiasi strada o casa. È un record? Se state cercando un po' di avventura, poco importa. Il Greenbelt è un altro pianeta. Logico che il posto più selvaggio della città si trovi qui: l'isola è solo in parte civilizzata. I marciapiedi tendono a svanire nella natura e la copertura vegetale si riassume in tre varietà: artemisia, edera velenosa e un'altra edera velenosa. Staten Island include un buon terzo di deserto, e il Greenbelt ne è il gioiello. «È l'ultimo ecosistema rimasto a New York», dice Pete Ziegeler, vestito con l'uniforme dei parchi nazionali. Avanza sul bordo fangoso di uno stagno, si china sotto gli arbusti per ammirare la vista sull'altra sponda, che, nell'ora dorata, sembra un quadro romantico. Ziegeler lavora nel vicino Great Kills Park, ma una volta finita la sua giornata, è qui che viene. Vicino a un altro laghetto, dove gli alberi crescono nell'acqua e la superficie è rotta solo dai ragni acquatici, un ricercatore fa delle foto. "Per studiare le libellule", spiega. "Per il momento, ne sono state trovate 27 specie nella zona."

Per un newyorkese puro, potremmo anche essere nella taiga russa. Alberi maestosi - querce, alberi della gomma, noce americani, faggi - formano uno strano paesaggio, le cui paludi e torbiere provengono direttamente dall'ultima era glaciale. Il parco è accessibile con i mezzi pubblici: il viaggio in metro, traghetto e autobus costa solo $ 2,50. Sono pochi spiccioli per un'escursione che parte da un incrocio rumoroso e termina poche ore dopo, su un albero che si affaccia su una palude dove i rospi fanno sentire la loro voce. Il posto più isolato si trova sulla riva orientale di Hourglass Pond. Dovreste essere in grado di trovarlo utilizzando la guida Trails e i segnali sugli alberi. Ma anche se non lo scovate, l'esperienza sarà comunque unica.

IL CIMITERO DI ARTHUR KILL

Arthur Kill, tra Rossville Av. e Bloomingdale Road, Staten Island
• Accesso: autobus S74 / Arthur Kill Road

> *Dove vanno a morire le barche di New York*

I n Arthur Kill Road, c'è una fascia di costa che viene informalmente chiamata il *Boneyard* (cimitero). Secondo un adolescente che gestisce una stazione di servizio, «ci si può andare solo se adeguatamente equipaggiati». Vale a dire indossare un abbigliamento che protegga dal fango aromatico e da una miriade di batteri invisibili. Queste acque stagnanti marciscono dal 1947 al riparo di una montagna di spazzatura, ossia il sito in cui vengono interrati i rifiuti di Fresh Kills. Una discarica, certo, ma una discarica in un certo senso poetica: è qui che le navi vanno a morire.

È dal 1940 che vengono ammucchiate qui, da quando la *Witte Marine Equipment Company* iniziò ad abbandonare le vecchie carrette del mare nei bassifondi di Arthur Kill in attesa che arrugginissero e che si insabbiassero, apparentemente per sempre, nel fango. Un luogo interessantissimo come archivio storico marittimo di New York, che conserva ottant'anni di storia: plance rovesciate e ponti di ferry-boat, gru, carrucole e scialuppe impilate come fossero stoviglie.

Il piccolo cimitero di Rossville (Arthur Kill Road – fermata dell'autobus Telephone Co) gode di una bella vista – forse l'unica autorizzata – sui relitti. Lo spettacolo di tutta questa ferraglia che si disgrega e fa da sfondo alle pietre tombali non è privo di un certo fascino. Un chilometro più in basso, dall'impianto fatiscente di Donjon s'intravede anche il *Boneyard*, ma dai carrelli elevatori troneggia un pannello NO PHOTOGRAPHY. Il miglior modo per avvicinarsi è quello di familiarizzare con l'anziana signora che vive con il marito in una casa nel bosco, all'angolo della Rossville Avenue. La discarica è il cortile posteriore della loro abitazione. Come si può vivere accanto a centinaia d'imbarcazioni mezze sommerse dalla melma? «Quando eravamo piccoli – dice – ci venivamo a nuotare. Siccome non avevamo nulla da mangiare, la mamma ci diceva talvolta – eravamo cattolici – di andare a cercare granchi e noi tornavamo con dei mastodonti *grandi così*».

Un tempo, Fresh Kills era il sito per l'interramento dei rifiuti più vasto al mondo: la montagna d'immondizie raggiungeva una profondità superiore all'altezza della Statua della Libertà. Alcuni progetti recenti prevedono di bonificare la zona per realizzarvi un parco. Quando sarà pronto, avrà un'estensione tre volte superiore al Central Park, con boschi e paludi, ma anche prati, sentieri e campi da gioco.

LA CONFERENCE HOUSE

298 Satterlee Street, Staten Island
• www.conferencehouse.org
718.984.6046
• Da aprile a dicembre. Rievocazioni: ogni 11 settembre
• Autobus S59 o S78 / Hylan Blvd-Craig Av; treno: Staten Island /
Tottenville (capolinea)

*Scegli
da che parte stare*

Su una collina che domina la zona meridionale di Staten Island si trova la più antica casa padronale della città: la Conference House, un luogo di rituali curiosi. Ogni anno, a metà settembre, gli appassionati si incontrano con le loro pettorine e i loro copricapi per ricostruire un episodio locale, in cui il destino americano si è giocato durante un semplice pranzo.

Settembre 1776. All'ombra di alberi maestosi, una tavola elegante: il Comandante in capo britannico Howe (o meglio, l'attore che ne indossa la parrucca e i calzoni) ha invitato Benjamin Franklin, John Adams e Edward Rutledge, del Congresso continentale, a un colloquio per porre fine alla Rivoluzione americana. L'azione ci prende facilmente. "Siete pronti - arringa un soldato in uniforme - a combattere per il re?". I suoi occhi brillano di uno splendore contemporaneo, ma altri attori mantengono un tono serio e piatto: "Sono solamente un contadino", dice un uomo che indossa il cappotto verde dei lealisti. È per gli inglesi, dice, perché vuole la fine della violenza dopo la terribile battaglia di Brooklyn di due settimane prima. Quando gli viene chiesta la sua opinione sull'esito di questo incontro al vertice, balbetta. "Non mi azzarderei a fare dei pronostici," dice, mordicchiando una galletta uscita da un sacchetto del freezer. Con le rievocazioni, spesso è tutto o niente; per fortuna, questa è riuscita. Le donne mescolano patate e pancetta nelle pentole sui fuochi da campo, sorridendo, asciugandosi gli occhi con un angolo dei loro grembiuli. Si mescola, si cuoce e si spara con il moschetto. L'aria è piena di musica vivace e odore di fumo. All'ora stabilita, un piffero e un suono di batteria risuonano dalla spiaggia: gli Yankees arrivano, come sempre, in barca dal New Jersey. Dopo aver scalato la collina, i ribelli orgogliosi siedono, non senza imbarazzo, intorno al tavolo ("Il menu -dice una giovane donna al microfono - comprende del buon vino, lingua, prosciutto e carne di montone"). Howe propone un compromesso con molti fronzoli e disprezzo, l'astuto Benjamin Franklin si oppone per principio, e John Adams finge di vomitare. "Fu così che gli americani", dice la giovane donna, "resistettero alla tentazione di scendere a compromessi sui loro ideali di libertà". Rulli di tamburo, suono di piffero e gli emissari ritornano alla loro barca, seguiti da uno sciame di bambini.

INDICE ALFABETICO

INDICE ALFABETICO

Thomas Jonglez

E' nel settembre del 1995, a Peshawar, in Pakistan, a 20 km dalle aree tribali che visiterà pochi giorni dopo, che Thomas Jonglez ha l'idea di fissare su carta gli angoli segreti che conosce di Parigi. Durante questo viaggio di 7 mesi da Pechino a Parigi, attraversa anche il Tibet (in cui rientra di nascosto, celato da alcune coperte in un autobus notturno), l'Iran e il Kurdistan, senza mai prendere l'aereo: in barca, in autostop, in bicicletta, a cavallo, a piedi, in treno o in autobus, e raggiunge Parigi appena in tempo per festeggiare il Natale con sua famiglia.

Al suo ritorno nella città natale, trascorre due anni fantastici, andando alla scoperta di quasi tutte le strade di Parigi per scrivere, insieme a un amico, la sua prima guida ai luoghi segreti della capitale francese. Lavora, in seguito, 7 anni nel settore siderurgico prima di sentire nuovamente il richiamo della passione della scoperta. Crea la sua casa editrice nel 2005 e nel 2006 va a vivere a Venezia.

Nel 2013, in cerca di nuove avventure, parte con la famiglia da Venezia per un viaggio di 6 mesi verso il Brasile, passando per la Corea del Nord, la Micronesia, le Isole Salomone, l'Isola di Pasqua, il Perù e la Bolivia.

Dopo aver vissuto per sette anni a Rio de Janeiro, ora vive a Berlino con sua moglie e i suoi tre figli.

Edizioni Jonglez ormai pubblica libri in 9 lingue venduti in 35 Paesi.

PRESSO LO STESSO EDITORE

LIBRI FOTOGRAFICI

Abandoned America (in inglese)
Abandoned Asylums (in inglese)
Abandoned Australia (in inglese)
Abandoned Japan (in inglese)
After the Final Curtain - The Fall of the American Movie Theater (in inglese)
After the Final Curtain - America's Abandoned Theaters (in inglese)
Alberghi insoliti nel mondo
Chernobyl's Atomic Legacy (in inglese)
Italia abbandonata

GUIDE INSOLITE E SEGRETE

Amsterdam insolita e segreta
Barcellona insolita e segreta
Bergamo insolita e segreta
Bologna insolita e segreta
Buenos Aires insolita e segreta
Campania insolita e segreta
Firenze insolita e segreta
Genova insolita e segreta
Istanbul insolita e segreta
Lisbona insolita e segreta
Londra insolita e segreta
Luoghi dell'abbandono

Madrid insolita e segreta
Milano insolita e segreta
Napoli insolita e segreta
Parigi bar e ristoranti insoliti
Parigi insolita e segreta
Praga insolita e segreta
Rio insolita e segreta
Roma insolita e segreta
Tokyo insolita e segreta
Toscana insolita e segreta
Venezia insolita e segreta
Vienna insolita e segreta

GUIDE « SOUL OF »

Soul of Lisbon - Guida alle 30 migliori esperienze
Soul of Los Angeles - Guida alle 30 migliori esperienze
Soul of Rome - Guida alle 30 migliori esperienze
Soul of Tokyo - Guida alle 30 migliori esperienze

Seguiteci anche su Facebook, Instagram e Twitter

Ringraziamenti

Summer Ash, Ana-Maria Lucaciu, Nelson Hancock, Lucien D'Azay, John Garrett, J.P. Bernbach, Ellen Adamson, Jason & Mari Tuttle, Mika Karlsson, Alex Ekman, Dave Arnold, Carl Mehling, New-York Historical Society library, Anisa Tejpar, Nicole Pangelinan, Lloyd Sandefur, Bob Stevenson, Jerry Seigler, Andy Young, Reggie Bolton, Bram Gunther, Chiara Barbieri, Saint Patrick's Cathedral, Connie Swierkowski, Rafael Balaguer, Columbia University Classics Department, Clancy Nolan, Mark Emanuel, Benjamin Tzafa, Matteo Pagani, Fred Fishel, Hilary Birch, Yoko Fuchikawa, Silvano Campanale, Laura Guillaume, Dave Strasburg, Fred Michelman, Mark Meretzky

Crediti Fotografici:

Tutte le foto sono di **T.M. Rives** a eccezione di New York Federal Reserve Bank et Steinway & Sons factory. Cartografia: **Cyrille Suss** - Concezione grafica: **Roland Deloi** - Grafica: **Stéphanie Benoit, Vany Sánchez** - Traduzione: **Iperbole e Manuela da Corta** - Lettura e correzione: **Carla Toffolo, Alessandra Giordani** & **Beatrice Costacurta e Valerio Ceva Grimaldi**

© **JONGLEZ** 2020

Deposito legale: gennaio 2020 – Edizione : 03
ISBN: 9782-36195-410-9
Stampato in Bulgaria a cura di Dedrax